Josef Dörndorfer
Kostenhilferecht
für Anfänger

Kostenhilferecht
für Anfänger

von

Josef Dörndorfer

Rechtspflegedirektor
Fachhochschullehrer

6., überarbeitete Auflage

Verlag C. H. Beck München 2014

www.beck.de

ISBN 978 3 406 64264 7

© 2014 Verlag C. H. Beck oHG
Wilhelmstraße 9, 80801 München

Druck: Nomos Verlagsgesellschaft
In den Lissen 12, 76547 Sinzheim

Satz: Fotosatz Buck
Zweikirchenerstr. 7, 84036 Kumhausen

Gedruckt auf säurefreiem, alterungsbeständigem Papier
(hergestellt aus chlorfrei gebleichtem Zellstoff)

Vorwort zur 6. Auflage

Die Neuauflage stellt, wie bereits die Vorauflagen, die komplexen Strukturen der Prozesskostenhilferegelungen systematisch dar. Gerade für den Anfänger ist es nicht einfach sich diese komplizierte Materie, die in mehreren Gesetzen geregelt ist, zu erschließen. Das Buch will dem Anfänger sowie der Anwalts- und Gerichtspraxis einen „Leitfaden" durch das verwobene System verfahrens- und kostenrechtlicher Vorschriften an die Hand geben. Eingearbeitet wurden das am 1.8.2013 in Kraft getretene 2. Kostenrechtsmodernisierungsgesetz (BGBl. I 2013 S. 2586) und das Gesetz zur Änderung des Prozesskosten- und Beratungshilferechts (BGBl. I 2013 S. 3533), das am 1.1.2014 in Kraft treten wird. Die beiden Reformgesetze haben wesentliche Änderungen der kosten- und verfahrensrechtlichen Regelungen vorgenommen, die ausführlich behandelt werden.

Ich hoffe, dass es mir erneut gelungen ist, mit einer Mischung aus theoretischen Erläuterungen, Beispiels- und Übungsfällen Studenten und Praktiker, die sich in die PKH-Strukturen einarbeiten müssen, zu unterstützen.

Starnberg, im Oktober 2013   Josef Dörndorfer

Inhaltsübersicht

Inhaltsübersicht

Inhaltsübersicht

Inhaltsverzeichnis

Inhaltsverzeichnis

Literaturhinweise

Baumbach/Lauterbach/Albers/Hartmann, Zivilprozessordnung, Kommentar, 71. Auflage 2013

Binz/Dörndorfer/Petzold/Zimmermann, Gerichtskostengesetz, Kommentar, 3. Auflage 2013

Büttner/Wrobel-Sachs/Gottschalk/Dürbeck, Prozesskostenhilfe und Beratungshilfe, 5. Auflage 2012

Dörndorfer, Rechtanwalts- und Gerichtsgebühren in Familiensachen, 2009

Drischler/Oestreich/Winter/Hellstab, Gerichtskostengesetz, Kommentar (Loseblatt)

Gerold/Schmidt, Rechtsanwaltsvergütungsgesetz, Kommentar, 20. Auflage 2012

Greißinger, Beratungshilfegesetz, Kommentar, 1990

Hartmann, Kostengesetze, 42. Auflage 2013

Riedel/Sußbauer, Rechtsanwaltsvergütungsgesetz, Kommentar, 9. Auflage 2005

Schoreit/Groß, Beratungshilfe Prozesskostenhilfe, Kommentar, 10. Auflage

Thomas/Putzo, Zivilprozessordnung, Kommentar, 34. Auflage 2013

Zöller, Zivilprozessordnung, Kommentar, 29. Auflage 2013

Abkürzungsverzeichnis

a.A.	anderer Ansicht
a.a.O.	am angegebenen Ort
Abs.	Absatz
a.F.	alte Fassung
AG	Amtsgericht
allgM	allgemeine Meinung
Anm.	Anmerkung
ArbGG	Arbeitsgerichtsgesetz
arg.	argumentum
Aufl.	Auflage
Art.	Artikel
BayObLG	Bayerisches Oberstes Landesgericht
BekM	Bekanntmachung
BErzGG	Bundeserziehungsgeldgesetz
BGB	Bürgerliches Gesetzbuch
BGBl.	Bundesgesetzblatt
BGH	Bundesgerichtshof
BGHZ	Entscheidungssammlung des BGH in Zivil- sachen (Band, Seite)
BerHG	Beratungshilfegesetz
bRA	beigeordneter Rechtsanwalt
BRAO	Bundesrechtsanwaltsordnung
BSHG	Bundessozialhilfegesetz
BVerfG	Bundesverfassungsgericht
bzw.	beziehungsweise
DB-PKHG	Durchführungsbestimmungen zum Prozess- kostenhilfegesetz
d.h.	das heißt
DÖV	Die öffentliche Verwaltung
ev.	eventuell
FamFG	Gesetz über das Verfahren in Familiensachen und in den Angelegenheiten der freiwilligen Gerichtsbarkeit
FamGKG	Gesetz über Gerichtskosten in Familien- sachen
FamRZ	Zeitschrift für das gesamte Familienrecht
f./ff.	folgende
FGG	Gesetz über die Angelegenheiten der frei- willigen Gerichtsbarkeit

gem.	gemäß
GG	Grundgesetz
gg.	gegen
ggf.	gegebenenfalls
GKG	Gerichtskostengesetz
GNotKG	Gerichts- und Notarkostengesetz
GmbH	Gesellschaft mit beschränkter Haftung
GVG	Gerichtsverfassungsgesetz
GVGA	Geschäftsanweisung für Gerichtsvollzieher
GVKostG	Gerichtsvollzieherkostengesetz
hb.	hilfebedürftige(r)
HGB	Handelsgesetzbuch
h.M.	herrschende Meinung
Hs.	Halbsatz
i.H.	in Höhe
InsO	Insolvenzordnung
i.V.	in Verbindung
JBeitrO	Justizbeitreibungsordnung
JMBl	Justizministerialblatt
jur.	juristisch(e)
JurBüro	Das Juristische Büro
JVBl	Justizverwaltungsblatt
JVEG	Justizvergütungs- und Entschädigungsgesetz
KFB	Kostenfestsetzungsbeschluss
KG	Kammergericht, Kommanditgesellschaft
Kl	Kläger
KostVfG	Kostenverfügung
KVGKG	Kostenverzeichnis GKG
KVFamGKG	Kostenverzeichnis FamGKG
LG	Landgericht
MwSt	Mehrwertsteuer
NdsRpfl	Niedersächsische Rechtspflege
NJW	Neue Juristische Wochenschrift (Jahr und Seite)
NJW-RR	NJW- Rechtsprechungsreport Zivilrecht (Jahr und Seite)
Nr.	Nummer
OHG	offene Handelsgesellschaft
OLG	Oberlandesgericht

PKH	Prozesskostenhilfe
PKHB	Prozesskostenhilfebekanntmachung
PKHG	Prozesskostenhilfegesetz
RA	Rechtsanwalt
Rdnr.	Randnummer
Rpfleger	Der Deutsche Rechtspfleger (Zeitschrift)
RPflG	Rechtspflegergesetz
RVG	Rechtsanwaltsvergütungsgesetz
RVO	Rechtsverordnung
S.	Seite
s.	siehe
SGG	Sozialgerichtsgesetz
SGB XII	Sozialgesetzbuch, Zwölftes Buch
sog.	so genannte(r)(s)
StPO	Strafprozessordnung
u.	und
v.	vom
Verg	Vergütung
VGH	Verwaltungsgerichtshof
vgl.	vergleiche
VKH	Verfahrenskostenhilfe
VO	Verordnung
Vorbem.	Vorbemerkung
VV RVG	Vergütungsverzeichnis RVG
ZB	Zahlungsbestimmungen
z.B.	zum Beispiel
ZiP	Zeitschrift für Wirtschaftsrecht
ZPO	Zivilprozessordnung

Einleitung

I. Die PKH-Grundlagen

1. Regelungsgrundsätze

In den §§ 114–127 ZPO sind die verfahrensrechtlichen Grundlagen **1** der Prozesskostenhilfe[1] geregelt: Dort sind die Voraussetzungen für Bewilligung, Anwaltsbeiordnung und das Prüfungsverfahren sowie die materiellen Wirkungen der bewilligten Hilfe bestimmt. Das Grundprinzip der Prozesskostenhilfe – einer staatlichen Fürsorgeleistung – ist es, einer Partei, die wirtschaftlich nicht oder nur bedingt leistungsfähig ist, die Führung eines gerichtlichen Verfahrens kostenfrei oder über Ratenzahlungen zu gewährleisten. Die wirtschaftlichen Verhältnisse des Antragstellers werden nach den Kriterien des § 115 ZPO beurteilt. Abhängig von der Höhe des monatlichen Einkommens sind u.U. Monatsraten in Höhe der Hälfte des einzusetzenden Einkommens zu zahlen. Die Zahlungspflicht endet nach 48 Monaten, unabhängig von der Höhe des Streitwerts und der durchgeführten Rechtszüge. Geregelt ist dort auch, in welchem Umfang das Vermögen heranzuziehen ist. Der Antragsteller kann deshalb bei Verfahrensbeginn anhand der §§ 114 ff. ZPO ermitteln, ob und in welchem Umfang er sich an den Prozesskosten zu beteiligen hat.

2. Der beigeordnete Rechtsanwalt

Bei Bewilligung der PKH wird nach § 121 ZPO der Partei in der Regel **2** ein **Rechtsanwalt beigeordnet**. Vergütungsansprüche kann dieser nicht gegen seine Partei, sondern in erster Linie nur gegen die Staatskasse geltend machen. In welcher Höhe diese zahlungspflichtig ist, regeln die §§ 45 ff. RVG.

3. Kostenerstattung

Die bewilligte Prozesskostenhilfe hat auf die Verpflichtung, dem **3** obsiegenden Gegner seine **Kosten zu erstatten,** keinen Einfluss. Das be-

---

[1] Zur Verfahrenskostenhilfe in Familiensachen vgl. Rn. 177 ff.

deutet: Weder der Umfang des prozessualen Kostenerstattungsanspruchs noch seine Festsetzung werden von der bewilligten Prozesskostenhilfe berührt. Es gelten die §§ 91, 103–107 ZPO ohne Einschränkung. Das Risiko, die gegnerischen Prozesskosten zahlen zu müssen, wird durch die bewilligte PKH infolgedessen **nicht** beseitigt.

4. Staatskasse

4   Der **Staatskasse** kommt im PKH-Gefüge die **zentrale** Bedeutung zu: Sie erfüllt den Vergütungsanspruch des beigeordneten Rechtsanwalts, setzt die Gerichtskosten an, die im Rechtsstreit entstanden sind und zieht ferner die nach § 120 Abs. 1, Abs. 2 ZPO gerichtlich festgesetzten Zahlungen der PKH-Partei ein. Wer für die Prozesskosten abstrakt haftet, ergibt sich aus §§ 17, 18, 22, 29, 31 GKG. Die Geltendmachung des Anspruchs der Staatskasse gegenüber dem Kostenschuldner wird allerdings von der bewilligten Prozesskostenhilfe stark beeinflusst.

II. Gliederung des Buches

5   Der **Aufbau** des Buches folgt den verfahrens- und kostenrechtlichen Strukturen des Systems zur Prozesskosten-, Verfahrenskosten- und Beratungshilfe.
Es behandeln
- **Teil A**   die Grundlagen der Prozesskostenhilfe (§§ 114–127 ZPO);
- **Teil B**   den Vergütungsanspruch des beigeordneten Rechtsanwalts (§§ 45 ff. RVG) gegen die Staatskasse;
- **Teil C**   Kostenerstattung und Kostenfestsetzung (§§ 91, 103–107 ZPO);
- **Teil D**   Kostenschuld und Kostenhaftung nach GKG;
- **Teil E**   die Verfahrenskostenhilfe in Familiensachen;
- **Teil F**   die Beratungshilfe und
- **Teil G**   die gesamte PKH-Systematik anhand von Übungsfällen.

Teil A.
Prozesskostenhilfe
(§§ 114–127 ZPO)

I. Geltungsbereich; Bewilligungsvoraussetzungen

1. Geltungsbereich

Die §§ 114 ff. ZPO sind in allen selbstständigen ZPO-Verfahren (Zi- 6
vilprozess, Mahnverfahren, Arrest und einstweilige Verfügung, Zwangsvollstreckung etc.) anwendbar. Durch zahlreiche Verweisungen gelten sie
auch in anderen Verfahren vor der staatlichen Gerichtsbarkeit. So sind
die PKH-Regelungen entsprechend anwendbar über
- § 113 Abs. 1 S. 2 FamFG in Ehesachen (§ 121 FamFG) und Familienstreitsachen (§ 112 FamFG),
- § 76 Abs. 1 FamFG in den übrigen Familiensachen und den Angelegenheiten der freiwilligen Gerichtsbarkeit (= Verfahrenskostenhilfe),
- § 11 a Abs. 3 ArbGG im Arbeitsgerichtsverfahren,
- § 166 VwGO in der Verwaltungsgerichtsbarkeit,
- § 73 a SGG in der Sozialgerichtsbarkeit,
- § 142 Abs. 1 FGO in der Finanzgerichtsbarkeit,
- §§ 379, 397 a, 404 V StPO bei Privat- und Nebenklage sowie im Ad-
häsionsverfahren.
Sonderregelungen enthalten:
- § 17 Abs. 2 BNotO für Beurkundungsangelegenheiten,
- §§ 140 ff. StPO für den Pflichtverteidiger,
- §§ 4 a–4 d InsO für das Insolvenzverfahren (= Insolvenzkostenhilfe),
- §§ 20–24 AUG[2] und Art. 44–47 EuUnterhaltVO für die Anerkennung
und Vollstreckung von Unterhaltssachen mit Auslandsberührung.
- Für die **grenzüberschreitende** Bewilligung von PKH innerhalb der EU 7
gelten ergänzend §§ 1076–1078 ZPO.
Unanwendbar sind die §§ 114 ff. ZPO auf die außergerichtliche Vertretung durch einen Rechtsanwalt (z.B. Vertragsverhandlungen oder
Vertretung vor einer Verwaltungsbehörde); anwendbar ist in diesen
Fällen das BerHG (vgl. Rn. 195 ff.).
Für das **PKH-Prüfungsverfahren** selbst ist PKH-Bewilligung unzu- 8
lässig. Die h.M.[3] begründet diese Auffassung damit, dass nur für die

---

[2] Auslandsunterhaltsgesetz v. 23.5.2011 (BGBl. I S. 898); Einzelheiten zum
AUG *Heger/Selg* FamRZ 2011, 1101.
[3] BGH NJW 2004, 2595; BVerwG Rpfleger 1991, 63.

„beabsichtigte Rechtsverfolgung oder Rechtsverteidigung" PKH bewilligt werden kann. Gemeint ist die Hauptsache und nicht das vorgelagerte PKH-Prüfungsverfahren. Ausnahmsweise wird, aus Gründen der „Prozessökonomie", die Anwendung der §§ 114 ff. ZPO bejaht, wenn im Prüfungsverfahren nach § 118 ZPO ein Vergleich geschlossen wird der das Hauptsacheverfahren erübrigt.[4] Dann kann auch ein Rechtsanwalt für den Vergleichsabschluss beigeordnet werden.[5]

2. Bewilligungsvoraussetzungen

9   Prozesskostenhilfe wird einer Partei auf Antrag bewilligt, wenn
– sie aufgrund ihrer persönlichen und wirtschaftlichen Verhältnisse die Kosten der Prozessführung nicht, nur zum Teil oder nur in Raten aufbringen kann (**subjektive Voraussetzung**) und
– die beabsichtigte Rechtsverfolgung oder Rechtsverteidigung hinreichende Aussicht auf Erfolg bietet und nicht mutwillig erscheint (**objektive Voraussetzung**).
Die Legaldefinition des Merkmals der Mutwilligkeit in § 114 Abs. 2 ZPO schließt aber Rechtsstreitigkeiten um geringe Beträge (z.b. im Sozialrecht) nicht aus.[6]

a) Begriff der Partei, Antrag

10   **Partei** im Sinne des § 114 ZPO ist jede natürliche Person ohne Rücksicht auf ihre Staatsangehörigkeit;[7] unbeachtlich ist die Parteirolle. Allen Verfahrensbeteiligten kann PKH bewilligt werden, so z.b. auch einem Nebenintervenienten. Streitgenossen müssen die PKH-Voraussetzungen jeweils eigenständig erfüllen.[8] Bei Verfahrensvertretung ist die Vermögenssituation des Vertretenen maßgebend. Personen, die ihren Wohnsitz oder gewöhnlichen Aufenthalt in einem Mitgliedsstaat der EU haben, erhalten grenzüberschreitende PKH nach §§ 114–127 ZPO i.V. §§ 1076, 1078 ZPO). Inländischen juristischen Personen, parteifähigen Personenvereinigungen sowie Parteien kraft Amtes kann nach Maßgabe des § 116 ZPO ebenfalls PKH bewilligt werden. Die Bewilligung erlischt beim Ausscheiden der Partei aus dem Verfahren (z.b. Tod, Insolvenz). Der Rechtsnachfolger muss die PKH neu beantragen. Ist dem Erblasser die PKH ohne Zahlungsbestimmungen bewilligt worden, kann aber

---

[4] Celle FamRZ 1999, 1672.
[5] BGH FamRZ 2004, 1708; a.A.: Nürnberg FamRZ 2000, 88 = MDR 1999, 1286: Beiordnung für das gesamte Verfahren ist möglich; (vgl. dazu auch: Anm. Nr. 1003 VV RVG).
[6] BT-Drs. 17/11472 S. 29.
[7] LAG Hessen MDR 2001, 478.
[8] Stuttgart MDR 1980, 545.

der Erbe für Gerichtskosten nicht nach § 29 Nr. 3 GKG in Anspruch genommen werden.[9]
Die Antragsmodalitäten ergeben sich aus § 117 ZPO.

b) Subjektive Voraussetzungen

Erforderlich ist, dass die Partei „die Kosten der Prozessführung nicht **11** oder nur zum Teil oder nur in Raten aufbringen kann". Das Gericht prüft deshalb die wirtschaftlichen Verhältnisse des Antragstellers. Ob und in welcher Höhe er an den Prozesskosten zu beteiligen ist, ergibt sich aus § 115 ZPO. Die gerichtliche Prüfung kann ergeben:
1. Die Partei verfügt über kein einzusetzendes Einkommen bzw. Vermögen: sie bleibt gänzlich **kostenfrei**.
2. Die Partei kann aus ihrem Vermögen Beträge aufbringen: sie muss davon einen **Anteil einsetzen**.
3. Die Partei hat monatliches Einkommen einzusetzen: sie muss sich mit **Monatsraten** an den Kosten des Rechtsstreits beteiligen.
Eine Kombination der Varianten 2. und 3. ist möglich.

c) Objektive Voraussetzungen

Schließlich muss die beabsichtigte Rechtsverfolgung oder Rechtsver- **12** teidigung **hinreichende Aussicht auf Erfolg bieten** und darf **nicht mutwillig** erscheinen. Erfolgsaussicht ist dann zu bejahen, wenn das Gericht das Vorbringen des Antragstellers in tatsächlicher und rechtlicher Hinsicht zumindest für vertretbar hält und die Möglichkeit einer Beweisführung gegeben ist. Hat die Rechtsverfolgung oder Rechtsverteidigung nur teilweise Erfolgsaussichten, darf die PKH nur eingeschränkt bewilligt werden, der Antrag ist im Übrigen abzulehnen. Die Prüfungsanforderungen dürfen aber nicht überzogen werden: Das PKH-Bewilligungsverfahren eignet sich nicht dazu, die Hauptsache vorwegzunehmen.
Die beabsichtigte Rechtsverfolgung oder Rechtsverteidigung darf auch nicht mutwillig sein. Nach § 114 Abs. 2 ZPO ist Prüfungsmaßstab das hypothetische Verhalten einer Partei, die keine Prozesskostenhilfe beansprucht. (Beispiele: Klage zum LG bei unbestrittener Forderung, statt Antragstellung im Mahnverfahren,[10] Widerklage statt Aufrechnung im Prozess[11]).

---

9 KG Rpfleger 1986, 281; a.A. Frankfurt Rpfleger 2005, 123: Der Erbe kann nach § 22 Abs. 1 GKG beansprucht werden.
10 Düsseldorf NJW-RR 1998, 503.
11 Naumburg NJW-RR 2003, 210.

II. Einzusetzendes Einkommen und Vermögen; PKH-Sperre, § 115 ZPO

1. Einzusetzendes Einkommen; Monatsraten, § 115 ZPO

13   § 115 ZPO konkretisiert die Regelung des § 114 ZPO hinsichtlich der **subjektiven** (wirtschaftlichen) Bewilligungsvoraussetzungen. Zu diesem Zweck wird in Abs. 1 der Einkommensbegriff definiert und die Berechnung des einzusetzenden Einkommens geregelt. Von dem nach den Abzügen verbleibenden Teil des monatlichen Einkommens (= einzusetzendes Einkommen) sind Monatsraten festzusetzen (Abs. 2). Ob und in welcher Höhe der Antragsteller mit Ratenzahlungen an den Prozesskosten zu beteiligen ist, hängt von der Höhe seines Einkommens ab. Nach der Legaldefinition des § 115 Abs. 1 S. 2 ZPO werden „**alle Einkünfte in Geld oder Geldeswert**" erfasst. Auszugehen ist nach h.M.[12] alleine vom Einkommen des PKH-Antragstellers und nicht vom Familieneinkommen.[13] Das gilt auch, wenn ein Elternteil nach § 1629 Abs. 3 S. 1 BGB in gesetzlicher Prozessstandschaft den Kindesunterhalt geltend macht.[14] Maßgeblich sind die Beträge, die im Zeitpunkt der PKH-Bewilligung gelten (§ 115 Abs. 1 S. 4 ZPO). Ändern sich die wirtschaftlichen Verhältnisse, kann dies zu eine Änderung der Bewilligung zur Folge haben (§ 120 a ZPO).

a) Einkommensarten

14   – **Arbeitslohn**
Praktisch bedeutsam ist der Lohn aus selbstständiger und nicht-selbstständiger Arbeit. Da auf das Monatseinkommen abzustellen ist, sind Urlaubs- und Weihnachtsgeld anteilig zu berücksichtigen.[15] Einzusetzen sind auch geldwerte Natural- und Sachbezüge; (z.B. freie Unterkunft und Verpflegung, mietfreie Dienstwohnung, ein privat genutzter Firmen-PKW).
– **Unterhalt**
Unterhaltsleistungen die der Antragsteller in Form von Geldrenten oder als Naturalunterhalt (z.B. Wohnung, Bekleidung) erhält sind Einkommen.
– **Sonstige Einkünfte**
Darunter fallen: Einkünfte aus Kapitalvermögen, solche aus Vermietung oder Verpachtung und Steuererstattungen;[16] auch Sozialgeldleis-

---

[12] Koblenz FamRZ 2001, 925.
[13] Karlsruhe FamRZ 2005, 43.
[14] BGH Rpfleger 2005, 545.
[15] Karlsruhe FamRZ 2004, 1651; a.A. Celle Büro 2006, 262.
[16] Nürnberg Büro 2006, 431.

tungen wie z.b. Wohngeld,[17] Arbeitslosengeld und Leistungen nach SGB II,[18] Krankengeld und Kindergeld, wenn es nicht zur Bestreitung des Lebensunterhalts für ein minderjähriges Kind bereit zu halten ist[19] gehören hierher. Bei unterlassenem Arbeitseinsatz, der nicht begründet wird, können aufgrund fiktiven Einkommens Ratenzahlungen bestimmt werden.[20]

Dem Einkommen werden **nicht** zugerechnet: Sozialhilfe,[21] Pflegegeld nach § 37 SGB XI,[22] Erziehungsgeld nach dem BErzGG.[23]

b) Abzüge vom Einkommen

Vom Einkommen sind im Wesentlichen folgende Aufwendungen ab- 15
zusetzen:

aa) § 115 Abs. 1 S. 3 Nr. 1 a) ZPO i.V.m. § 82 Abs. 2 SGB XII

– Einkommen-, Lohn- und Kirchensteuer (§ 82 Abs. 2 Nr. 1 SGB XII) 16
– Pflichtbeiträge zur Sozialversicherung einschließlich der Beiträge zur Arbeitsförderung (§ 82 Abs. 2 Nr. 2 SGB XII)
– Versicherungsbeiträge, die entweder gesetzlich vorgeschrieben oder nach Grund und Höhe angemessen sind. Darunter fallen z.B. Aufwendungen für die Kfz-Haftpflichtversicherung sowie Beiträge zur privaten Kranken- und Unfallversicherung (§ 82 Abs. 2 Nr. 3 SGB XII)
– die mit der Erzielung des Einkommens verbundenen notwendigen Ausgaben. Absetzbar sind z.B. Fahrtkosten zur Arbeitsstelle (für Fahrten mit dem PKW sind je km 0,30 EUR anzusetzen),[24] Aufwendungen für Arbeitsmaterial und Beiträge zu Berufsverbänden (§ 82 Abs. 2 Nr. 4 SGB XII; vgl. dazu § 3 Abs. 4 BSHG-EinkBV, BGBl. III 2170-1-4)
– das Arbeitsförderungsgeld und Erhöhungsbeträge des Arbeitsentgelts im Sinne von § 43 S. 4 SGB IX (§ 82 Abs. 2 Nr. 5 SGB XII).

bb) § 115 Abs. 1 S. 3 Nr. 1 b) ZPO

– bei Parteien, die ein Einkommen aus Erwerbstätigkeit erzielen, ein 17
Betrag in Höhe von 50 % des höchsten durch Rechtsverordnung nach der Anlage zu § 28 SGB XII festgesetzten Regelsatzes für den Haushaltsvorstand. Der ab **1.1.2013** maßgebende Betrag wurde aufgrund des § 115 Abs. 1 S. 5 ZPO durch PKH-Bekanntmachung (PKHB) vom

---

[17] Bamberg FamRZ 1984, 606.
[18] BGH NJW-RR 2011, 3 und NJW-RR 2008, 595.
[19] BGH 2005, 2393; a.A. Brandenburg FamRZ 2001, 1085.
[20] BGH NJW 2009, 3658; Brandenburg NJW-RR 2008, 734; Zweibrücken NJW-RR 2002, 647.
[21] Koblenz MDR 2007, 1446; Köln FamRZ 1993, 1472.
[22] Bamberg OLGR 2000, 200.
[23] München FamRZ 2004, 1498.
[24] Rostock MDR 2011, 983; Dresden FamRZ 2011, 911 mwN.

9.1.2013 (BGBl. I S. 81) auf 201,00 EUR festgesetzt (= Nr. 1 der Bek. vom 9.1.2013).
– Zusätzlich zu dem Freibetrag können notwendige Fahrtkosten abgezogen werden.[25]

cc) § 115 Abs. 1 S. 3 Nr. 2 a) ZPO

18 – für die Partei und ihren Ehegatten oder ihren Lebenspartner jeweils ein Betrag in Höhe des um 10 % erhöhten höchsten durch Rechtsverordnung nach der Anlage zu § 28 SGB XII festgesetzten Regelsatzes für den Haushalsvorstand.
– Der abzusetzende Betrag wurde auf 402,00 EUR festgesetzt (= Nr. 2 der Bek. vom 9.1.2013).

dd) § 115 Abs. 1 S. 3 Nr. 2 b) ZPO

19 – bei weiteren Unterhaltsleistungen auf Grund gesetzlicher Unterhaltspflicht für jede unterhaltsberechtigte Person jeweils ein Betrag in Höhe des um 10 % erhöhten Regelsatzes der für eine Person ihres Alters gem. den Regelbedarfsstufen 3 bis 6 nach der Anlage zu § 28 SGB XII festgesetzt worden ist.
– Im Einzelnen sind nach Nr. 3 der Bek. vom 1.1.2013 folgende Beträge absetzbar: Für
a) Erwachsene 354,00 EUR,
b) Jugendliche vom Beginn des 15. bis zur Vollendung des 18. Lebensjahres 338,00 EUR,
c) Kinder vom Beginn des siebten bis zur Vollendung des 14. Lebensjahres 296,00 EUR,
d) Kinder bis zur Vollendung des sechsten Lebensjahres 257,00 EUR.
– Eigenes Einkommen des Unterhaltsberechtigten ist auf die Freibeträge anzurechnen (§ 115 Abs. 1 S. 7 ZPO). Zahlt der PKH-Antragsteller eine Geldrente, so tritt sie an die Stelle des Unterhaltsfreibetrags, soweit dies im Einzelfall angemessen ist (§ 115 Abs. 1 S. 8 ZPO).

ee) § 115 Abs. 1 S. 3 Nr. 3 ZPO

20 Die Kosten der Unterkunft und der Heizung. Dazu gehören auch Mietnebenkosten (Betriebskosten z.B.) sowie Kredittilgungsleistungen zum Hausbau.[26] Die Kosten dürfen allerdings nicht in einem auffälligen Missverhältnis zu den Lebensverhältnissen der Partei stehen, dann wären sie nur in angemessener Höhe abzugsfähig. Energie- und Wasserkosten sowie Kosten der Entsorgung sind bereits in den Pauschbeträgen der Nr. 2 enthalten.[27]

---

[25] Karlsruhe FamRZ 2008, 69.
[26] Karlsruhe FamRZ 1998, 488.
[27] BGH NJW-RR 2008, 595; Celle Büro 2011, 145; a.A. Dresden FamFR 2011, 112.

ff) § 115 Abs. 1 S. 3 Nr. 4 ZPO

Mehrbedarfe nach § 21 SGB II und nach § 30 SGB XII. Werden dem 21
PKH-Antragsteller aufgrund besonderer Lebenssituationen Mehrbedarfe gewährt, so ist diese Sozialleistung zunächst als Einkommen
i.S. § 115 Abs. 1 S. 2 ZPO zu behandeln und sodann pauschal wieder
abzuziehen.[28]

gg) § 115 Abs. 1 S. 3 Nr. 5 ZPO

Wegen besonderer Belastung zusätzliche Beträge, soweit sie angemes- 22
sen sind. Über die **Härteklausel** kann das Gericht im Einzelfall dem Sinn
und Zweck der PKH flexibel Rechnung tragen. Die Rechtsprechung lässt
Abzüge zu wegen besonderer Belastung aus familiären Gründen (z.B.
Heirat, Geburt, Tod), ferner wegen der Ratenzahlungsverpflichtung im
Zusammenhang mit einer Kredittilgung.[29] Nicht absetzbar sind Ratenzahlungen auf eine verhängte Geldstrafe oder Geldbuße.[30]

c) Festsetzung von Monatsraten (§ 115 Abs. 2 ZPO)

Nach Ermittlung des **einzusetzenden** Einkommens (= Bruttoeinkünf- 23
te, vermindert um die Abzüge nach § 115 Abs. 1 S. 3 ZPO) ergibt sich, ob
der Antragsteller Monatsraten in Höhe der Hälfte des einzusetzenden
Einkommens, abgerundet auf volle EUR, zu zahlen hat (§ 115 Abs. 2 S. 1
ZPO). Monatsraten von weniger als 10,00 EUR sind nicht festzusetzen
(§ 115 Abs. 2 S. 2 ZPO). Bei einem einzusetzenden Einkommen von mehr
als 600,00 EUR beträgt die Monatsrate 300,00 EUR zuzüglich des
600,00 EUR übersteigenden Teils (§ 115 Abs. 2 S. 3 ZPO). Die Zahlungspflicht ist unabhängig von der Zahl der Rechtszüge auf **48 Monatsraten**
begrenzt (§ 115 Abs. 2 S. 4 ZPO). Wurden bei ursprünglich ratenfreier
PKH-Bewilligung nachträglich, wegen wesentlicher Verbesserung **der
wirtschaftlichen Verhältnisse** (vgl. § 120 a ZPO), Ratenzahlungen angeordnet, so rechnen die ratenfreien Monate (sog. „Leermonate") bei der
zeitlichen Begrenzung nicht mit.[31]

2. Einsatz des Vermögens, § 115 Abs. 3 ZPO

Die Partei hat ihr **gesamtes Vermögen** einzusetzen, soweit dies zumut- 24
bar ist (§ 115 Abs. 3 S. 1 ZPO). § 90 SGB XII, auf den § 115 Abs. 3 S. 2
ZPO verweist, bestimmt dazu: „Einzusetzen ist das gesamte verwertbare Vermögen" (§ 90 Abs. 1 SGB XII). **Nicht** eingesetzt oder verwertet
müssen die im Katalog des § 90 Abs. 2 Nr. 1–9 SGB XII aufgeführten

---

[28] BT-Drs. 17/11472 S. 30.
[29] BGH NJW-RR 1990, 450.
[30] BGH NJW 2011, 1007; Celle FamFR 2011, 159; KG FamRZ 2006, 871.
[31] Stuttgart Rpfleger 1999, 82; Karlsruhe FamRZ 1995, 1505 mwN.; str.

Vermögensbestandteile, die damit außer Betracht bleiben. Nach § 90 Abs. 3 SGB XII können daneben im Härtefall auch noch weitere Vermögenswerte **verschont** werden. Das Gericht verfügt über einen Ermessensspielraum (§ 115 Abs. 3 S. 1 ZPO: „… soweit dies zumutbar ist.") und kann, unabhängig von der sozialhilferechtlichen Regelung, im Einzelfall wegen Unzumutbarkeit vom Vermögenseinsatz absehen. Zum **verwertbaren** Vermögen gehören alle geldwerten beweglichen und unbeweglichen Sachen (u.U. ist ein Hausgrundstück oder einer vermieteten Eigentumswohnung zu belasten[32]) sowie realisierbare Forderungen[33] (z.b. Zugewinnausgleich;[34] Abfindung bei Auflösung des Arbeitsverhältnisses[35]) sowie sonstige Vermögensrechte (z.b. Urheberrecht und Patent). Das betrifft insbesondere auch: wertvolle Einrichtungsgegenstände, Grundbesitz, (luxuriöse) Kraftfahrzeuge, Sparguthaben, Wertpapiere, unterhaltsrechtliche Ansprüche auf Zahlung eines Prozesskostenvorschusses und Deckungszusagen einer Rechtsschutzversicherung. Vermögen ist nicht einzusetzen, wenn es unverwertbar, weil unpfändbar (z.b. nach § 811 ZPO) oder momentan nicht verfügbar (z.b. Guthaben auf Sperrkonten) oder zweckgebunden ist (z.b. eine Lebensversicherung, wenn sie einer angemessenen Altersversorgung dient[36]).

25 **Ausgenommen** vom Einsatz sind u.a.
– ein Vermögen, das aus öffentlichen Mitteln zum Aufbau oder zur Sicherung einer Lebensgrundlage gewährt wird,
– ein angemessener Hausrat,
– Familien- und Erbstücke, wenn ihre Veräußerung eine besondere Härte bedeuten würde,
– ein selbstgenutztes angemessenes Hausgrundstück (Eigentumswohnung),
– kleinere Barbeträge (vgl. VO zu § 90 Abs. 2 Nr. 9 SGB XII, BGBl. I 2003, 3022/3060: verschont werden 2.600,00 EUR[37] zuzüglich 256,00 EUR für jeden Unterhaltsberechtigten).

3. PKH-Sperre, § 115 Abs. 4 ZPO

26 PKH-Bewilligung ist zu versagen, wenn die Kosten des Rechtsstreits vier Monatsraten und die aus dem Vermögen aufzubringenden Teilbeträge nicht übersteigen. Insoweit besteht eine Zugangsbarriere: Die antragstellende Partei ist ausgeschlossen, wenn ihr zugemutet werden kann, dass sie die Prozesskosten aus eigenen Mitteln aufbringen kann. Momentane Finanzierungsengpässe sind mit einer Darlehensaufnahme

---

[32] Koblenz FamRZ 2006, 136 und MDR 2002, 904; Bremen FamRZ 2011, 1159.
[33] Koblenz Büro 2004, 656.
[34] BGH NJW-RR 2008, 144.
[35] BAG NJW 2006, 2206.
[36] BVerwG NJW 2004, 3647; Stuttgart FamRZ 2007, 914.
[37] Nürnberg FamRZ 2006, 1398.

zu überbrücken. In die Kostenprognose des Abs. 3 sind Gerichts- und Rechtsanwaltskosten einzubeziehen. Für das Verfahren 1. Instanz fallen an: 3,0 Verfahrensgebühr nach KVGKG 1210 und dazu 2,5 Rechtsanwaltsgebühren nach Nr. 3100, 3104 VVRVG nebst Auslagenpauschale und Umsatzsteuer (Nr. 7002, 7008 VVRVG). Die Kosten des Gegners, die im Falle des Unterliegens von der PKH-Partei erstattet werden müssen, bleiben außer Betracht.

III. Partei kraft Amtes; juristische Person; parteifähige Vereinigung, § 116 ZPO

1. Partei kraft Amtes

Hierher gehören Testamentsvollstrecker, Nachlass- und Insolvenz-   27
verwalter. Der Anspruch auf PKH setzt voraus, dass die Prozesskosten aus der verwalteten Vermögensmasse nicht aufgebracht werden können **und** es den am Gegenstand des Rechtsstreits wirtschaftlich Beteiligten (z.B. Erben, Insolvenzschuldner, Gläubiger) nicht zuzumuten ist, die Kosten selbst aufzubringen. Weiter ist (objektiv) erforderlich, dass die beabsichtigte Rechtsverfolgung oder Rechtsverteidigung hinreichende Aussicht auf Erfolg bietet und nicht mutwillig erscheint.

2. Juristische Person; parteifähige Vereinigung

PKH-Bewilligung kommt auch für juristische Personen (GmbH, e.V.,   28
AG z.B.) und parteifähige Vereinigungen (OHG, KG z.B.), die im Inland, in einem anderen Mitgliedstaat der EU oder einem anderen Vertragsstaat des Abkommens über den Europäischen Wirtschaftsraum (= Island, Liechtenstein, Norwegen) gegründet und dort ansässig sind. Erforderlich ist, dass weder von der jur. Person noch von den am Gegenstand des Rechtsstreits wirtschaftlich Beteiligten[38] (z.B. Gesellschafter; Insolvenzgläubiger) Kosten aufgebracht werden können und, dass die Unterlassung der Rechtsverfolgung oder Rechtsverteidigung allgemeinen Interessen zuwiderlaufen würde. Ein allgemeines Interesse wird dann zu bejahen sein, wenn vom Ausgang des Rechtsstreits größere Teile der Bevölkerung angesprochen werden und sich soziale Auswirkungen anknüpfen können (z.B. eine Vielzahl von Arbeitsplätzen könnte verloren

---

[38] Nicht zumutbar ist z.B. die Aufbringung der Kosten für Insolvenzgläubiger, die mit weniger als 5 % an der Summe der gesamten Insolvenzforderungen beteiligt sind; Hamm ZIP 2007, 147.

gehen.[39] Daneben müssen zusätzlich die objektiven Voraussetzungen des § 114 ZPO vorliegen.

3. Beteiligung an den Prozesskosten

29   Wird PKH nach § 116 ZPO bewilligt, hat sich die Partei grundsätzlich im Rahmen ihrer wirtschaftlichen Verhältnisse an den Kosten der Prozessführung zu beteiligen. Das Gericht kann nach § 120 Abs. 1 ZPO bestimmen, dass **einmalige oder mehrere Teilzahlungen** an die Staatskasse zu leisten sind (§ 116 S. 3 ZPO). Eine Begrenzung auf 48 Monatsraten findet nicht statt. Die Bewilligungssperre des § 115 Abs. 4 ZPO gilt aber.

IV. Der Antrag, § 117 ZPO

30   Nach § 114 Abs. 1 ZPO wird PKH nur auf **Antrag** gewährt, dessen formelle Voraussetzungen regelt § 117 ZPO. Der Antrag auf PKH-Bewilligung kann schriftlich eingereicht oder zu Protokoll der Geschäftsstelle des Prozessgerichts bzw. eines anderen Amtsgerichts erklärt werden, §§ 117 Abs. 1 S. 1, 129 a ZPO. Funktionell ist der Rechtspfleger zuständig (§ 24 Abs. 2 Nr. 3 RPflG). Anwaltszwang besteht nicht, § 78 Abs. 3 ZPO, § 13 RPflG. Die Antragstellung hat mit einem amtlichen Vordruck zu erfolgen, der auch eine nach § 120 a Abs. 2 S. 4 ZPO erforderliche Belehrung enthalten muss (§ 117 Abs. 3 ZPO i.V.m. der VO vom 17.10.1994 BGBl. I S. 3001 PKHVV).[40] Bei gleichzeitiger Einreichung von PKH-Gesuch und Klage empfiehlt es sich klarzustellen, ob die Klage sofort oder erst nach Bewilligung der PKH erhoben werden soll, gegebenenfalls ist die Klageschrift als „**Entwurf**" zu deklarieren. Im Antrag muss die Partei das Streitverhältnis unter Angabe der Beweismittel darlegen, § 117 Abs. 1 S. 2 ZPO. Die Sachverhaltsschilderung bereitet die sachliche Prüfung im Verfahren nach § 118 ZPO vor und ist Grundlage für die Beurteilung, ob die **objektiven Bewilligungsvoraussetzungen** vorliegen. Als Beweismittel können nur die im Hauptsacheverfahren zulässigen bezeichnet werden. Im Klageverfahren sind dies Zeugen, Sachverständige, Urkunden, Augenschein und Parteivernehmung. Zur Prüfung der subjektiven Bewilligungsvoraussetzungen muss die Partei nach Abs. 2 ihre persönlichen und wirtschaftlichen Verhältnisse offenbaren und belegen. Aufgrund dieser Angaben kann das Gericht nach § 115 ZPO entscheiden, ob und in welchem Umfange die Partei sich an den Prozesskosten zu beteiligen hat. Aus Gründen des Datenschutzes dür-

---

[39] Hamm NJW-RR 1989, 382.
[40] Zuletzt geändert dch Justizkommunikationsgesetz vom 22.3.2005 (BGBl. I S. 837) Für die grenzüberschreitende PKH-Bewilligung nach §§ 1076–1078 ZPO wurde ein eigenes Formular eingeführt (BGBl. 2004 S. 3538).

fen Erklärung und Belege dem Gegner nur mit Zustimmung der Partei zugänglich gemacht werden (Abs. 2 S. 2 Hs. 1), es sei denn der Gegner hat gegen den Antragsteller einen Auskunftsanspruch (Abs. 2 S. 2 Hs. 2).

V. Das Prüfungsverfahren, § 118 ZPO

1. Anhörung des Gegners

Der beim Prozessgericht eingereichte Antrag auf Bewilligung der Pro- 31
zesskostenhilfe löst ein Prüfungsverfahren aus. Verfahrenszweck ist die Feststellung der objektiven und subjektiven Bewilligungsvoraussetzungen. § 118 ZPO regelt die Modalitäten der Antragsprüfung. Nach Abs. 1 S. 1 ist zunächst dem Gegner **rechtliches Gehör** zu gewähren, ob er die Voraussetzungen für die PKH für gegeben hält. Nur in Ausnahmefällen darf davon abgesehen werden (z.B. bei eilbedürftigen Sachen). Da die Form der Anhörung nicht näher geregelt ist, kann sie entweder mündlich oder schriftlich und auch zu Protokoll der Geschäftsstelle erfolgen. Die mündliche Anhörung der Parteien in einem Erörterungstermin soll stattfinden, wenn „eine Einigung zu erwarten ist" (Abs. 1 S. 3). Der Gegner hat im Rahmen der Anhörung Gelegenheit zum tatsächlichen Vorbringen. Eine dabei erzielte Einigung der Parteien ist zu protokollieren. Der Vergleich ist Vollstreckungstitel (§ 794 Abs. 1 Nr. 1 ZPO); Anwaltszwang besteht für den Vergleichsabschluss nicht.

2. Feststellungen und Erhebungen im Prüfungsverfahren

Der Zweck des Prüfungsverfahrens, das Vorliegen der Bewilligungs- 32
voraussetzungen zu ermitteln, prägt und begrenzt den Erhebungsumfang. Das Prüfungsverfahren soll nämlich die beabsichtigte Rechtsverfolgung bzw. Rechtsverteidigung nicht verzögern und darf nicht zum Vorprozess „ausufern". Den Antragsteller trifft eine erhöhte Mitwirkungs- und Aufklärungspflicht. Das Gericht kann von ihm Glaubhaftmachung seiner tatsächlichen Angaben verlangen und insbesondere auch die Abgabe einer eidesstattlichen Versicherung fordern, Abs. 2 S. 1. Es kann nach Abs. 2 Satz 2 und 3 ferner die Vorlegung von Urkunden verlangen und Auskünfte einholen. Die Vernehmung von Zeugen und Sachverständigen ist grundsätzlich unzulässig und ausnahmsweise nur dann statthaft, wenn auf andere Weise die objektiven Bewilligungsvoraussetzungen nicht zu klären sind. Macht der Antragsteller zu den subjektiven Bewilligungsvoraussetzungen innerhalb einer vom Gericht gesetzten Frist keine oder nur ungenügende Angaben, so ist sein PKH-Antrag insoweit abzulehnen, Abs. 2 Satz 4. Die in Abs. 1 und 2 bezeichneten Maßnahmen hat der Vorsitzende des Gerichts oder ein von ihm

beauftragtes Mitglied durchzuführen. Nach § 20 Abs. 1 Nr. 4 a RPflG kann damit auch der Rechtspfleger beauftragt werden. § 20 Abs. 2 RPflG hat eine **Länderöffnungsklausel** eingefügt. Danach können die Länder durch RVO bestimmen, dass die Prüfung der **persönlichen und wirtschaftlichen Verhältnisse** nach den §§ 114, 115 ZPO einschließlich der in § 118 Abs. 2 ZPO bezeichneten Maßnahmen, der Beurkundung von Vergleichen nach § 118 Abs. 1 S. 3 ZPO und der Entscheidungen nach § 118 Abs. 2 S. 4 ZPO durch den Rechtspfleger vorzunehmen ist, wenn der Vorsitzende das Verfahren dem Rechtspfleger insoweit überträgt (§ 20 Abs. 2 S. 1 RPflG). Der Rechtspfleger lehnt den PKH-Antrag ab, wenn die subjektiven Bewilligungsvoraussetzungen nicht vorliegen. Andernfalls vermerkt er, dass die Bewilligungsvoraussetzungen insoweit vorliegen und in welcher Höhe Monatsraten oder Beträge aus dem Vermögen zu zahlen sind (§ 20 Abs. 2 S. 3 RPflG). Die Ermächtigung nach § 20 Abs. 2 RPflG kann auf die Landesjustizverwaltungen übertragen werden (§ 20 Abs. 3 RPflG).

3. Kosten des Bewilligungsverfahrens

33   Die Kostentragung und Erstattung ist in § 118 Abs. 1 S. 4 und 5 ZPO geregelt. Es gilt folgendes: Das Prüfungsverfahren ist gerichtsgebührenfrei, § 1 Abs. 1 GKG. Auslagen – die etwa durch die Vernehmung von Zeugen oder Sachverständigen entstanden sind – hat die Partei zu tragen, der die Kosten des Rechtsstreits auferlegt werden, §§ 91 ff. ZPO, § 29 Nr. 1 GKG, Nr. 9005 KVGKG. Endet das Verfahren mit der Versagung der PKH, haftet dafür der Antragsteller, § 22 GKG. Eine erfolglose PKH-Beschwerde ist nach KVGKG Nr. 1812 gebührenpflichtig.

Die gesetzliche Vergütung eines Rechtsanwalts, der die Partei im Bewilligungsverfahren vertreten hat, bestimmt sich danach, ob die Hauptsache bereits anhängig ist, bzw. anhängig gemacht wird.

34   3 Fälle sind denkbar und zu unterscheiden:
- **Fall 1** = *Die Hauptsache ist nicht anhängig und wird es auch später nicht:*
  Entstehen können 1,0 Verfahrensgebühr sowie 1,2 Terminsgebühr (Nr. 3335, 3104 i.V.m. Vorbem. 3.3.6 VVRVG); jeweils aus dem Wert der Hauptsache (§ 23 a RVG).
- **Fall 2** = *Die Hauptsache ist bereits (parallel) anhängig:*
  In diesem Fall wird das Bewilligungsverfahren gebührenrechtlich der Hauptsache zugeordnet (§ 16 Nr. 2 RVG) und der Rechtsanwalt kann die Gebühren nur **einmal** fordern (§ 15 Abs. 2 RVG = „Einmalprinzip"). Die Gebühren des Prüfungsverfahrens werden infolgedessen von den gleichen Hauptsachegebühren konsumiert.
- **Fall 3** = *Das Bewilligungsverfahren läuft vorweg, später folgt die Hauptsache:*
  Diese Fallgestaltung „schalten" §§ 15 Abs. 5, 16 Nr. 2 RVG dem Fall 2 gleich.

Tätigkeiten des Rechtsanwalts im Beschwerdeverfahren (§ 127 Abs. 2,   **35**
3 ZPO) können zusätzliche Gebühren nach Nr. 3500 VVRVG auslösen. Richtet sich die Beschwerde gegen die Versagung der PKH, ist der
Hauptsachestreitwert maßgebend (§ 23 a RVG).
Eine **Erstattung** der **außergerichtlichen Kosten** des Bewilligungs-
verfahrens schränkt Abs. 1 S. 4 abschließend ein: Dem Gegner werden
seine außergerichtlichen Kosten, auch beim Obsiegen im nachfolgenden
Rechtsstreit, nicht erstattet. Die PKH-Partei selbst ist im Falle des späteren Obsiegens erstattungsberechtigt: Die Kosten des Prüfungsverfahrens
werden als **Vorbereitungskosten** qualifiziert und sind vom Gegner nach
Maßgabe des § 91 Abs. 1 ZPO zu erstatten.[41]
Wird im Prüfungsverfahren ein Vergleich über den anhängigen Gegenstand geschlossen, erhält der RA zusätzlich eine 1,0 Einigungsgebühr
(Nr. 1000, 1003 VVRVG). Erstreckt sich der Vergleich auch auf **nicht-**
anhängige Gegenstände fällt daraus eine 1,5 Einigungsgebühr, begrenzt
nach § 15 Abs. 3 RVG, an. Das gilt auch, wenn lediglich für die Proto-
kollierung des Vergleichs PKH bewilligt und der Anwalt beigeordnet
wurde (Nr. 1003 Anm. Abs. 1).

VI. Umfang der Bewilligung, § 119 ZPO

1. Begrenzung auf den Rechtszug

Nach § 119 Abs. 1 S. 1 ZPO ist die Bewilligung der PKH auf den   **36**
„Rechtszug" beschränkt. Das bedeutet: Bei Beginn eines neuen Rechtszugs, muss die Bewilligung auch darauf erstreckt werden, der ursprüngliche Bewilligungsbeschluss erfasst diesen nicht. Der Begriff des Rechtszuges ist im kostenrechtlichen Sinne zu verstehen (vgl. § 35 GKG).[42]
Teil desselben Rechtszugs sind z.B. folgende Verfahren: **37**
– das Verfahren nach Verweisung, §§ 281, 506 ZPO, § 48 ArbGG,
  §§ 17 a Abs. 2, 97 GVG
– das Verfahren nach Einspruch gegen ein Versäumnisurteil, § 338 ZPO
– das Kostenfestsetzungsverfahren, §§ 103, 104 ZPO
– alle Verfahrensabschnitte einer Stufenklage[43]
– das Nachverfahren im Urkunden-, Wechsel- und Scheckprozess, bzw.
  im Anschluss an ein Grund- oder Vorbehaltsurteil
– das Verfahren nach Anfechtung eines Prozessvergleichs.
  Diese Verfahrensteile werden von der ursprünglichen PKH-Bewilligung **gedeckt**.
Beim **Scheidungsverbund** gilt folgendes:[44]
Die PKH-Bewilligung für die Ehesache erstreckt sich auch auf die   **38**
Folgesache Versorgungsausgleich (§ 149 FamFG). Für die übrigen Fol-

---

[41] H. M. z.B. KG Rpfleger 1995, 508; Köln NJW 1975, 1286.
[42] BGH NJW 2004, 3260.
[43] Jena FamRZ 2005, 1186; Karlsruhe FamRZ 2004, 547.
[44] Vgl. dazu Teil E = Rn. 178.

gesachen (z.b. Unterhalt, elterliche Sorge, Umgangsrecht, Kindesherausgabe, Ehewohnungs- und Haushaltssachen) ist Verfahrenskostenhilfe (vgl. § 113 Abs. 1 FamFG bzw. §§ 76–78 FamFG) besonders zu beantragen.[45] Für den Umfang der Beiordnung eines Rechtsanwalts ist ferner § 48 Abs. 3 RVG maßgebend: Die Anwaltsbeiordnung in der Ehesache wird kraft Gesetzes auch auf den Abschluss eines (Scheidungsfolgen-) Vergleichs, der die dort genannten Gegenstände umfasst, erstreckt (vgl. dazu auch: Nr. 1003 Anm. VVRVG). Unbeachtlich ist, ob die Vergleichsgegenstände als Folgesachen anhängig waren.

39   **Nicht** zum Rechtszug gehören das/die:
– Verfahren auf Erlass eines Arrestes, einer einstweiligen Verfügung oder einer einstweiligen Anordnung
– Beschwerde- oder Erinnerungsverfahren
– Mahnverfahren
– Nichtigkeits- und Restitutionsklage
– Zwangsvollstreckung; § 119 Abs. 2 ZPO erstreckt allerdings die PKH-Bewilligung für die Zwangsvollstreckung auf alle Mobiliarvollstreckungsmaßnahmen im Bezirk des Vollstreckungsgerichts.
Für jedes dieser selbstständigen Verfahren muss PKH **eigenständig** beantragt und bewilligt werden.

2. Gegenständlicher und zeitlicher Umfang

40   Der Bewilligungsbeschluss beschränkt seine Wirkungen nicht nur auf den Rechtszug, sondern daneben auch alleine auf den **ursprünglich** erhobenen prozessualen Anspruch. Folglich werden Klageerweiterung und Widerklage von ihm nicht erfasst,[46] die PKH muss dafür gesondert beantragt und bewilligt werden. Das gilt auch bei der Einbeziehung nichtrechtshängiger Gegenstände in einen Prozessvergleich.[47] Der Zeitpunkt, zu dem die materiellen Wirkungen der Bewilligung eintreten, ist wie folgt zu bestimmen: Ist im gerichtliche Bewilligungsbeschluss einen Zeitpunkt genannt, ist natürlich dieser maßgebend. Das Gericht kann die Wirkungen der Bewilligung auch rückwirkend eintreten lassen, wenn der Antrag ordnungsgemäß gestellt war.[48] Auf einen vor Antragseingang liegenden Zeitpunkt darf aber nicht zurückbezogen werden. Ist im Bewilligungsbeschluss kein Zeitpunkt angegeben, ist für sein Wirksamwerden grds. der Zugang beim Antragsteller maßgebend. Im Zweifel ist dann der Beschluss dahingehend **auszulegen**, dass er stillschweigende Rückbeziehung auf den Zeitpunkt anordnet, zu dem die Bewilligung frühestens hätte erfolgen dürfen.[49]

---

[45] Zweibrücken FamRZ 2001, 1466.
[46] BGH NJW-RR 2006, 429.
[47] Brandenburg FamRZ 2007, 487.
[48] BGH NJW 1985, 921.
[49] BGH NJW-RR 1998, 642.

Die PKH endet mit dem Tod der Partei, dem Abschluss des Verfahrens oder mit ihrer Aufhebung nach § 124 ZPO.

3. Bewilligungserleichterung in der Rechtsmittelinstanz

In einem höheren Rechtszug erleichtert Abs. 1 S. 2 die Bewilligung der 41 PKH: Das Vorliegen der objektiven Voraussetzungen (= hinreichende Erfolgsaussicht der Rechtsverfolgung oder Rechtsverteidigung) entfällt, wenn der Gegner Rechtsmittelführer ist. Grund für diese Ausnahme: Die PKH-Partei hat bereits in erster Instanz obsiegt, eine erneute Erfolgsprüfung ist daher entbehrlich. Die Rechtsprechung macht davon eine Ausnahme, wenn sich die Sachlage geändert hat.[50] Nicht erlassen ist dem Rechtsmittelgericht die Prüfung der subjektiven Voraussetzungen (= Hilfsbedürftigkeit). Die Partei muss erneut einen formgerechten Antrag nach § 117 ZPO stellen. Das Rechtsmittelgericht ist an die Beurteilung der wirtschaftlichen Verhältnisse durch das Erstgericht nicht gebunden. Es können infolgedessen die Monatsraten abweichend von der Vorinstanz festgesetzt werden.

VII. Festsetzung der Raten; Zahlungseinstellung, § 120 ZPO

1. Inhalt des Bewilligungsbeschlusses

Hat die Partei aufgrund ihrer wirtschaftlichen Verhältnisse Zahlun- 42 gen zu leisten, muss der Bewilligungsbeschluss sie bestimmen, Abs. 1. Bei der Festsetzung von Monatsraten und/oder Vermögensbeträgen ist deren Höhe zu beziffern (§ 115 Abs. 2, 3 ZPO). Entsprechend § 271 BGB setzt die Zahlungsverpflichtung sofort ein, wenn nicht das Gericht die Fälligkeit anders bestimmt. Die Zahlungen sind an die jeweilige Landeskasse bzw. an die Bundeskasse zu leisten, Abs. 2. Rückständige Beträge können nach § 1 Nr. 4 a JBeitrO zwangsweise beigetrieben werden.

2. Vorläufige Einstellung der Zahlungen

Abs. 3 stellt sicher, dass keine **übermäßige** Beanspruchung der PKH- 43 Partei stattfindet. Das Gericht soll die Zahlungen vorläufig einstellen, wenn die Zahlungen der Partei die **gesamten** voraussichtlich entstehen-

---

[50] Z.B. zwischenzeitliche Gesetzesänderung; Celle FamRZ 1977, 648.

den Kosten decken, Abs. 3 Nr. 1.[51] Dazu gehören neben den Gerichtskosten auch die – nicht verminderten – Regelgebühren (Tabelle § 13 RVG) des beigeordneten Rechtsanwalts (§ 50 Abs. 1 S. 1 RVG). Die Zahlungen sind ferner einzustellen, wenn die Partei, der beigeordnete Rechtsanwalt oder die Staatskasse einen anderen am Verfahren Beteiligten, insbesondere den Prozessgegner, für die Kosten haftbar machen können, Abs. 3 Nr. 2. Die Zahlungspflicht der PKH-Partei wird jetzt durch die eines anderen Verfahrensbeteiligten überlagert (vgl. § 31 Abs. 2 S. 1 GKG, § 126 Abs. 1 ZPO). Die Einstellung erfolgt immer nur **vorläufig**. Ergibt sich später, dass noch eine Restschuld der PKH-Partei besteht, oder die Kosten anderweitig nicht einziehbar sind, kann die Wiederaufnahme der Zahlungen angeordnet werden. Funktionell zuständig für die Anordnungen nach Abs. 3 ist der Rechtspfleger (§ 20 Abs. 1 Nr. 4 b RPflG).

VIII. Änderung der Bewilligung, § 120 a ZPO

44   § 120 a Abs. 1 S. 1 ZPO verpflichtet das Gericht („soll")[52] zur **Änderung** der Entscheidung über die zu leistenden Zahlungen wenn sich die persönlichen oder wirtschaftlichen Verhältnisse der Partei nach Erlass der PKH-Entscheidung[53] **wesentlich** verändert haben. Funktionell zuständig ist der Rechtspfleger (§ 20 Abs. 1 Nr. 4 c RPflG). Bei einer Verbesserung der Einkommens- und Vermögensverhältnisse kann die Bewilligung auch zum Nachteil der Partei geändert werden (z.b. die zunächst arbeitslose Partei bezieht später Arbeitseinkommen oder sie erwirbt nachträglich Vermögen durch Erbschaft oder Kapitalzahlung aufgrund eines Prozessvergleichs[54]). Ändern sich nur die Grundbeträge nach § 115 Abs. 1 S. 3 Nr. 1 b und Nr. 2 ZPO, so ist diese Änderung nur auf Antrag der Partei und **nur** dann zu berücksichtigen, wenn sie dazu führt, dass keine Monatsrate zu zahlen ist (§ 120 a Abs. 1 S. 2 ZPO). Die für die Bewilligung maßgebenden persönlichen und wirtschaftlichen Verhältnisse müssen sich „wesentlich" verändert haben (§ 120 a Abs. 1 S. 1 ZPO). Der unbestimmte Rechtsbegriff der Wesentlichkeit erfordert, dass sich der wirtschaftliche und soziale Lebensstandard der Partei verändert hat (vgl. dazu Abs. 2, 3).[55] Aus Gründen des Vertrauensschutzes ist eine Änderung zum Nachteil der Partei aber gesperrt, wenn seit der rechtskräftigen Entscheidung oder sonstigen Beendigung des Verfahrens (z.B durch Vergleich) **vier Jahre** vergangen sind (§ 120 a Abs. 1 S. 4 ZPO). Auf Verlangen des Gerichts obliegt der PKH-Partei eine Erklärungs-

---

[51] Auch noch nicht fällige, aber voraussichtlich entstehende Kosten müssen gedeckt sein; BT-Drs. 17/11472 S. 33.
[52] Liegen die Voraussetzungen für eine Änderung vor, besteht kein gerichtliches Ermessen; BT-Drs 17/11472 S. 33.
[53] Bamberg NJW-RR 2003, 1163.
[54] Celle FamRZ 2005, 1917; Koblenz Büro 2004, 656.
[55] Brandenburg FamRZ 1996, 1291.

pflicht (§ 120 a Abs. 1 S. 3 ZPO), deren Verletzung zur Aufhebung der Bewilligung führen kann (§ 124 Abs. 1 Nr. 2 ZPO).

Nach **§ 120 a Abs. 2 S. 1 ZPO** hat die Partei hat ferner eine **45** **Mitteilungspflicht,**[56] wenn sich innerhalb der Sperrfrist ihre wirtschaftlichen Verhältnisse **wesentlich** verbessern oder sich ihre Anschrift ändert (§ 120 a Abs. 2 S. 1 ZPO). Eine verschuldete Verletzung dieser Pflicht, hat („soll") in der Regel die Aufhebung der Bewilligung zur Folge (§ 124 Abs. 1 Nr. 4 ZPO). Nach der festen Wertgrenze des § 120 a Abs. 2 S. 2 ZPO ist eine **Einkommensverbesserung** nur wesentlich, wenn die Differenz zu dem bisherigen wesentlichen Bruttoeinkommen nicht nur einmalig 100,00 EUR übersteigt. Das gilt auch, wenn abzugsfähige Belastungen (z.B. Darlehensraten oder Wohnungskosten) wegfallen (§ 120 a Abs. 2 S. 3 ZPO). Das Gericht kann die Raten erhöhen oder erstmals Ratenzahlungen anordnen (§ 115 Abs. 1 S. 1 ZPO). Ebenso kann eine wesentliche Verschlechterung der Einkommensverhältnisse der Partei eine Änderung der Zahlungsanordnung veranlassen. Wird die Partei z.B. nach der Bewilligung arbeitslos, ist das Gericht befugt die festgesetzte Monatsrate herabzusetzen oder vollständig aufzuheben.

§ 120 a Abs. 3 S. 1 ZPO stellt klar, dass eine Verbesserung der wirt- **46** schaftlichen Verhältnisse insbesondere dadurch eintreten kann, dass die Partei durch den **Rechtsstreit** etwas erlangt. Fließen aufgrund des Prozessausgangs größere Geldzahlungen an die Partei, soll sie an den Prozesskosten beteiligt werden und das erhaltene Vermögen zur Prozessfinanzierung einsetzen müssen.[57] Dem Gericht obliegt insoweit eine Prüfungspflicht (§ 120 a Abs. 3 S. 2 ZPO). Eine Änderung der Zahlungsbedingungen verbietet § 120 a Abs. 3 S. 3 ZPO dann, wenn die Partei auch bei rechtzeitiger Leistung des Erlangten ratenfreie PKH erhalten hätte.

§ 120 a Abs. 4 ZPO schreibt für die Erklärung der Partei über die **47** Änderung der persönlichen oder wirtschaftlichen Verhältnisse Formularzwang vor. Das anschließende gerichtliche Prüfungsverfahren richtet sich nach § 118 Abs. 2 ZPO.

IX. Beiordnung eines Rechtsanwalts, § 121 ZPO

1. Wirkung und Umfang der Beiordnung

Der gerichtliche Beiordnungsbeschluss begründet für den Rechtsan- **48** walt einen Vergütungsanspruch gegen die **Staatskasse,** §§ 45 ff. RVG. Er ersetzt jedoch nicht die Vollmacht und das Vertragsverhältnis zur Partei nach §§ 611, 675 BGB, §§ 81 ff. ZPO. Der Umfang der Beiordnung und damit die Höhe des Zahlungsanspruchs richtet sich nach den

---

[56] Vgl. dazu auch BT-Drs. 17/11472 S. 33. Auch § 4 b InsO sieht eine Mitteilungspflicht des Insolvenzschuldners vor.
[57] BT-Drs. 17/11472 S. 34; BGH FamRZ 2007, 1720.

Beschlüssen des Prozessgerichts, § 48 Abs. 1 RVG. Ergänzend legt § 48 RVG der Beiordnung einen **gesetzlichen Rahmen** bei und begründet insoweit zusätzliche Vergütungsansprüche des Rechtsanwalts gegenüber der Staatskasse. Bei rückwirkender Bewilligung der PKH darf auch die Anwaltsbeiordnung zurückbezogen werden. Davon wird der Vergütungsansprüche gegen die Staatskasse beeinflusst, denn sie vergütet **vor** der Beiordnung liegende Tätigkeiten sonst nicht.

2. Anwaltsprozess; Parteiprozess

49   Ist eine Vertretung durch Rechtsanwälte vorgeschrieben (= Anwaltsprozess, § 78 Abs. 1 ZPO), so hat das Prozessgericht der PKH-Partei einen zur Vertretung bereiten Anwalt ihrer Wahl beizuordnen (§ 121 Abs. 1 ZPO. Ist eine Vertretung durch Rechtsanwälte nicht vorgeschrieben (= Parteiprozess), darf die Beiordnung nur unter den zusätzlichen Voraussetzungen des § 121 Abs. 2 ZPO erfolgen. Ob eine Anwaltsbeiordnung erforderlich ist, muss danach im Einzelfall aus der Summe verschiedener Aspekte beurteilt werden: Es sind die persönlichen Verhältnisse der Partei, ihre Geschäftsgewandtheit sowie der Umfang und Schwierigkeitsgrad des Rechtsstreits die maßgebenden Kriterien für die gerichtliche Entscheidung.[58] Dem Antrag der PKH-Partei auf Anwaltsbeiordnung ist immer zu entsprechen, wenn der Gegner anwaltlich vertreten ist (§ 121 Abs. 2 Alt. 2 ZPO). Das gilt aus Gründen der Chancengleichheit auch, wenn sich erst im Lauf des Rechtsstreits eine solche Situation ergibt.[59]

3. Weitere Beiordnungsmöglichkeiten

50   Auf Antrag kann der Partei ein Rechtsanwalt auch in der Funktion eines **Beweisanwalts** (Nr. 3401 VVRVG) oder eines **Verkehrsanwalts** (Nr. 3400 VVRVG) beigeordnet werden. Zwischen Anwalts- und Parteiprozess ist hierbei nicht zu differenzieren. Besondere Umstände des Einzelfalls müssen allerdings diese spezielle Beiordnung erfordern. Das Gericht hat über den Antrag nach pflichtgemäßem Ermessen zu entscheiden. Der Partei soll dadurch, eine sachgerechte Rechtsverfolgung oder Rechtsverteidigung ermöglicht werden. Die Anwaltsbeiordnung für einen Beweistermin vor dem ersuchten Richter wird im Regelfall anhand von Umfang und Schwierigkeitsgrad der Materie zu beurteilen sein. Es kann aber die Beiordnung, bei weiter Entfernung zum Gericht der Beweisaufnahme, schon aufgrund der Einsparung von Reisekosten kostengünstiger und damit wirtschaftlich geboten sein. Besondere Umstände zur Beiordnung eines Verkehrsanwalts können vorliegen, wenn

---

[58] BVerfG FamRZ 2002, 531.
[59] Köln FamRZ 1998, 1522; Zöller/Geimer § 121 Rn. 10.

die Partei aufgrund ihrer persönlichen Verhältnisse (z.b. Rechtsuner-
fahrenheit, besonders schwierige Materie) nicht in der Lage ist, ihren
Prozessbevollmächtigten sachgemäß zu informieren.[60]

4. PKH-„Notanwalt"

Die Partei kann den Anwalt frei wählen. Findet die Partei keinen zu   51
ihrer Vertretung bereiten Anwalt, ordnet ihr der Vorsitzende auf Antrag
einen Anwalt bei (§ 121 Abs. 5 ZPO). Diese Regelung lehnt sich an § 78 b
ZPO an (= „Notanwalt"). Die („Not-)Beiordnung" begründet für den
Rechtsanwalt eine öffentlich-rechtliche Pflicht zur Mandatsübernahme,
§ 48 Abs. 1 Nr. 1 BRAO, ersetzt aber weder Prozessvollmacht (§§ 81 ff.
ZPO) noch Vertragsverhältnis (§§ 611, 675 BGB).

X. Wirkungen der Prozesskostenhilfe, § 122 ZPO

1. Wirkung für den Antragsteller

Die Wirkungen der Bewilligung treten **kraft Gesetzes** ein, sie kön-   52
nen nicht eingeschränkt oder erweitert werden und sind allein auf die
PKH-Partei beschränkt. Rechtsnachfolger, Streitgenossen oder Dritte
am Rechtsstreit (z.b. Nebenintervenienten) müssen, um auch Vergünstigungen zu erlangen, die PKH selbstständig beantragen. (Lediglich der
Gegner wird u.U. nach Abs. 2 kostenrechtlich privilegiert). Die Partei
wird von einer ev. Verpflichtung zur Sicherheitsleistung für Prozesskosten befreit, §§ 110, 122 Abs. 1 Nr. 2 ZPO. Die Bewilligung bewirkt
ferner, dass Ansprüche der Staatskasse gegen die hilfebedürftige Partei
wegen der rückständigen und zukünftigen Gerichtskosten und Gerichtsvollzieherkosten sowie wegen der auf sie übergegangenen Ansprüche der
beigeordneten Rechtsanwälte nur nach den Modalitäten, die das Gericht
im Bewilligungsbeschluss trifft, gegen die Partei geltend gemacht werden
dürfen, Abs. 1 Nr. 1 a und b. Ab dem Zeitpunkt des Wirksamwerdens der
PKH-Bewilligung ist der Kostenansatz der Staatskasse somit den Maß-
gaben des Bewilligungsbeschlusses unterworfen.[61] Betroffen sind alle
Gerichtskosten und Gerichtsvollzieherkosten (Gebühren und Auslagen)
der Instanz. Das gilt sowohl für die Einziehung der rückständigen, als
auch für die Behandlung der künftig entstehenden Kosten. Waren bereits
vor der PKH-Bewilligung Gerichtskosten angesetzt und der Gerichtskasse mit Kostenrechnung zur Einziehung überwiesen worden, muss
der Kostenbeamte, die Löschung der Sollstellung anordnen (§ 9 KostVfg

---

[60] Brandenburg Büro 2001, 429.
[61] Zum genauen Zeitpunkt vgl. Rn. 40.

i.V.m. Nr. 3.2, 4.2 S. 2 DB – PKHG). Vor dem Bewilligungszeitpunkt geleistete Zahlungen auf bereits fällige Kosten werden nicht von den PKH-Wirkungen betroffen.[62]

53　Mit der gerichtlichen Beiordnung wird für den Rechtsanwalt ein Vergütungsanspruch gegen die Staatskasse begründet. Die Vergütung wird auf Antrag festgesetzt und ausbezahlt, §§ 55 Abs. 1 S. 1, 2 RVG. Mit der Erfüllung dieses Anspruchs geht – als Äquivalent – der Anspruch des Anwalts gegen seine Partei aus dem Geschäftsbesorgungsvertrag (§§ 611, 675 BGB) kraft Gesetzes auf die Staatskasse über, § 59 Abs. 1 Alt. 1 RVG. Diese darf den Anspruch aber nur nach Maßgabe der gerichtlichen Bestimmungen im Bewilligungsbeschluss gegen die Partei geltend machen, (§ 122 Abs. 1 Nr. 1 b ZPO). Den Rahmen für die Geltendmachung der Ansprüche der Staatskasse gegen die PKH-Partei auf Zahlung von Gerichtskosten, Gerichtsvollzieherkosten sowie der nach § 59 Abs. 1 RVG auf sie übergegangenen Ansprüche, steckt der **gerichtliche Bewilligungsbeschluss** ab: Hat das Gericht PKH ohne Zahlungsbestimmungen (Monatsraten und/oder Beträge aus dem Vermögen) bewilligt, sind die Ansprüche der Staatskasse gegen die Partei **gesperrt**. Wurde die PKH-Bewilligung mit Zahlungsbestimmungen verbunden, werden entsprechende Beträge zur Deckung dieser Ansprüche eingezogen. Sind Monatsraten festgesetzt worden, ist die Zahlungspflicht auf 48 Monatsraten begrenzt.

2. Vergütungsansprüche der beigeordneten Rechtsanwälte

54　Von den Wirkungen der Bewilligung wird schließlich auch der Vergütungsanspruch des beigeordneten Rechtsanwalts betroffen. § 122 Abs. 1 Nr. 3 ZPO bestimmt dazu: Die beigeordneten Rechtsanwälte können Vergütungsansprüche gegen die Partei **nicht** geltend machen. Sie erhalten die gesetzlichen Gebühren und Auslagen eines frei mandatierten Anwalts ersatzweise aus der Staatskasse (§§ 45 ff. RVG). Aber: An die Stelle der Tabelle zu § 13 RVG tritt diejenige zu **§ 49 RVG** und diese sieht eine Absenkung der Gebühren ab einem Streitwert von mehr als 4.000,00 EUR vor. Die Wahlanwaltsgebühren können aber dennoch erreicht werden, wenn die Staatskasse Mehreinnahmen erzielt oder ein ersatzpflichtiger Prozessgegner in Anspruch genommen werden kann (vgl. § 50 Abs. 1 RVG, §§ 91, 126 ZPO).

3. Wirkungen für den Prozessgegner

55　Der Prozessgegner kann durch die PKH-Bewilligung ebenfalls begünstigt werden. Dabei sind zwei Fallgestaltungen zu unterscheiden:

---

[62] Düsseldorf Rpfleger 1990, 172.

a) *Fall 1:* Ist der **beklagten Partei** PKH bewilligt worden, so hat dieser Umstand für den Kläger (= Gegner) zunächst keine Auswirkungen. Seine Haftung als Antragsteller nach § 22 GKG sowie seine Vorschusspflichten, nach §§ 17, 18 GKG werden davon nicht berührt. Verliert der Beklagte den Prozess, muss die Staatskasse aber dem Kläger, der nach §§ 22, 31 Abs. 2 S. 1 GKG für die Gerichtskosten als Zweitschuldner haftet, bereits erhobene Kosten zurückzahlen (§ 31 Abs. 3 S. 1 Hs. 2 GKG). Das gilt auch, wenn der Beklagte nach Maßgabe des § 31 Abs. 4 GKG Kosten in einem gerichtlichen Vergleich übernimmt.

b) *Fall 2:* Ist der **Klagepartei** PKH bewilligt, so ist zu unterscheiden:
– Sind im Bewilligungsbeschluss **Zahlungen** des Klägers an die Staatskasse festgesetzt worden, wird der Beklagte nicht privilegiert. Er soll nicht besser gestellt werden als der zahlende Kläger, er kann daher uneingeschränkt in Anspruch genommen werden (z. b. nach §§ 17, 18 GKG).
– Ist der Klagepartei PKH **ohne** Zahlungsbestimmungen bewilligt worden, dann hat dies auch für den Beklagten die einstweilige Befreiung von den in § 122 Abs. 1 Nr. 1a ZPO bezeichneten Kosten zur Folge (§ 122 Abs. 2 ZPO; diese Vergünstigung steht dem Beklagten aber nicht zu, wenn er selbst zum Angriff übergeht und z. b. Widerklage erhebt).

Die vorläufige Befreiung ist für den Beklagten im Hinblick auf die **Vorschusspflichten** (vgl. z. B. §§ 17, 18 GKG) praktisch bedeutsam. Sie wird endgültig, wenn der Kläger rechtskräftig mit seiner Klage oder seinem Rechtsmittel abgewiesen wird (§ 125 Abs. 2 ZPO). **56**

4. Reiseentschädigung

Neben den Vergünstigungen des § 122 Abs. 1 ZPO kann die Partei aus der Staatskasse eine Reiseentschädigung zur Wahrnehmung von Gerichtsterminen erhalten.[63] **57**

XI. Kostenerstattung, § 123 ZPO

Während § 122 Abs. 1 Nr. 1a, b ZPO das Verhältnis der Partei zur Staatskasse betrifft, regelt § 123 ZPO das Verhältnis zum **Prozessgegner.** Grundsätzlich gilt: Die Bewilligung der Prozesskostenhilfe hat auf die Verpflichtung, die dem Gegner entstandenen Kosten zu erstatten, keinen Einfluss. Die PKH-Bewilligung erzeugt für die Partei deshalb keine abso- **58**

---

[63] Nürnberg FamRZ 1998, 252 mwN; vgl. daneben auch die einheitlich erlassenen Bestimmungen des Bundes und der Länder über die „Gewährung von Reiseentschädigungen an mittellose Personen und Vorschusszahlungen an Zeugen und Sachverständige etc." (BAnz 2009, 136 S. 3232).

lute Kostenbefreiung: Im Falle des gegnerischen **Obsiegens** ist sie dessen Kostenerstattungsansprüchen uneingeschränkt ausgesetzt. Die nur relative Wirkung der Bewilligung und das damit verbundene Kostenerstattungsrisiko muss zu Prozessbeginn einkalkuliert werden. Der Umfang des Erstattungsanspruchs ergibt sich aus § 91 ZPO: Die im Prozess unterlegene PKH-Partei hat dem obsiegenden Gegner die Kosten des Rechtsstreits zu erstatten, soweit diese zur zweckentsprechenden Rechtsverfolgung oder Rechtsverteidigung notwendig waren. Das bedeutet: Dem Gegner sind die gesetzliche Vergütung seines Rechtsanwalts und daneben – nach Maßgabe des § 91 Abs. 1 S. 2 ZPO – auch dessen Parteikosten zu erstatten (z.b. Reisekosten für die Terminswahrnehmung). Ob die Erstattungspflicht der unterlegenen PKH-Partei auch die vom Gegner verauslagten Gerichtskosten umfasst wird von ihrer Parteistellung beeinflusst:

59 – **Klagt** die PKH-Partei und sind ihr keine Zahlungen aufgegeben, genießt der Gegner die Vergünstigung des § 122 Abs. 2 ZPO und es dürfen von ihm keine Gerichtskosten erhoben werden (§ 125 Abs. 2 ZPO). Die einstweilige Kostenbefreiung wird zur endgültigen und ein Erstattungsanspruch entsteht erst gar nicht.

– Ist dem **Beklagten** PKH bewilligt worden und obsiegt der Kläger, so haftet dieser zweitschuldnerisch als Antragsteller der Instanz (§§ 22, 31 Abs. 2 S. 1 GKG) für die Gerichtskosten. Der Kläger könnte sich aber, würde ihn die Staatskasse subsidiär beanspruchen, seine Zahlungen von der PKH-Partei erstatten lassen (§§ 91 I, 123 ZPO). Vor dieser Gefahr, vom obsiegenden Gegner über die Kostenerstattung doch zur Zahlung von Gerichtskosten herangezogen zu werden, schützt § 31 Abs. 3 S. 1 GKG die PKH-Partei: Die Staatskasse darf die Zweitschuldnerhaftung des Gegners nicht geltend machen. Von ihm bereits gezahlte Vorschüsse sind zurückzuerstatten (§ 31 Abs. 3 S. 2 Hs. 2 GKG).

60 § 31 Abs. 3 S. 1 GKG ist entsprechend anwendbar, wenn die PKH-Partei nach Maßgabe des **§ 31 Abs. 4 GKG** Kosten übernimmt. § 31 Abs. 4 GKG ist aber auf sonstige Fälle der vergleichsweisen Kostenübernahme unanwendbar.[64]

XII. Aufhebung der Bewilligung, § 124 ZPO

1. Aufhebungsgründe

61 Grundsätzlich kann die Partei auf den Bestand der Wirkungen der PKH-Bewilligung vertrauen. Nur beim Vorliegen der in § 124 ZPO abschließend genannten Aufhebungsgründe kann die Bewilligung aufgehoben werden. Liegen die Voraussetzungen eines Aufhebungstatbestandes vor, soll die Bewilligung im **Regelfall** aufgehoben werden. Von der Aufhebung kann das Gericht nur in Ausnahmefällen absehen.

---

[64] BVerfG MDR 2000, 1157; a.A. Dresden Rpfleger 2002, 213.

a) Aufhebung nach § 124 Abs. 1 Nr. 1 ZPO

Die Bewilligung soll aufgehoben werden, wenn die Partei durch **un-** **62**
richtige Darstellung des Streitverhältnisses die für die Bewilligung der
Prozesskostenhilfe maßgebenden Voraussetzungen vorgetäuscht hat.
Der Aufhebungstatbestand bezieht sich auf die Angaben der Partei
nach § 117 Abs. 1 S. 2 ZPO zu den sachlichen (objektiven) Bewilligungsvoraussetzungen. Der Antragsteller muss z.B. vorsätzlich Tatsachen
verdreht oder rechtshindernde, bzw. rechtsvernichtende Einwendungen
und rechtshemmende Einreden, die seinem Anspruch entgegenstanden,
verschwiegen oder unbrauchbare Beweismittel bezeichnet haben.

b) Aufhebung nach § 124 Abs. 1 Nr. 2 ZPO

Eine Aufhebung der Bewilligung soll auch vorgenommen werden, **63**
wenn die Partei absichtlich oder aus grober Nachlässigkeit **unrichtige**
Angaben über die persönlichen oder wirtschaftlichen Verhältnisse gemacht und dadurch schuldhaft die subjektiven Bewilligungsvoraussetzungen falsch dargestellt hat. Das gilt auch, wenn eine Erklärung nach
§ 120 a I S. 3 ZPO nicht oder nur ungenügend abgegeben wurde. Der
Aufhebungstatbestand knüpft zunächst (Hs. 1) an die Pflicht der Partei
nach §§ 117 Abs. 2, 118 Abs. 2 S. 1 ZPO an: Sie muss „absichtlich oder
aus grober Nachlässigkeit" mit falschen Angaben gegen die Darlegungs-
pflichten verstoßen haben. Bei Absicht muss das Herbeiführen der PKH-
Bewilligung Handlungsmotiv gewesen sein. „Grobe Nachlässigkeit"
wird wie grobe Fahrlässigkeit definiert. Nach Hs. 2 ist die Bewilligung
auch aufzuheben, wenn die Partei eine gerichtliche Nachfrage zu ihren
persönlichen und wirtschaftlichen Verhältnisses nach § 120 a Abs. 1 S. 3
ZPO nicht oder nur ungenügend beantwortet.

c) Aufhebung nach § 124 Abs. 1 Nr. 3 ZPO

Das Gericht soll die bewilligte Hilfe ferner aufheben, wenn das **64**
Vorliegen der persönlichen und wirtschaftlichen Voraussetzungen **irrig**
angenommen wurde. Der Aufhebungstatbestand setzt kein Parteiver-
schulden voraus. Die Voraussetzungen einer Aufhebung können aber
andererseits gerade deshalb erfüllt sein, weil die Partei den Irrtum leicht
fahrlässig erregt hat (arg. aus Nr. 2). Bei einem Irrtum über den Sach-
und Streitstand durch das Gericht ist eine Aufhebung nicht zulässig.[65]
Zu beachten ist eine zeitliche Sperre: Die Aufhebung ist ausgeschlossen,
wenn seit der rechtskräftigen Entscheidung oder sonstigen Beendigung
des Verfahrens – z.B. durch Vergleich – vier Jahre vergangen sind, Nr. 3
Hs. 2.

---

[65] Brandenburg MDR 2004, 174 m.w.N.

d) Aufhebung nach § 124 Abs. 1 Nr. 4 ZPO

65   Eine Aufhebung der Bewilligung ist im Regelfall auch veranlasst, wenn die Partei entgegen § 120 a Abs. 2 S. 1 bis 3 ZPO absichtlich oder aus grober Nachlässigkeit nicht unverzüglich eine wesentliche Verbesserung ihrer Einkommens- und Vermögensverhältnisse oder Änderungen ihrer Anschrift mitgeteilt hat. Zur Aufhebung führt nicht nur das Unterlassen einer Änderungsmitteilung, sondern auch eine zwar erstattete, aber inhaltlich unrichtige Mitteilung. Auf diese Sanktionsmöglichkeit wird bereits bei Antragstellung hingewiesen (§ 120 a Abs. 2 S. 4 ZPO).

e) Aufhebung nach § 124 Abs. 1 Nr. 5 ZPO

66   Die bewilligte Hilfe soll schließlich auch aufgehoben werden, wenn die Partei **länger als drei Monate mit der Zahlung** einer Monatsrate oder mit der Zahlung eines sonstigen Betrages (§ 115 Abs. 2 ZPO) im Rückstand ist. Ist der Zahlungsrückstand auf eine unverschuldete Verschlechterung ihrer wirtschaftlichen Verhältnisse zurückzuführen, darf nicht aufgehoben werden.[66]

f) Aufhebung nach § 124 Abs. 2 ZPO

67   § 124 Abs. 2 ZPO sieht eine **Teilaufhebung** der Bewilligung für bestimmte Beweiserhebungen vor. Das Gericht kann die nach §§ 10–18 GKG i. V. § 122 Abs. 1 Nr. 1 a ZPO aufgrund der Bewilligung eintretende Befreiung von der **Vorschusspflicht** beseitigen. Vorausgesetzt wird, dass der Beweisantritt der Partei mutwillig erscheint oder keine hinreichende Aussicht auf Erfolg hat und dies im Zeitpunkt der Bewilligung der PKH noch nicht berücksichtigt werden konnte.

2. Wirkung der Aufhebung

68   Mit Aufhebung der Bewilligung nach Abs. 1 entfallen **sämtliche** Wirkungen des § 122 ZPO. Jetzt kann die Staatskasse alle Gerichts- und Gerichtsvollzieherkosten sowie die auf sie übergegangenen Ansprüche der beigeordneten Rechtsanwälte gegen die Partei unbeschränkt geltend machen. Auch der beigeordnete Anwalt darf sofort seine Regelvergütung verlangen und im Verfahren nach § 11 RVG festsetzen lassen. Die Vergünstigung des § 122 Abs. 2 ZPO entfällt und der Gegner wird uneingeschränkt vorschusspflichtig. Bei einer Teilaufhebung nach Abs. 2 endet die Befreiung von der Vorschusspflicht, so dass die Kosten der Beweiserhebung von der Partei eingefordert werden können (§§ 17, 18 GKG).

---

[66] BGH NJW 1997, 1077.

XIII. Beitreibung der Gerichtskosten vom Gegner, § 125 ZPO

Die Vorschrift regelt das (abstrakte) Verhältnis des Prozessgegners zur   69
Staatskasse. Bei der Anwendung ist wie folgt zu unterscheiden:
a) **Abs. 1** regelt die Einziehung der Kosten vom Gegner, von deren Zahlung die **PKH-Partei** befreit ist (= Fall des § 122 Abs. 1 Nr. 1 a ZPO). Vorausgesetzt wird, dass der Gegner als Entscheidungsschuldner nach § 29 Nr. 1 GKG haftet. Die Einforderung setzt außerdem eine rechtskräftige Kostenentscheidung voraus. Haftet der Gegner nicht aufgrund einer Kostenentscheidung, sondern z.b. nach § 29 Nr. 2 bis 4 oder §§ 17, 18 GKG, kann er sofort beansprucht werden. Diese Fälle lässt Abs. 1 unberührt. Es sei denn: § 31 Abs. 3 S. 1 GKG sperrt den Anspruch der Staatskasse.
b) **Abs. 2** betrifft Kosten, von deren Zahlung der **Gegner selbst** einstweilen befreit ist (= Fall des § 122 Abs. 2 ZPO). Die einstweilige Befreiung endet und die Kosten sind von ihm einzuziehen, wenn er entweder rechtskräftig in die Prozesskosten verurteilt wurde (Haftung nach § 29 Nr. 1 GKG) oder der Rechtsstreit ohne Kostenentscheidung endet (z.b. Haftung nach § 29 Nr. 2 bis 4 bzw. §§ 17, 18 GKG). Werden die Kosten aber dem PKH-Kläger auferlegt, wird die einstweilige zur endgültigen Kostenbefreiung für den Beklagten (= „Gegner").

Hinweis: Zum Kostenansatz der Staatskasse vgl. Teil G (Rn. 222 ff.).

XIV. Beitreibung der Rechtsanwaltskosten, § 126 ZPO

1. Eigenes Beitreibungsrecht

a) Beitreibungsrecht des beigeordneten Rechtsanwalts

§ 126 Abs. 1 ZPO stellt auf die vom unterlegenen Gegner nach § 91   70
ZPO an die obsiegende PKH-Partei zu erstattenden Prozesskosten ab und ermöglicht dem beigeordneten Rechtsanwalt den selbstständigen Zugriff auf diesen Kostenerstattungsanspruch. Das damit verbundene **eigene** Beitreibungsrecht des Rechtsanwalts entsteht auflösend bedingt mit Verkündung des vorläufig vollstreckbaren Urteils und wird mit Rechtskraft der Entscheidung unbedingt. § 126 ZPO befugt den beigeordneten Rechtsanwalt – vergleichbar mit den Überweisungsfolgen nach § 835 ZPO – den Kostenerstattungsanspruch gegen den Gegner

im eigenen Namen geltend zu machen und einen Kostenfestsetzungsbeschluss zu erwirken. Es empfiehlt sich, den Beschluss im eigenen Namen zu beantragen, denn der Gegner kann sonst schuldbefreiend an die PKH-Partei leisten oder gegen deren Erstattungsanspruch aufrechnen. Wurde der Erstattungsbetrag zunächst auf den Namen der PKH-Partei, kann der Anwalt sein eigenes Beitreibungsrecht auch noch **nachträglich** geltend machen; erforderlich ist ein weiterer (zweiter) Kostenfestsetzungsbeschluss. Die gerichtliche Praxis erledigt diesen neuen Antrag in der Regel durch eine sog. „Umschreibung" des ersten Beschlusses analog § 727 ZPO auf den Namen des beigeordneten Anwalts. Richtig ist eine Neufestsetzung auf den Namen des Anwalts und Rückgabe des ersten Beschlusses an das Gericht. Dem späteren Festsetzungsbeschluss kommt keine rückwirkende Kraft zu, so dass zwischenzeitliche Verfügungen über den Anspruch – z.B. durch Abtretung, Erfüllung, Verpfändung oder Pfändung – wirksam sind.[67]

b) Einwendungsausschluss

71   § 126 Abs. 2 ZPO schränkt, als Folge der Verstrickung des Erstattungsanspruchs (ähnlich §§ 829, 835 Abs. 1 ZPO) die Zulässigkeit von **Einwendungen** entscheidend ein. Der Gegner ist mit allen Einwendungen aus seiner Rechtsbeziehung zur PKH-Partei ausgeschlossen.[68] Nur die Aufrechnung mit Kosten, die nach einer in demselben Rechtsstreit ergangenen Kostenentscheidung von der PKH-Partei zu erstatten sind, ist zulässig (§ 126 Abs. 2 S. 2 ZPO). Das bedeutet: Während der andauernden Verstrickung, die erst dann endet, wenn dem Gegner ein Kostenfestsetzungsbeschluss auf den Namen der Partei zugestellt wird,[69] kann der Erstattungsanspruch nicht zu Lasten des Rechtsanwalts beeinträchtigt werden. Einwendungen und Einreden (z.B. Erfüllung, Stundung, Erlass, Aufrechnung) können vom Gegner nicht mit Wirkung gegen den beigeordneten Anwalt dem Erstattungsanspruch entgegengesetzt werden.

2. Vergütungsanspruch gegen die Staatskasse und Erstattungsanspruch

72   Der Vergütungsanspruch des beigeordneten Rechtsanwalts gegen die Staatskasse wird von der Regelung des § 126 ZPO nicht berührt. Die Staatskasse kann den Anwalt nicht auf sein eigenes Beitreibungsrecht und damit primär auf den Erstattungsanspruch gegen den Prozessgegner verweisen. Zahlt die Staatskasse eine Vergütung, geht zum Ausgleich dafür der Kostenerstattungsanspruch gegen den Prozessgegner auf sie

---

[67] KG Büro 2002, 374.
[68] BGH NJW 1994, 3292.
[69] BGH NJW 1994, 3292.

im Wege des gesetzlichen Forderungsübergangs über (§ 59 Abs. 1 S. 1 Alt. 2 RVG). Der Anspruch geht so über, wie er dem Anwalt zustand. Hat die PKH-Partei bereits vor Verstrickung über den Anspruch wirksam verfügt, muss dies auch die Staatskasse gegen sich gelten lassen. Der Übergangsanspruch darf nicht zu Lasten des Anwalts geltend gemacht werden, § 59 Abs. 1 S. 2 RVG, diesem gebührt die **erste Rangstelle**.

XV. Entscheidungen und Rechtsmittel, § 127 ZPO

1. Verfahren über die Prozesskostenhilfe

Nach § 127 Abs. 1 S. 1 ZPO ergehen die Entscheidungen im Verfahren   73
über die Prozesskostenhilfe durch **Beschluss**. Da eine Kostenerstattung im Prüfungsverfahren nicht erfolgt, vgl. § 118 Abs. 1 S. 4 ZPO, ist eine Kostenentscheidung entbehrlich. Gerichtsgebühren fallen nicht an, für die Auslagen haftet nach §§ 17, 18, 22 GKG deren „Verursacher". Enthält die Entscheidung auch Ausführungen zu den persönlichen und wirtschaftlichen Verhältnissen der Partei, dürfen diese dem Gegner nur mit ihrer Zustimmung bekannt gegeben werden, Abs. 1 S. 3. Die Entscheidung (Bewilligung oder Ablehnung) trifft das Gericht des ersten Rechtszuges; ist das Verfahren in einem höheren Rechtszug anhängig, ist das Rechtsmittelgericht zuständig, Abs. 1 S. 2. Wird PKH für die Zwangsvollstreckung oder für einen Mahnbescheid beantragt, ist das Vollstreckungsgericht bzw. Mahngericht für die Entscheidung zuständig. Die funktionelle Zuständigkeit richtet sich nach derjenigen in der Hauptsache. Ist dort der Rechtspfleger zuständig, entscheidet er auch über die PKH-Bewilligung (§ 4 Abs. 1 RPflG). Wird PKH nur für die Zwangsvollstreckung beantragt, regelt § 20 Abs. 1 Nr. 5 RPflG die funktionelle Zuständigkeit.

2. Rechtsmittel

a) Antragsteller

Der Antragsteller kann eine ihm ungünstige Entscheidung mit der   74
sofortigen **Beschwerde** anfechten, wenn der **Hauptsache**streitwert 600,00 EUR übersteigt (§ 127 Abs. 2 S. 2 ZPO); die Beschwerdefrist beträgt 1 Monat (§ 127 Abs. 2 S. 3 ZPO). Ist die PKH allerdings mit der Begründung versagt worden, dass die persönlichen oder wirschaftlichen Verhältnisse nicht gegeben sind, findet die sofortige Beschwerde uneingeschränkt statt; (§ 127 Abs. 2 S. 2 ZPO: „... es sei denn ...").

Die Beschwerde ist z.B. **statthaft** gegen die   75
– Festsetzung von Raten oder Zahlungen aus dem Vermögen,
– (teilweise) Ablehnung der PKH,

- Datierung der PKH-Wirkungen auf einen Zeitpunkt nach Antragstellung,
- Ablehnung der Beiordnung eines Rechtsanwalts oder
- (teilweise) Aufhebung der Bewilligung nach § 124 ZPO.

b) Staatskasse

76 Nach § 127 Abs. 2 S. 1 i.V. Abs. 3 ist die Staatskasse nur **eingeschränkt** beschwerdebefugt: Statthaft ist die sofortige Beschwerde der Staatskasse nur, wenn PKH **ohne** jegliche Zahlungsbestimmungen bewilligt wurde. Die Staatskasse kann das Rechtsmittel alleine damit begründen, dass die Partei aufgrund ihrer persönlichen und wirtschaftlichen Verhältnisse Zahlungen zu leisten hat. Die Beschwerdefrist beträgt 1 Monat, sie beginnt mit der Bekanntgabe des Beschlusses (= Kenntnis des Vertreters der Staatskasse von der Bewilligungsentscheidung; § 127 Abs. 3 S. 3 ZPO). Nach Ablauf von 3 Monaten seit Verkündung der Entscheidung ist die Beschwerde unstatthaft (§ 127 Abs. 3 S. 4 ZPO).

77 Unstatthaft ist die Beschwerde z.B. gegen die
- PKH-Bewilligung als solche,[70]
- Beiordnung eines Rechtsanwalts,[71]
- Höhe von Monatsraten oder einzusetzender Vermögensbeträge.[72]

c) Kosten der Beschwerde

78 Wird die Beschwerde des Antragstellers zurückgewiesen oder verworfen, entsteht eine Gebühr nach KVGKG 1812 in Höhe von 60,00 EUR für die er nach § 22 GKG haftet. Bei Vertretung durch einen Rechtsanwalt fällt zusätzlich die Gebühr nach Nr. 3500 VVRVG an. Kostenerstattung ist ausgeschlossen (§ 127 Abs. 4 ZPO).

---

[70] BGH NJW 1993, 135.
[71] Düsseldorf MDR 1989, 82.
[72] Düsseldorf 1993, 410.

Teil B.
Vergütungsanspruch des beigeordneten Rechtsanwalts
(§§ 45–59 RVG)

I. Vergütung aus der Bundes- oder Landeskasse, § 45 RVG

Wird einer Partei im bürgerlichen Rechtsstreit Prozesskostenhilfe 79 (mit oder ohne Zahlungsbestimmungen) bewilligt, ist ihr unter den Voraussetzungen des § 121 ZPO ein Anwalt ihrer Wahl beizuordnen. § 121 Abs. 3 ZPO beschränkt das Wahlrecht dahingehend, dass ein nicht im Bezirk des Prozessgerichts niedergelassener Rechtsanwalt nur beigeordnet werden darf, wenn dadurch weitere Kosten nicht entstehen. Der Anwalt erlangt aufgrund der **gerichtlichen Beiordnung** einen öffentlich-rechtlichen Vergütungsanspruch – nach Maßgabe der §§ 45 ff. RVG – gegen die
– Bundeskasse in Verfahren vor Gerichten des Bundes
– Landeskasse in Verfahren vor Gerichten eines Landes.

Der 8. Abschnitt des RVG gilt nicht nur bei Anwaltsbeiordnung in 80 bürgerlichen Rechtsstreitigkeiten, sondern grundsätzlich in allen Verfahren, in denen die Beiordnung im Rahmen einer PKH-Bewilligung erfolgt. Auch der nach § 138 FamFG in einer Scheidungssache und Kindschaftsfolgesache beigeordnete sowie der nach § 67a Abs. 1 S. 2 VwGO bestellte Anwalt wird beim Zahlungsverzug seiner Partei wie der PKH-Anwalt vergütet (vgl. §§ 39, 45 Abs. 2 RVG). Das Entstehen des Vergütungsanspruchs gegen die Staatskasse setzt Folgendes voraus:
1. die gerichtliche PKH- bzw. Verfahrenskostenhilfebewilligung (z.B. nach § 120 Abs. 1 ZPO oder § 76 FamFG) samt Anwaltsbeiordnung (z.B. nach § 121 ZPO, § 78 FamFG, § 11a ArbGG oder § 4a InsO; vgl. § 12 RVG),
2. ein Vertragsverhältnis des Anwalts zur Partei (§§ 611, 675 BGB) **und**
3. Tätigkeiten, die Gebührenansprüche auslösen und durch die Beiordnung gedeckt sind (z.B. das Betreiben des Geschäfts oder Vertretung in einem Verhandlungs- oder Erörterungstermin, vgl. Nr. 3100, 3104 VVRVG).

Der Anspruch gegen die Staatskasse ist auf Zahlung der **gesetzlichen** 81 **Vergütung**, nach Maßgabe der §§ 45–59 RVG gerichtet. Die Vergütungsfestsetzung darf nicht prüfen, ob Bewilligung der PKH und Beiordnung bzw. Bestellung des Rechtsanwalts zu Recht erfolgten. Diese Beschlüsse sind für die Festsetzungsinstanz bindend. Die Fälligkeit des Vergütungsanspruchs bestimmt sich nach § 8 RVG. Der Anspruch verjährt in 3 Jahren, die Verjährungsfrist beginnt mit dem Schluss des Jahres, in dem der Anspruch fällig geworden ist, §§ 195, 199 Abs. 1 BGB.

II. Umfang des Anspruchs und der Beiordnung, § 48 RVG

1. Gerichtliche Beschlüsse

82 Nach § 122 Abs. 1 Nr. 3 ZPO bewirkt die bewilligte PKH, dass der beigeordnete Rechtsanwalt einen Vergütungsanspruch gegen die Partei **nicht geltend machen** kann. Als Ersatz steht ihm, an Stelle des insoweit gesperrten Anspruchs, ein Vergütungsanspruch gegen die Staatskasse zu, dessen Umfang die §§ 45 ff. RVG im Detail regeln. Grundlage dieses Anspruchs sind der gerichtliche Bewilligungs- und Beiordnungsbeschluss; Abs. 1. Ohne diese Beschlüsse entsteht der Vergütungsanspruch nicht. Die Staatskasse haftet aber nur, wenn gebührenauslösende Anwaltstätigkeiten durch die Beiordnung gedeckt sind. **Außerhalb** der Beiordnung liegende Tätigkeiten – z.B. solche vor ihrem Wirksamwerden – werden nicht aus der Staatskasse vergütet. Bewilligungs- und Beiordnungsbeschluss erweitern ihre Wirkungen nicht automatisch: Wird die Klage erhöht oder Widerklage erhoben, müssen PKH-Bewilligung und Beiordnung durch einen neuen gerichtlichen Beschluss darauf **erstreckt** werden.

2. Umfang der Beiordnung

83 Bewilligungs- und Beiordnungsbeschluss umfassen nur das Verfahren **desselben Rechtszuges**, § 119 Abs. 1 S. 1 ZPO (= kostenrechtlicher Rechtszug im Sinne des § 35 GKG). Dazu gehören z.B. auch Beweistermine vor dem ersuchten Richter, die streitwerterhöhende Hilfsaufrechnung, alle Stufen einer Stufenklage sowie ein Vergleich über den ursprünglichen Streitgegenstand. Nicht gedeckt sind Rechtsmittelverfahren und Klageerweiterung.

84 Wird der Anwalt im **Rechtsmittelverfahren** (Berufung, Beschwerde, Revision oder Rechtsbeschwerde) beigeordnet, erstreckt § 48 Abs. 2 S. 1 **RVG** die Beiordnung kraft Gesetzes auch auf die Rechtsverteidigung gegen ein **Anschlussrechtsmittel**. Das gilt ebenso für die **Vollziehung** eines Arrests oder einer einstweiligen Verfügung, wenn der Anwalt bereits im Anordnungsverfahren (§§ 924 ff. ZPO), beigeordnet war; das anschließende Widerspruchsverfahren wird dem Anordnungsverfahren zugeordnet (§ 16 Nr. 5 RVG). Die gesetzliche Erstreckung gilt nicht, wenn der Beiordnungsbeschluss diese Wirkungen ausdrücklich ausschließt (§ 48 Abs. 2 S. 2 RVG).

Ist der Rechtsanwalt in einer **Ehesache** beigeordnet worden, erstreckt **85**
§ 48 Abs. 3 S. 1 RVG die Beiordnung auch auf den Abschluss eines Vertrags im Sinne der Nr. 1000 VV RVG, der folgende Gegenstände regelt:
– den gegenseitigen Ehegattenunterhalt (Nr. 1),
– den Kindesunterhalt im Verhältnis der Ehegatten zueinander (Nr. 2),
– die elterliche Sorge für die Person gemeinschaftlicher minderjähriger Kinder (Nr. 3),
– den Umgang mit einem Kind (Nr. 4),
– die Rechtsverhältnisse an der Ehewohnung und den Haushaltsgegenständen (Nr. 5) oder
– die Ansprüche aus dem ehelichen Güterrecht (Nr. 6).

Ob entsprechende Folgesachen anhängig sind spielt keine Rolle. Auch **86**
eine angefallene Verfahrensdifferenz- und (Differenz-) Terminsgebühr
aus nicht rechtshängigen Gegenständen, auf die Abs. 3 die Beiordnung
erstreckt, werden aus der Staatskasse vergütet.[73] Werden hingegen andere Gegenstände in dem Vertrag mitgeregelt (z. B. Schuldenübernahme
ohne güterrechtlichen Bezug), bedarf es zur Begründung eines Vergütungsanspruchs gegen die Staatskasse der ausdrücklichen gerichtlichen
Beiordnung des Rechtsanwalts.

In **Verfahren vor den Sozialgerichten**, in denen nach § 3 Abs. 1 RVG **87**
Betragsrahmengebühren entstehen, erstreckt **§ 48 Abs. 4 RVG** die Beiordnung auch auf Tätigkeiten ab dem Zeitpunkt der Beantragung der
PKH, einschließlich der vorbereitenden Tätigkeiten.[74]

Andere Angelegenheiten die mit dem Hauptprozess nur zusammen- **88**
hängen, werden von der Beiordnung in der Hauptsache nicht umfasst.
Zur Begründung eines Vergütungsanspruchs bedarf es deshalb der
ausdrücklichen Beiordnung des Rechtsanwalts (**§ 48 Abs. 5 S. 1 RVG**).
Exemplarisch – ohne abschließende Aufzählung – werden in **§ 48 Abs. 5
S. 2 RVG** genannt:
– Zwangsvollstreckungsverfahren und Verwaltungszwang
– Arrest- und einstweilige Verfügung sowie einstweilige Anordnung
– selbstständiges Beweisverfahren
– Verfahren über die Widerklage, ausgenommen die Rechtsverteidigung
gegen den Widerantrag in Ehesachen.

In der Praxis werden häufig auch **nicht rechtshängige** Ansprüche in **89**
einen **Prozessvergleich** einbezogen. Der beigeordnete Anwalt erhält in
diesem Fall die zusätzliche Einigungs- und Verfahrensgebühr aus der
Staatskasse nur, wenn seine Beiordnung auch auf die in den Vergleich
aufgenommenen nicht rechtshängigen Ansprüche erstreckt wurde.

---

[73] BT-Drs. 17/11471 S. 422.
[74] Damit werden auch Tätigkeiten des RA erfasst die das PKH-Bewilligungsverfahrens betreffen; BT-Drs. 17/11471 S. 422.

Beispiel:
Rechtshängig sind – in erster Instanz – 18.000,00 EUR (Darlehensforderung). In einen gerichtlichen Vergleich wird nach Erörterung eine – nicht rechtshängige – Kaufpreisforderung über 3.000,00 EUR einbezogen.

Der beigeordnete Rechtsanwalt erhält, unter der Voraussetzung, dass die Beiordnung ausdrücklich auf die vergleichsweise Erledigung der Kaufpreisforderung erstreckt wurde (Antragstellung ist erforderlich!), folgende Gebühren (= Tabelle § 49 RVG) aus der Staatskasse vergütet:

a) 1,3 Verfahrensgebühr Nr. 3100 VV
   aus 18.000,00 EUR   (453,70 EUR)
b) 0,8 Verfahrensgebühr Nr. 3101 Nr. 2 VV
   aus 3.000,00 EUR   (205,60 EUR)
   begrenzt auf (§ 15 Abs. 3 RVG):
   1,3 Verfahrensgebühr aus 21.000,00 EUR   **471,90 EUR**
c) 1,0 Einigungsgebühr Nr. 1000, 1003 VV
   aus 18.000,00 EUR   (349,00 EUR)
d) 1,5 Einigungsgebühr Nr. 1000 VV
   aus 3.000,00 EUR   (385,50 EUR)
   begrenzt auf (15 Abs. 3 RVG):
   1,5 Einigungsgebühr aus 21.000,00 EUR   **544,50 EUR**
e) 1,2 Terminsgebühr Nr. 3104 VV
   aus 21.000,00 EUR   **435,60 EUR**

III. Wertgebühren aus der Staatskasse, § 49 RVG

90   Der im Wege der Prozesskostenhilfe beigeordnete Rechtsanwalt erhält die gesetzlichen Gebühren eines Wahlanwalts aus der Staatskasse vergütet (§ 45 Abs. 1 RVG). Aber: Abweichend von § 13 RVG senkt die Tabelle zu § 49 RVG die Beträge ab. Es ergibt sich folgendes Bild: Bei einem Gegenstandswert
– **von mehr als** 4.000,00 EUR bis 30.000,00 EUR erhält der beigeordnete Anwalt geringere Gebühren;
– **über** 30.000,00 EUR wird die volle Gebühr auf einen Festbetrag von 447,00 EUR „eingefroren". Die Mindestgebühr beträgt 15,00 EUR (§ 13 Abs. 2 RVG).

IV. Weitere Vergütung, § 50 RVG

91   Liegt der Gegenstandswert über 4.000,00 EUR bleiben die an den beigeordneten Rechtsanwalt aus der Staatskasse nach § 49 RVG vergüteten Gebühren hinter den Regelgebühren eines Wahlanwalts (§ 13 Abs. 1 RVG) zurück.

Beispiel:
Der beigeordnete Rechtsanwalt hat Anspruch auf eine 1.3 Verfahrensgebühr Nr. 3100 VV aus 20.000,00 EUR:

– 1,3 Verfahrensgebühr Wahlanwalt (Tabelle § 13 RVG)	964,60 EUR
– 1,3 Verfahrensgebühr beigeordneter Anwalt	
(Tabelle § 49 RVG)	471,90 EUR
Differenz zu Lasten des beigeordneten Rechtsanwalts	492,70 EUR

Um diesen Nachteil auszugleichen oder wenigstens zu mindern, be- **92** stimmt § 50 Abs. 1 RVG, dass der beigeordnete Rechtsanwalt Gebühren **bis zur Höhe** der Regelvergütung (= Tabelle § 13 RVG) erhält, soweit der von der Staatskasse eingezogene Betrag denjenigen übersteigt, der zur Deckung der in § 122 Abs. 1 Nr. 1 ZPO bezeichneten Kosten und Ansprüche erforderlich ist. Die Regelung hat folgenden Hintergrund: Ist die Prozesskostenhilfe mit Zahlungsbestimmungen bewilligt worden, vereinnahmt die Staatskasse die von der Partei zu erbringenden Leistungen (Monatsraten und/oder Vermögensbeträge; §§ 115 Abs. 1, 120 Abs. 1, Abs. 2 ZPO). Nach Beendigung des gerichtlichen Verfahrens kann sich infolgedessen ergeben, dass die Partei bereits mehr gezahlt hat oder (abstrakt) zahlen müsste, als sie der Staatskasse an Kosten schuldet. Auf den **Überschuss** kann der beigeordnete Rechtsanwalt Zugriff nehmen um seine Regelgebühren nach § 13 RVG ganz oder wenigstens annähernd zu erreichen. Der Anspruch auf eine weitere Vergütung entsteht aber erst, wenn die Staatskasse ihre in § 122 Abs. 1 Nr. 1 ZPO genannten Ansprüche gedeckt hat. Im Ergebnis, müssen sämtliche Gerichtskosten sowie Gerichtsvollzieherkosten und die auf die Staatskasse nach § 59 Abs. 1 RVG übergegangenen Ansprüche der beigeordneten Rechtsanwälte durch die eingegangenen Zahlungen erfüllt sein. Damit das Gericht die Höhe der weiteren Vergütung berechnen kann, soll (empfehlenswert!) der beigeordnete Rechtsanwalt eine Berechnung seiner Regelvergütung zu den Prozessakten einreichen, Abs. 2. Es wird dann die Differenz zwischen dieser und der PKH-Vergütung berechnet. Wurden die Zahlungen der PKH-Partei nach § 120 Abs. 3 Nr. 1 ZPO vor dem Erreichen des Ratenmaximums (48 Monate) vorläufig angehalten, muss deren Wiederaufnahme angeordnet werden.

Zahlbar gemacht wird die **weitere Vergütung** durch **Festsetzung** nach **93** § 55 Abs. 1 RVG. Diese ist aber erst zulässig, wenn
– das Verfahren durch rechtskräftige Entscheidung oder in sonstiger Weise, z.B. durch Vergleich, beendet ist und
– die von der Partei zu zahlenden Beträge (gemeint sind die nach § 120 Abs. 1 ZPO festgesetzten) beglichen sind oder eine Zwangsvollstreckung in das bewegliche Vermögen der Partei wegen dieser Beträge erfolglos geblieben ist oder aussichtslos erscheint, Abs. 1 S. 2.

Funktionell zuständig ist der Urkundsbeamte der Geschäftsstelle und **94** zwar grds. derjenige des Gerichts des ersten Rechtszugs (§ 55 Abs. 1, Abs. 2 RVG). Er kann den Rechtsanwalt zur Antragstellung binnen Monatsfrist auffordern (§ 55 Abs. 6 RVG). Sind der Partei mehrere

Rechtsanwälte beigeordnet worden, ist der Überschuss nach Maßgabe des § 50 Abs. 3 RVG verhältnismäßig aufzuteilen.

V. Verschulden eines beigeordneten Rechtsanwalts, § 54 RVG

95   Die Vorschrift will die Belastung der Staatskasse begrenzen. Hat nämlich der beigeordnete Rechtsanwalt durch sein schuldhaftes Verhalten die Beiordnung eines anderen (weiteren) Rechtsanwalts veranlasst, gehen die entstehenden Mehrkosten zu seinen Lasten. Voraussetzung der Kürzung ist eine schuldhafte (vorsätzliche oder fahrlässige) Verursachung des Anwaltswechsels.

Beispiele:
a) Dem beigeordneten Anwalt wird die Zulassung entzogen; er legt grundlos das Mandat nieder.
Konsequenz: Die Gebührenansprüche sind in der Weise zu streichen, dass Gebühren, die auch der Mandatsnachfolger fordern kann, nicht aus der Staatskasse erstattet werden.
b) Nach (verschuldeter) Beiordnung eines weiteren Rechtsanwalts fand ein neuer Termin statt.
Konsequenz: Der zuerst beigeordnete Rechtsanwalt hat den Anspruch auf Verfahrens- und Terminsgebühr verloren.

VI. Auslagen des beigeordneten Rechtsanwalts, § 46 RVG

96   Nach § 45 Abs. 1 RVG hat der beigeordnete Rechtsanwalt Anspruch auf die **gesetzliche** Vergütung und damit, so die Legaldefinition des § 1 Abs. 1 RVG, auf Gebühren **und** Auslagen. Aus der Staatskasse sind deshalb ferner zu vergüten
– Umsatzsteuer auf die Vergütung Nr. 7008 VV,
– Post- und Telekommunikationsdienstleistungsentgelte Nr. 7001, 7002 VV,
– Dokumentenpauschale Nr. 7000 VV und
– Reisekosten Nr. 7003–7006 VV

97   Die Staatskasse hat nach § 46 Abs. 1 RVG Auslagen nicht zu ersetzen, wenn sie zur **sachgemäßen Durchführung der Angelegenheit** nicht notwendig waren (Beweislast: Staatskasse). Zu zahlen sind im Einzelnen:
Notwendige Reisekosten für die auswärtige Terminswahrnahme (z.B. Beweistermin vor dem ersuchten Richter). Der beigeordnete Rechtsanwalt kann entweder den Termin selbst wahrnehmen oder auf eine

ordnungsgemäße Vertretung der Partei (z.b. durch einen Beweisanwalt, § 121 Abs. 4 ZPO; Nr. 3401, 3402 VV) in dem Beweistermin hinwirken. Nimmt er den Termin selbst wahr, sind seine Reisekosten in aller Regel ersatzfähig. Die Notwendigkeit der Reise kann auf Antrag des Anwalts vorweg in unanfechtbarer Weise gerichtlich festgestellt werden (§ 46 Abs. 2 S. 1 RVG). Da sie den Urkundsbeamten im Festsetzungsverfahren bindet, ist es zu empfehlen nach Abs. 2 zu verfahren. Der beigeordnete Rechtsanwalt hat ferner Anspruch auf Erstattung der angefallenen Aufwendungen für Post- und Telekommunikationsdienstleistungen (Nr. 7001 VV). Die Pauschale (Nr. 7002 VV) beträgt in derselben Angelegenheit maximal 20,00 EUR. Die Dokumentenpauschale erhält der beigeordnete Rechtsanwalt, wie ein Wahlanwalt, nach Nr. 7000 VV. Sind umfangreiche Schriftsatzanlagen vorhanden (z.b. Sachverständigengutachten), empfiehlt es sich nach § 131 Abs. 3 ZPO zu verfahren.

> **Hinweis:** Nach Nr. 9000 Abs. 2 Nr. 1 KVGKG steht dem beigeordneten Rechtsanwalt eine vollständige Ausfertigung oder Abschrift jeder gerichtlichen Entscheidung und jedes vor Gericht abgeschlossenen Vergleichs auslagenfrei zu.

Die Pauschale beträgt für die ersten 50 abzurechnenden Seiten **98** 0,50 EUR bzw. in Farbe 1,00 EUR und für jede weitere Seite 0,15 EUR bzw. 0,30 EUR (Nr. 7000 Nr. 1 VV). Die Überlassung elektronisch gespeicherter Dateien ist mit 1,50 EUR je Datei zu vergüten (Nr. 7000 Nr. 2 VV). Aus der Staatskasse sind dem beigeordneten Rechtsanwalt schließlich auch Aufwendungen zu erstatten, die ihm für die notwendige Zuziehung eines Dolmetschers oder Übersetzers entstanden sind, um sich mit seiner Partei verständigen zu können.[75]

VII. Vorschuss, § 47 RVG

Der Wahlanwalt kann von seinem Auftraggeber einen angemessenen **99** Vorschuss fordern, § 9 RVG. Ein entsprechendes Vorschussrecht räumt § 47 Abs. 1 S. 1 RVG auch dem beigeordneten Rechtsanwalt ein; Rechtsweg: Festsetzung nach § 55 Abs. 1 RVG. Ein Vorschuss kann verlangt werden für die entstandenen
– Gebühren (Tabelle § 49 RVG; Fälligkeit nach § 8 RVG ist nicht erforderlich) und
– voraussichtlich entstehenden Auslagen.
Vorschuss aus der Staatskasse können, unter der Voraussetzung des § 47 Abs. 1 S. 2 RVG, auch der nach § 138 FamFG beigeordnete oder nach § 67a VwGO bestellte Rechtsanwalt verlangen.

---

[75] Vgl. dazu BVerfG Rpfleger 2004, 179.

VIII. Festsetzung der Vergütung, §§ 55–57 RVG

1. Verfahren, § 55 RVG

100 Die aus der Staatskasse zu zahlende Vergütung wird der Höhe nach vom **Urkundsbeamten der Geschäftsstelle** in einem **Verwaltungsverfahren** festgesetzt, Abs. 1 S. 1. Die Festsetzung findet nur auf Antrag statt; antragsberechtigt ist der beigeordnete Rechtsanwalt. Verfahrensbeteiligt sind der beigeordnete Rechtsanwalt und die Staatskasse. Der formfreie Antrag unterliegt keiner Frist (Ausnahme: Aufforderung nach Abs. 2 i.V.m. § 50 Abs. 2 RVG.) Zur Antragstellung empfiehlt sich die Benutzung eines Vordrucks. Der beigeordnete Rechtsanwalt muss im Antrag seine gesetzliche Vergütung berechnen und zugleich erklären, ob und welche Zahlungen er von seinem Auftraggeber oder einem Dritten bis zum Tage der Antragstellung erhalten hat, Abs. 5 S. 2. Gehen nach der Festsetzung noch Zahlungen ein, sind diese unverzüglich anzuzeigen. Aufgrund des entsprechend anwendbaren § 104 Abs. 2 ZPO (Abs. 5 S. 1) genügt zur Berücksichtigung eines Kostenansatzes, dass er glaubhaft gemacht ist (vgl. § 294 ZPO). Hinsichtlich der entstandenen Entgelte für Post- und Telekommunikationsdienstleistungen genügt die Versicherung des Rechtsanwalts, dass diese entstanden sind. Nach Abs. 1 S. 1, Abs. 2 ist zur Festsetzung der **Urkundsbeamte der Geschäftsstelle** – nicht der Rechtspfleger – funktionell zuständig. Hinsichtlich der sachlichen und örtlichen Zuständigkeit gilt folgendes:
Ist das gerichtliche Verfahren
– noch nicht rechtskräftig oder in sonstiger Weise (Vergleich z.B.) beendet, setzt der Urkundsbeamte des Gerichts des Rechtszugs die Vergütung fest (Abs. 2).
– bereits rechtskräftig oder in sonstiger Weise beendet, liegt die Zuständigkeit für die Festsetzung aller Ansprüche des beigeordneten Rechtsanwalts immer beim Urkundsbeamten des Gerichts des ersten Rechtszugs (Abs. 1 Satz 1).

101 Der Urkundsbeamte stellt zunächst die Antragsvoraussetzungen fest. An die gerichtliche Bewilligungs- und Beiordnungsentscheidung ist er gebunden.[76] Das gilt auch für eine Wertfestsetzung. Im Einzelnen ist zu prüfen: Sämtliche Tätigkeiten des beigeordneten Rechtsanwalts die gebührenpflichtig abgerechnet werden, müssen vom Geltungsbereich des Bewilligungs- und Beiordnungsbeschlusses gedeckt sein (§ 48 RVG). Die angesetzten Auslagen müssen zur sachgemäßen Wahrnehmung der Parteiinteressen erforderlich gewesen (§ 46 RVG) und die verlangten Gebühren nach Art und Höhe richtig berechnet sein (§ 49 RVG). Die Festsetzung darf über den Antrag nicht hinausgehen (§ 308 Abs. 1 ZPO analog; h.M.). Im Rahmen des Gesamtbetrags ist aber ein **Postenaus-**

---

[76] München Rpfleger 1986, 108.

tausch möglich.[77] Stellt der Urkundsbeamte im Rahmen seiner Prüfungspflicht einen Mangel fest, hat er dem Rechtsanwalt Gelegenheit
zur Behebung innerhalb einer angemessenen Frist zu geben (§ 139 ZPO).
Der Urkundsbeamte kann vor einer Festsetzung der weiteren Vergütung
(§ 50 RVG) den beigeordneten Rechtsanwalt auffordern, innerhalb einer
Frist (keine Notfrist) von einem Monat, Anträge auf Festsetzung seiner
Vergütung (Abs. 6) einzureichen damit am Verfahrensende abschließend
abgerechnet werden kann; die Aufforderung ist zuzustellen (vgl. §§ 329
Abs. 2 S. 2 Hs. 2 ZPO). Gibt der Rechtsanwalt seine Ansprüche nicht
innerhalb der Monatsfrist bekannt, erlöschen sie und die Staatskasse
zahlt einen Überschuss der Partei aus.

Die Entscheidung des Urkundsbeamten in diesem Verwaltungsverfahren ergeht durch **Festsetzungsbeschluss**. Dem beigeordneten Rechtsanwalt wird der Beschluss nur bekannt gemacht, wenn seinem Antrag
nicht oder teilweise nicht entsprochen wurde. Eine Verzinsung des
Erstattungsbetrags ist nicht anzuordnen, denn § 104 Abs. 1 S. 2 ZPO ist
unanwendbar. Damit Rechtsanwalt und Gericht die Festsetzung nach-
prüfen können, ist der Beschluss zu begründen (Ausnahme: Es wird nach
Antrag festgesetzt). Die Entscheidung wirkt für und gegen die Beteiligten
– Rechtsanwalt und Staatskasse – und ist nur im Erinnerungs-, bzw.
Beschwerdeverfahren abänderbar. Eine Abänderung von Amts wegen,
etwa auf Anregung der Beteiligten, ist unzulässig.[78]

2. Rechtsmittel, § 56 RVG

Gegen die Festsetzung findet die **Erinnerung** statt (§ 56 Abs. 1 RVG
i.V.m. § 573 Abs. 1 ZPO); (sie darf nicht mit der Rechtspflegererinne-
rung – § 11 Abs. 2 S. 1 RPflG – verwechselt werden!). Entgegen § 573
Abs. 1 S. 1 ZPO kann die Erinnerung unbefristet eingelegt werden;[79]
Form: § 573 Abs. 1 S. 2 ZPO. Erinnerungsbefugt sind, wenn die Festsetzungsentscheidung sie beschwert, der beigeordnete Rechtsanwalt bzw.
die Staatskasse (vertreten durch den Bezirksrevisor). Eine Verwirkung
des Antrags- bzw. Erinnerungsrechts analog § 20 GKG ist möglich.[80]

102

Hält der Urkundsbeamte die eingelegte Erinnerung für zulässig und
begründet, hat er ihr abzuhelfen (§ 573 Abs. 1 S. 3 i.V.m. § 572 Abs. 1
ZPO); bei Nichtabhilfe, muss er sie dem Gericht des Rechtszugs (Richter) zur Entscheidung vorlegen. Gegen die gerichtliche Entscheidung
findet die **Beschwerde** statt (Abs. 2 i.V.m. § 33 Abs. 3 S. 1 RVG). Die
Beschwerde ist aber nur zulässig, wenn der Wert des Beschwerdegegenstandes 200,00 EUR übersteigt (§ 33 Abs. 3 S. 2 RVG); Form: § 33 Abs. 7

103

---

[77] *Gerold/Schmidt/Müller-Rabe*, § 55 RVG Rn. 24.
[78] Frankfurt Büro 1991, 1649.
[79] So z. B. *Gerold/Schmidt/Müller-Rabe* § 56 Rn. 7; *Mayer/Kroiß/Pukall* § 56
Rn. 10; a. A. Koblenz NStZ-RR 2005, 391 = RVGreport 2006, 60 m. abl. Anm.
Hansens.
[80] *Mayer/Kroiß/Pukall* § 56 RVG Rn. 10 mwN.

RVG. Beschwerdegericht ist das nächsthöhere Gericht und in Zivilsachen der in § 119 Abs. 1 Nr. 1 GVG bezeichneten Art, das OLG (§ 33 Abs. 4 S. 2 RVG). Die **weitere Beschwerde** zum OLG ist nur zulässig, wenn sie das LG als Beschwerdegericht zugelassen (§ 33 Abs. 6 RVG). Da das Verfahren über Erinnerung und Beschwerde gebührenfrei ist, sind Kostenentscheidungen nicht veranlasst; außergerichtliche Kosten werden nicht erstattet (§ 56 Abs. 2 S. 2, 3 RVG).

IX. Anrechnung von Vorschüssen und Zahlungen, § 58 RVG

104   Die Vorschrift trägt dem Umstand Rechnung, dass die Vergütung des beigeordneten Rechtsanwalts hinter der Regelvergütung eines Wahlanwalts zurückbleiben kann (vgl. §§ 45, 49 RVG). Ein Fehlbetrag kann in diesem Fall nur gedeckt werden, wenn dem Rechtsanwalt entweder ein Anspruch auf eine weitere Vergütung zusteht (vgl. § 50 RVG) oder der Prozessgegner erstattungspflichtig ist (vgl. §§ 91 Abs. 1 und Abs. 2 S. 1, 126 Abs. 1 ZPO) oder aber die Bewilligung der Hilfe wieder aufgehoben oder geändert wird (vgl. §§ 120 a, 124 ZPO). Bedeutsam sind in diesem Zusammenhang auch noch Vorschusszahlungen an den Rechtsanwalt die der Auftraggeber oder ein Dritter bewirkt hat. Wären solche Zahlungen zuerst auf die Vergütung die aus der Staatskasse zu zahlen ist anzurechnen, würde sich an der Höhe des bislang ungedeckten Vergütungsteiles nichts ändern. § 58 Abs. 2 RVG bestimmt die **Anrechnungsmodalität** deshalb anders und folgt der Grundregel des § 366 Abs. 2 BGB: Vorschüsse und Zahlungen sind zunächst auf die Vergütung anzurechnen, für die ein Anspruch gegen die Staatskasse nicht oder nur unter den Voraussetzungen des § 50 RVG besteht (= geringere Sicherheit i.S.d. § 366 Abs. 2 BGB). § 58 Abs. 2 RVG eröffnet dadurch dem beigeordneten Rechtsanwalt eine zusätzliche Möglichkeit die Regelvergütung (§ 13 RVG) erreichen zu können. Gibt der beigeordnete Rechtsanwalt im Festsetzungsantrag Vorschusszahlungen an, muss der Urkundsbeamte der geringeren PKH-Vergütung diejenige eines Wahlanwalts gegenüberstellen. Auf eine Differenz ist zunächst der gezahlte Vorschuss zu verrechnen. Erst um einen restlichen Vorschuss ist die aus der Staatskasse zu zahlende Vergütung zu kürzen.

Dazu zwei **Beispiele:** 105

Beispiel 1: In einem Rechtsstreit (Streitwert: 10.000,00 EUR) sind für den beigeordneten Rechtsanwalt Gebühren nach Nr. 3100 und 3104 VV entstanden. Der Auftraggeber hat 200,00 EUR Vorschuss gezahlt.

Es betragen
- die Gebühren des Wahlanwalts   1.395,00 EUR (§ 13 RVG)
- die Gebühren des beigeordneten Anwalts   767,50 EUR (§ 49 RVG)
Fehlbetrag   627,50 EUR

Ergebnis: Der beigeordnete Rechtsanwalt erhält aus der Staatskasse (ungeschmälert) 767,50 EUR und kann zusätzlich den Vorschuss behalten; insgesamt erhält er: 967,50 EUR.

Beispiel 2: Wie Beispiel 1; aber: der Auftraggeber hat 700,00 EUR Vorschuss bezahlt.

Der beigeordnete Rechtsanwalt kann so abrechnen:

- Fehlbetrag   627,50 EUR
- Vorschuss   700,00 EUR
- Überschuss   72,50 EUR

Ergebnis: Der Überschuss wir auf die aus der Staatskasse zu zahlende Vergütung (§§ 45,49 RVG) angerechnet (§ 58 Abs. 2 RVG):

- Vergütung aus der Staatskasse   767,50 EUR
- Überschuss   72,50 EUR
Die Staatskasse zahlt   695,00 EUR

Der beigeordnete Rechtsanwalt erhält im Ergebnis die Regelgebühren in Höhe von 1.395,00 EUR (695,00 EUR + 700,00 EUR).

Eine **Vergütungsvereinbarung** des beigeordneten Rechtsanwalts mit 106
der PKH-Partei ist, soweit sie die von der Beiordnung erfassten Tätigkeiten betrifft, nichtig (§ 3a Abs. 3 S. 1 RVG). Leistet die Partei trotzdem, gilt § 814 BGB (§ 3a Abs. 3 S. 2 RVG). Eine Vergütungsvereinbarung wirkt nicht gegen die Staatskasse; zu deren Lasten, z.B. abweichend von § 58 RVG, vereinbarte Anrechnungsmodalitäten sind unwirksam.

X. Übergang von Ansprüchen auf die Staatskasse, § 59 RVG

1. Gesetzlicher Forderungsübergang

Wegen seiner gesetzlichen Vergütung kommt es für den beigeord- 107
neten Rechtsanwalt stets zu folgender (abstrakten) Konstellation: Die Staatskasse zahlt im Rahmen der §§ 45 ff. RVG immer die gesetzliche Vergütung, der Gegner ist ersatzpflichtig, wenn er im Rechtsstreit unterliegt und die eigene Partei kann nur dann beansprucht werden, wenn die PKH-Bewilligung aufgehoben oder geändert wird. Bestehen

im Einzelfall mehrere Möglichkeiten der Inanspruchnahme, kann der beigeordnete Rechsanwalt wählen, von wem er zunächst Zahlung seiner gesetzlichen Vergütung verlangt. Im Regelfall wird er zuerst die Staatskasse beanspruchen. Von diesem „Normalfall" geht auch § 59 RVG aus: Zahlt die Staatskasse die Vergütung, geht der Zahlungsanspruch des Rechtsanwalts **gegen die (PKH-)Partei** oder einen **ersatzpflichtigen Gegner** (= gegen die beiden weiteren Beteiligten) auf die Staatskasse über. Es findet in diesem Fall ein gesetzlicher Forderungsübergang auf die Staatskasse statt, der ihre Ausgabenlast verringern soll. Im Einzelnen gilt folgendes:

a) Nach **§ 59 Abs. 1 S. 1 Fall 1 RVG** geht, soweit die Staatskasse an den beigeordneten Rechtsanwalt eine Vergütung zahlt, dessen **Zahlungsanspruch** gegen die eigene Partei (vgl. §§ 611, 675 BGB) auf die Staatskasse über. Die Realisierung des übergegangenen Anspruchs unterliegt allerdings den Zahlungsbestimmungen im gerichtlichen Bewilligungsbeschluss. D.h.: Die Staatskasse darf die PKH-Partei nur beanspruchen, wenn diese **Zahlungspflichten treffen** (vgl. §§ 120 Abs. 1, 120 a ZPO).

b) Nach **§ 59 Abs. 1 S. 1 Fall 2 RVG** geht ferner auch ein **prozessualer Kostenerstattungsanspruch** der PKH-Partei gegen den unterlegenen Prozessgegner auf die Staatskasse über. Die genaue (ziffernmäßige) Höhe des Übergangsanspruchs richtet sich nach der gerichtlichen Kostenentscheidung bzw. der Kostenübernahmeregelung in einem gerichtlichen Vergleich. Sind die Prozesskosten nach Quoten verteilt worden, so ist der Erstattungsanspruch gegen den Gegner, errechnet im Wege des Kostenausgleichs nach § 106 ZPO, natürlich entsprechend „schlanker" oder fällt ganz weg. Die Bestimmungen des Gerichtskostengesetzes, insbesondere die Haftungstatbestände (z.B. §§ 22, 29 GKG), sind darauf nicht anwendbar. Der erstattungspflichtige Gegner kann aber trotz der ihm bewilligten PKH von der Staatskasse in Anspruch genommen.[81]

2. Rangfolge; Geltendmachung

108 § 59 Abs. 1 S. 2 RVG verbietet der Staatskasse, dass sie den Übergangsanspruch zum Nachteil des beigeordneten Rechtsanwalts geltend macht. Die Vorschrift sichert einem (restlichen)Vergütungsanspruch des Rechtsanwalts den **Vorrang.** Diese Rangordnung bedeutet: Bleibt die aus der Staatskasse gezahlte Vergütung hinter der Regelvergütung zurück, darf der beigeordnete Rechtsanwalt vorrangig den (bereits übergegangenen) Erstattungsanspruch (§ 91 Abs. 1 ZPO) gegen den Gegner in Höhe der Differenz einziehen (vgl. § 126 ZPO).

---

[81] Str.; so z.B.: Düsseldorf Rpfleger 1986, 448, Nürnberg NJW-RR 2002, 863; a.A. z.B.: Zweibrücken Rpfleger 1989, 114.

X. Übergang von Ansprüchen auf die Staatskasse, § 59 RVG

Beispiel:
Prämisse: In einem bürgerlichen Rechtsstreit steht dem beigeordneten Rechtsanwalt des Klägers ein Vergütungsanspruch gegen die Staatskasse in Höhe von 1.800,00 EUR zu; als Wahlanwalt kann er 2.000,00 EUR verlangen. Der Beklagte hat an den obsiegenden Kläger nach § 91 Abs. 1 ZPO 2.000,00 EUR zu erstatten. An wen kann sich der beigeordnete Rechtsanwalt wegen seiner gesetzlichen Vergütung halten?

a) Regelvergütung des Wahlanwalts (§ 13 RVG)   2.000,00 EUR
b) PKH-Vergütung des beigeordneten Anwalts (§ 49 RVG)   1.800,00 EUR
c) Differenz zur Regelvergütung   200,00 EUR

d) Aufteilung des Erstattungsanspruchs
  (vgl. §§ 91 Abs. 1, 126 ZPO, § 59 Abs. 1 S. 1 Fall 2 RVG)   2.000,00 EUR
  – 1. Rangstelle: beigeordneter RA   200,00 EUR
  – 2. Rangstelle: Staatskasse (§ 59 Abs. 1 S. 2 RVG)   1.800,00 EUR

(Vgl. dazu im Einzelnen die Übungsfälle in Teil G)

Für die **Geltendmachung** des übergegangenen Anspruchs durch die **109** Staatskasse sind die Vorschriften über die Einziehung der Kosten des gerichtlichen Verfahrens entsprechend anzuwenden (§ 59 Abs. 2 S. 1 RVG). D.h., die Staatskasse zieht die ihr zustehenden Beträge wie Gerichtskosten mit Kostenrechnung ein und vollstreckt notfalls im Verwaltungszwangsverfahren nach der JBeitrO. Gegen den Ansatz finden Erinnerung und Beschwerde des Kostenschuldners statt (§ 59 Abs. 2 S. 1 RVG i.V.m. § 66 GKG oder § 57 FamGKG bzw. § 81 GNotKG).

Teil C.
Kostenerstattung und Kostenfestsetzung
(§§ 91, 103–107 ZPO)

I. Einführung

1. Kostenfestsetzung

Unter „Kostenfestsetzung" wird die Entscheidung in einem verein- **110** fachten Verfahren über die **Erstattung von Verfahrenskosten**, bestehend aus
– Gerichtskosten und
– außergerichtlichen Kosten der Prozessparteien auf der Basis einer Kostengrundentscheidung verstanden.

Als Verfahrenskosten entstehen zum einen Gerichtskosten nach dem Gerichtskostengesetz (GKG) und zwar in Form von
– Gebühren und
– Auslagen (vgl. die Legaldefinition in § 1 Abs. 1 GKG).

Gebühren werden als öffentlich-rechtliche Justizsteuer für die Inan- **111** spruchnahme der staatlichen Gerichte erhoben. **Auslagen** sind geldwerte Aufwendungen der Staatskasse, z.B. für die Entschädigung von Zeugen und Sachverständigen. Die Gebühren und Auslagen (Kosten) werden nach einem Kostenverzeichnis (KV) zum GKG angesetzt und durch die Gerichtskasse eingezogen. Wer Kostenschuldner ist, d.h. wer für die Gerichtskosten haftet, ist nicht in der ZPO, sondern in den §§ 17, 18, 22 bis 33 GKG geregelt. In die Kostenfestsetzung mit einbezogen werden Gerichtskosten dann, wenn die obsiegende Partei – meist nach §§ 12 Abs. 1, 17 GKG – Vorschüsse bezahlt hat. Im Verhältnis zur Staatskasse wird nämlich trotz Obsiegens die (abstrakte) Kostenhaftung nicht beseitigt. Die Partei haftet in diesem Fall als Zweitschuldner, so dass Vorschüsse nicht zurückgezahlt werden (arg. § 31 Abs. 2 S. 1 GKG: ... „geltend gemacht werden ..."). Den an die Staatskasse vorschussweise entrichteten Betrag hat aber der unterlegene Prozessgegner zu erstatten (§ 91 Abs. 1 ZPO).

Teil der Verfahrenskosten sind zum anderen die **außergerichtlichen** **112** **Kosten** der Parteien. Darunter fallen insbesondere die gesetzlichen Vergütungen (= Gebühren und Auslagen) der beauftragten Rechtsanwälte nach RVG sowie der Parteiaufwand für die notwendige Terminswahrnehmung (z.B. Reisekosten und Verdienstausfall).

Jede gerichtliche Endentscheidung muss von Amts wegen auch eine **113** Kostenentscheidung enthalten (§ 308 Abs. 2 ZPO). Fehlt sie, ist das Urteil auf Antrag zu ergänzen (§ 321 ZPO). Welche Partei die Kostenpflicht trifft, regeln die §§ 91–101 ZPO und ergänzend dazu weitere Einzelvorschriften (z.b. §§ 281 Abs. 3, 269 Abs. 3, Abs. 4, 696 Abs. 1 S. 5 ZPO). Die gerichtliche Kostenentscheidung bestimmt die Kostenpflicht der Parteien dem **Grunde** nach und überlässt es dem Kostenfestsetzungsverfahren die **Höhe** der Kostentragungspflicht zu bestimmen.

2. Festsetzungsgegenstand

114 Im Kostenfestsetzungsverfahren nach §§ 103 ff. ZPO wird folglich über die Höhe des **prozessualen** Kostenerstattungsanspruchs entschieden. Es handelt sich dabei um einen privatrechtlichen Anspruch, der sich aus dem Prozessrechtsverhältnis zwischen den Parteien, das insoweit ein gesetzliches Schuldverhältnis darstellt, ergibt. Der Erstattungsanspruch entsteht

– aufschiebend bedingt bereits mit der Rechtshängigkeit (Bedingung ist der Erlass einer Kostenentscheidung zu Lasten des Gegners; in diesem Stadium ist er schon abtretbar und pfändbar);

– auflösend bedingt mit dem Erlass der Kostengrundentscheidung (Bedingung ist die Aufhebung der Entscheidung);

– unbedingt mit der Rechtskraft der Kostengrundentscheidung, der Wirksamkeit eines Prozessvergleichs oder kraft Gesetzes (z.B. nach §§ 269 Abs. 3, 516 Abs. 3 ZPO).[82]

115 Der prozessuale Kostenerstattungsanspruch kann nur im Rechtsstreit, bzw. im Verfahren, in dem er entstanden ist, festgesetzt werden; eine eigenständige Klage wäre mangels Rechtsschutzbedürfnis unzulässig.[83] Der Anspruch verjährt, auch ohne Festsetzung, in 30 Jahren (§ 197 Abs. 1 Nr. 3 BGB).[84]

116 Von dem prozessualen ist der **materiell-rechtliche** Kostenerstattungsanspruch zu unterscheiden: Dieser entsteht meistens als Schadensersatzanspruch wegen Pflichtverletzung (z.B. §§ 280 Abs. 1, Abs. 3, 286 BGB[85]). Dieser muss im Wege der Klage (Mahnverfahren) eigenständig (mit-) verfolgt werden (so z.B. die Geschäftsgebühr des Rechtsanwalts des Klägers nach Nr. 2300 VVRVG). Das Kostenfestsetzungsverfahren ist dafür ungeeignet.[86] Ausnahme: Aus prozessökonomischen Gründen lässt die h.M. zu, dass sog. „Vorbereitungskosten", das sind Aufwendungen der Parteien, die vorprozessual im Hinblick auf einen späteren Rechtsstreit angefallen sind – z.B. Kosten für ein Privatgutachten – im Kostenfestsetzungsverfahren geltend gemacht werden.[87]

---

[82] BGH NJW 1988, 3204.
[83] Köln MDR 1981, 763.
[84] München FamRZ 2006, 1559; Stuttgart NJW-RR 2006, 1367.
[85] BGH NJW 2007, 1458.
[86] BGH NJW 1988, 2032.
[87] Hamm NJW-RR 1996, 830.

3. Vergütungsfestsetzung

Von der Kostenfestsetzung nach §§ 103 ff. ZPO zu unterscheiden sind **117**
die Festsetzung der gesetzlichen Vergütung des Rechtsanwalts
– gegen seinen Auftraggeber und
– bei PKH-Beiordnung gegen die Staatskasse.
Diese beiden Verfahren werden häufig auch als „Kostenfestsetzung" **118**
bezeichnet, obwohl es dort um keine Kosten**erstattung** geht. Festgesetzt
wird vielmehr ein Zahlungsanspruch – nicht: Erstattungsanspruch (!) –
des Rechtsanwalts gegen
– seinen Auftraggeber (§ 11 RVG), bzw.
– die Staatskasse (§§ 45, 55 RVG).
So ist Gegenstand der Festsetzung nach § 11 RVG der **privatrechtliche** **119**
Zahlungsanspruch des Rechtsanwalts wegen der für seinen Mandanten erbrachten Dienstleistungen in einem gerichtlichen Verfahren. Der
Auftraggeber schuldet ihm dafür eine Vergütung aufgrund des Geschäftsbesorgungsvertrags (§§ 611 ff., 675 BGB) oder (ausnahmsweise)
über ein gesetzliches Schuldverhältnis (§ 812 BGB z.B.). Dieses Festsetzungsverfahren stellt für die Beteiligten (Rechtsanwalt/Auftraggeber)
eine einfache und kostengünstige Möglichkeit dar, den Zahlungsanspruch titulieren zu lassen (vgl. § 794 Abs. 1 Nr. 2 ZPO). Soweit dort
eine Sachentscheidung zulässig ist, fehlt einer Klage (Mahnbescheid)
das Rechtsschutzbedürfnis. Da über den Anspruch dem Grunde nach
noch nicht entschieden wurde, ist die Festsetzung abzulehnen, wenn der
Auftraggeber materielle Einwendungen erhebt (§ 11 Abs. 5 RVG). Jetzt
muss der Auftraggeber verklagt werden.
Die Festsetzung nach § 55 RVG knüpft an eine **gerichtliche Beiord-** **120**
nung des Rechtsanwalts (z.B. nach § 121 ZPO) an. Die Beiordnung
begründet einen öffentlich-rechtlichen Zahlungsanspruch des Rechtsanwalts gegen die Staatskasse (vgl. § 45 RVG). Den Rechtsweg regelt § 55
RVG: Die Vergütung wird vom Urkundsbeamten der Geschäftsstelle
(nicht Rechtspfleger) in einem Justizverwaltungsverfahren festgesetzt
(im Einzelnen dazu Rn. 100 ff.).

II. Umfang der prozessualen Kostenerstattung, § 91 ZPO

1. Kostenpflicht der unterlegenen Partei

Die unterliegende Partei hat die Kosten des Rechtsstreits (= Pro- **121**
zesskosten) zu tragen, § 91 Abs. 1 S. 1 ZPO. Das hat die gerichtliche
Endentscheidung (Urteil, Beschluss) auszusprechen (§ 308 Abs. 2 ZPO).
Ohne Belang ist ob die Partei freiwillig (z.B. durch Anerkenntnis) oder
erst nach streitigem Verfahren unterliegt. Ausnahmen davon, den Unter-

liegenden trifft keine Kostentragungspflicht, regeln z.B. §§ 281 Abs. 3, 344 ZPO. Die Kostengrundentscheidung **bindet** die Kostenfestsetzung. D.h.: Es darf eine falsche Kostenentscheidung im Festsetzungsverfahren nicht korrigiert werden.

> **Beispiel:** In der gerichtlichen Kostengrundentscheidung wurde übersehen, dass die Kosten der Verweisung gesondert dem Kläger aufzuerlegen sind (§ 281 Abs. 3 2 ZPO).
> Im Rahmen der Kostenfestsetzung kann dieser Fehler nicht dergestalt berichtigt werden, dass mit den Mehrkosten der unterlegene Beklagte nicht belastet wird.[88]

122 Die Kostenpflicht erfasst sämtliche Aufwendungen der obsiegenden Partei die prozessbezogen entstanden sind. Das kann auch auf Kosten anlässlich der Prozessvorbereitung zutreffen (z.B. Kosten eines verwaltungsinternen Abhilfeverfahrens bei Ansprüchen gegen den Staat). Miterfasst werden die Kosten
– eines vorangegangenen Mahnverfahrens;
– der Widerklage;
– eines vorgeschaltete selbstständigen Beweisverfahrens (§§ 485 ff. ZPO);
– eines Güteverfahrens vor einer Schlichtungsstelle (§ 91 Abs. 3 ZPO, § 15 a Abs. 4 EGZPO; erfasst werden aber nur die Kosten der Gütestelle und nicht die Vergütung eines Rechtsanwalts);[89]
– der Bestimmung des zuständigen Gerichts (§§ 36, 37 ZPO);
– der Urteilszustellung;
– eines PKH-Bewilligungsverfahrens (vgl. dazu aber Rn. 32).

123 **Keine Prozesskosten** sind diejenigen
– eines vorangegangenen Arrestes bzw. einer einstweiligen Verfügung;
– der Zwangsvollstreckung (Spezialvorschrift: § 788 ZPO);
– vorgerichtlicher Mahnschreiben oder Schreiben zur Anspruchsabwehr (Grundlage dafür: §§ 280 Abs. 1, Abs. 2, 286 BGB[90]).

124 Das Gesetz schränkt die Erstattungspflicht aber entscheidend ein: Zu erstatten sind Kosten nur, wenn sie zur zweckentsprechenden Rechtsverfolgung (Kläger/Antragsteller) oder Rechtsverteidigung (Beklagter/Antragsgegner) **notwendig** waren (§ 91 Abs. 1 S. 1 ZPO a.E.). Als erstattungsfähigen Parteiaufwand nennt § 91 Abs. 1 S. 2 ZPO auch Reisen und Zeitversäumnis infolge notwendiger Terminswahrnehmung. Im Umkehrschluss bedeutet das: Kosten der Pareien für allgemeinen Prozessaufwand (Schriftwechsel mit dem Gegner z.B.) sind nicht zu erstatten. Die Prüfung derart marginaler Aufwendungen würde die Kostenfestsetzung „sprengen". Ob eine kostenverursachende Maßnahme

---

[88] H. M. z.B. Koblenz MDR 1987, 681.
[89] LG Nürnberg-Fürth NJW-RR 2003, 1508; Hamburg MDR 2002, 115 m.w.N. u. Anm. *Schütt*; a.A. Köln NJW-RR 2010, 431; *Thomas/Putzo/Hüßtege* § 15 a EGZPO Rn. 6 b.
[90] BGH FamRZ 2008, 878; NJW 2006, 2560 und Rpfleger 2006, 165.

zweckentsprechend und notwendig war, ist anhand **objektiver** Kriterien zu prüfen. Der Rechtspfleger hat bei der Entscheidung die Gesamtumstände des Einzelfalles (Dauer, Schwierigkeitsgrad des Prozessstoffes, Geschäftsgewandtheit der Partei z.B.) zu berücksichtigen. Darüber hinaus trifft die Parteien nach dem Grundsatz von Treu und Glauben (§ 242 BGB) eine **Kostengeringhaltungspflicht:** Die Prozesskosten sind so gering wie möglich zu halten, wie es sich mit einer die Parteirechte wahrenden Prozessführung vereinbaren lässt. Es ist stets die kostengünstigste Maßnahme zu wählen.[91] In einigen Fällen suspendiert das Gesetz die Notwendigkeitsprüfung indem es selber die Erstattungsfähigkeit von Kosten anordnet. So z.B. in § 91 Abs. 2 S. 1 ZPO: Die gesetzliche Vergütung eines Rechtsanwalts der obsiegenden Partei ist in allen Prozessen zu erstatten (= Erstattungsautomatik).[92] Umgekehrt kann bestimmt sein, dass Kosten nicht erstattet werden. Das ist z.b. im Arbeitsgerichtsverfahren erster Instanz und im PKH-Bewilligungsverfahren der Fall (§ 12 a Abs. 1 S. 1 ArbGG, § 118 Abs. 1 S. 4 ZPO). Zu erstatten sind stets nur tatsächlich angefallene Aufwendungen (Ausnahme: sog. „fiktive Kosten" sind dann erstattungsfähig, wenn sie durch tatsächlich entstandene erspart wurden).

2. Einzelfälle der Kostenerstattung

– **Gerichtskosten**   125
  Soweit die obsiegende Partei Gerichtskosten – meist vorschussweise – verauslagt hat, sind ihr diese zu erstatten.
– **Mehrere Ansprüche**
  Die Kostengeringhaltungspflicht erfordert dass mehrere Ansprüche des Klägers verbunden (§ 260 ZPO) eingeklagt werden. Es sei denn, es bestehen vernünftige Gründe für die getrennte Geltendmachung.[93]
– **Vorbereitungskosten**
  Sie sind nur erstattungsfähig, wenn sie prozessbezogen entstanden sind.[94] Nicht erstattungsfähig sind z.b. Kosten der Unterrichtung der Rechtsschutzversicherung sowie solche zur Klärung der Einstandspflicht der Haftpflichtversicherung.[95]
– **Anwaltsvergütung**
  Die Gebühren und Auslagen eines Rechtsanwalts der obsiegenden Partei sind in allen Prozessen zu erstatten und zwar in Höhe der gesetzlichen Vergütung nach RVG, § 91 Abs. 2 S. 1 ZPO.[96]

---

[91] Vgl. dazu *Riecke* MDR 1999, 81.
[92] BGH NJW 2003, 1532 und Rpfleger 2006, 508.
[93] Stuttgart Rpfleger 2001, 617 m.w.N.
[94] Koblenz Büro 1981, 1070.
[95] Celle Büro 2000, 205.
[96] A.a.O. Fn. 82.

- **Reisekosten des auswärtigen Rechtsanwalts**
Ist der Anwalt am Ort des Prozessgerichts nicht wohnhaft, sind
die Reisekosten vom Unterlegenen nur zu erstatten, wenn die Zuziehung dieses Anwalts zur zweckentsprechenden Rechtsverfolgung
oder Rechtsverteidigung notwendig war (Abs. 2 S. 1). So sind z.b.
die
Reisekosten eines auswärtigen Prozessbevollmächtigten bis zur Höhe
der fiktiven Reisekosten eines am Wohnort der Partei oder Gerichts-
ort ansässigen Rechtsanwalts erstattungsfähig.[97] Eine auswärtige
Partei kann grds. einen Prozessbevollmächtigten an ihrem Wohn-,
Geschäftsort beauftragen.[98] Erstattet werden muss in jedem Fall der
sonst entstandene Parteiaufwand an eigenen Reisekosten.[99]

- **Verkehrsanwalt** (Korrespondenzanwalt):
Hat die obsiegende Partei einen zusätzlichen Anwalt als Verkehrsanwalts – das ist der Anwalt, dem die Information des Prozessbevollmächtigten am Ort des Prozessgerichts obliegt – beauftragt, so sind
die entstandenen Mehrkosten grundsätzlich nicht notwendig und
deshalb auch nicht erstattungsfähig (§ 91 Abs. 1 S. 1 ZPO). Die h.M.
lässt aber eine Ausnahme dann zu, wenn die konkreten Einzelum-
stände (z.B. Dauer, Umfang, Schwierigkeitsgrad des Rechtsstreits,
geschäftsungewandte Partei) die Zuziehung eines Verkehrsanwalts
zur zweckentsprechenden Rechtsverfolgung oder Rechtsverteidigung
erfordern (strenge Anforderungen!).[100] Erstattungsfähig sind die Verkehrsanwaltskosten regelmäßig in Höhe ersparter anderer Aufwendungen. Nach h.M.[101] kann die Partei in jedem Tatsachenrechtszug
grundsätzlich eine **Informationsreise** zu ihrem auswärtigen Prozessbevollmächtigten unternehmen. Werden durch die Zuziehung des
Verkehrsanwalts Parteireisekosten eingespart, kann dessen Vergütung
in Höhe der fiktiven Parteikosten erstattungsfähig sein.[102]

---

[97] BGH NJW 2004, 539 und MDR 2005, 481.
[98] BGH NJW-RR 2003, 901.
[99] BGH NJW-RR 2001, 997.
[100] BGH NJW 2003, 898.
[101] BGH NJW-RR 2007, 129 und NJW 2006, 301.
[102] BGH NJW 2006, 301, NJW-RR 2007, 129.

Beispiel: Die obsiegende Partei wohnt in Hamburg. Sie hat beim Prozessgericht in München einen Prozessbevollmächtigten (§§ 81 ff. ZPO) und in Hamburg einen Verkehrsanwalt (Nr. 3400 VVRVG) beauftragt. Der Rechtsstreit, Streitwert 5.000,00 EUR, war durchschnittlich gelagert.
Kosten einer fiktiven Informationsreise der Partei: (angenommen) 300,00 EUR.
Zur Kostenfestsetzung werden u.a. auch die Kosten des Verkehrsanwalts beantragt mit:

1.	1.0 Verfahrensgebühr, Nr. 3400 VVRVG aus 5.000,00 EUR	303,00 EUR
2.	Auslagenpauschale, Nr. 7002 VVRVG	20,00 EUR
3.	Umsatzsteuer, Nr. 7008 VVRVG	<u>61,37 EUR</u>
	Summe:	384,37 EUR

Erstattungsfähigkeit: Zwar sind Verkehrsanwaltskosten bei einem nur durchschnittlich gelagerten Rechtsstreit nicht erstattungsfähig. Aber: durch die Zuziehung des weiteren Anwalts sind der Partei die Kosten einer Informationsfahrt von Hamburg nach München erspart geblieben. Die Verkehrsanwaltskosten sind somit in Höhe der fiktiven Reisekosten in Höhe von 300,00 EUR, erstattungsfähig. (Die Höhe der Reisekosten wird nach den Vorschriften des JVEG berechnet.)

- Mehrere Rechtsanwälte
Lässt sich die obsiegende Partei durch mehrere Rechtsanwälte vertreten, beschränkt Abs. 2 Satz 2 die Erstattungspflicht des Unterlegenen:[103] Er muss die entstandenen Kosten nur insoweit erstatten, als sie diejenigen eines Rechtsanwalts nicht übersteigen, oder wenn in der Person des Rechtsanwalts ein Wechsel eintreten musste, den weder die Partei noch der Anwalt verschuldet haben; (h.M.);[104] Abs. 2 Satz 2 bringt das Gebot zur Kostengeringhaltung in besonderer Weise zum Ausdruck. Solche Fälle wären z.B. Krankheit oder Verlust der Anwaltseigenschaft durch Tod oder Entziehung der Zulassung.[105]
- Anwaltswechsel bei Verweisung oder Abgabe
Bei Verweisung oder Abgabe des Verfahrens mit nachfolgendem Anwaltswechsel gilt: Die Erstattungsfähigkeit zusätzlicher Anwaltskosten ist zwar zu bejahen, es muss aber die gerichtliche Kostengrundentscheidung die Mehrkosten nach § 281 Abs. 3 S. 2 ZPO dem Verursacher auferlegen. Ist dies versehentlich unterblieben kann das Urteil ergänzt werden (§ 321 ZPO).[106] Sonst bindet die unrichtige Kostenentscheidung den Rechtspfleger im Kostenfestsetzungsverfahren (str.).[107]
- Mahnverfahren
Der Antragsteller kann, auf Grund des zu Beginn des Mandats bestehenden Informationsbedarfs, einen Rechtsanwalt an seinem Wohn-

---

[103] Die Erstattungsfähigkeit der Kosten des Unterbevollmächtigten (Terminsvertreter) und des Verkehrsanwalts richtet sich nach § 91 Abs. 1 S. 1; BGH Rpfleger 2006, 508.
[104] BGH FamRZ 2004, 866.
[105] Frankfurt Rpfleger 1990, 527.
[106] Düsseldorf NJW-RR 1999, 799; BeckOK ZPO § 281 Rn. 37 mwN.
[107] Koblenz MDR 1987, 681; BeckOK ZPO § 281 Rn. 37; *Thomas/Putzo/Hüßtege* § 281 Rn. 18

oder Geschäftsort beauftragen.[108] Ein Anwaltswechsel im nachfolgenden Streitverfahren ist, wegen der seit 1.1.2000 im ersten Rechtszug weggefallenen örtlich beschränkten Anwaltszulassung, nicht mehr erforderlich. Erfolgt dennoch ein Anwaltswechsel, sind die zusätzlichen Gebühren und Auslagen nur in Höhe fiktiver Reisekosten erstattbar.[109]

– **Anwalt in eigener Sache:**
In eigener Sache hat der Rechtsanwalt Anspruch auf Erstattung der Vergütung eines bevollmächtigten Anwalts, Abs. 2 S. 3.

– **Parteikosten:**
Aufwendungen, die der Partei selbst entstehen, sind der Höhe nach an die Sätze des JVEG gebunden, Abs. 1 Satz 2. In Betracht kommen z.b.: Fahrtkosten, Verdienstausfall und Aufwandsentschädigung für die notwendige Terminswahrnehmung. So z.b. wenn das persönliche Erscheinen der Partei gerichtlich angeordnet war oder die Anwesenheit im Termin geboten erschien.[110]

3. Rückfestsetzung

126 Hat der letztlich Obsiegende im Laufe des Rechtsstreits der unterliegenden Partei Prozesskosten erstattet, so können diese „rückfestgesetzt" werden. Abs. 4 bezieht den überzahlten Betrag in die Kosten des Rechtsstreits mit ein und beseitigt damit eine frühere Rechtsunsicherheit.[111] Das Übergangsrecht regelt § 29 Nr. 2 EGZPO.[112] Die Rückfestsetzung ist auch bei nachträglicher Streitwertänderung[113] und nach Vergleichsabschluss zulässig.[114] Ob die Rückfestsetzung auch dann möglich ist, wenn der Gegner Einwendungen erhebt, wird unterschiedlich beantwortet. Wird das gegnerische Vorbringen nicht bestritten, ist es zu berücksichtigen.[115] Andernfalls bleibt es unberücksichtigt.[116]

---

[108] BGH FamRZ 2004, 866.
[109] BGH a.a.O. Fn. 99.
[110] München NJW-RR 2004, 714; Düsseldorf NJW-RR 1996, 1342.
[111] *Knauer/Wolf* NJW 2004, 2857.
[112] Vgl. dazu: BGH NJW-RR 2005, 79.
[113] Düsseldorf Rpfleger 2005, 696.
[114] München NJW-RR 2006, 72.
[115] Brandenburg Rpfleger 2012, 106; München a.a.O. Fn. 105; Frankfurt Büro 2007, 366.
[116] München a.a.O.; *Schmidt-Räntsch* MDR 2004, 1329; a.A. *Knauer/Wolf* NJW 2004, 2857.

III. Kostenfestsetzung, §§ 103, 104 ZPO

1. Verfahrensvoraussetzungen

Wie bereits erwähnt (Rn. 131), ist der prozessuale Kostenerstat- **127** tungsanspruch (§ 91 ZPO) im Kostenfestsetzungsverfahren gerichtlich geltendzumachen, eine eigenständige Klage wäre unzulässig. Die Kostengrundentscheidung ist der Höhe nach alleine im Kostenfestsetzungsverfahren bezifferbar. Nach § 103 Abs. 1 ZPO setzt die Festsetzung einen zur Zwangsvollstreckung geeigneten Titel voraus. Dieser darf nicht bereits aufgehoben sein und muss eine Kostengrundentscheidung enthalten; seine Vollstreckbarkeit in der Hauptsache (z.B. Feststellungsurteil oder Klageabweisung) ist nicht erforderlich. Da die Kostenfestsetzung keine Zwangsvollstreckungshandlung darstellt, sind die allgemeinen und besonderen Vollstreckungsvoraussetzungen – z.B. Vollstreckungsklausel oder Sicherheitsleistung – nicht erforderlich. Sie wird deshalb auch von einer (einstweiligen) Einstellung der Zwangsvollstreckung nicht betroffen. Der Hauptsachetitel, dessen Kostengrundentscheidung und die Kostenfestsetzung sind untrennbar miteinander verflochten: der **Festsetzungsbeschluss steht und fällt mit „seinem" Titel.** Wird dieser oder auch nur seine Kostengrundentscheidung aufgehoben bzw. abgeändert, wird das gesamte Festsetzungsverfahren gegenstandslos und ein bereits erlassener Festsetzungsbeschluss automatisch wirkungslos.[117]

Zur Kostenfestsetzung sind insbesondere folgende **Vollstreckungsti-** **128** **tel**, sofern sie eine Kostenpflicht auferlegen, geeignet:
- rechtskräftige und vorläufig vollstreckbare Urteile (§ 704 ZPO; z.B.: Endurteile, Versäumnis- und Anerkenntnisurteile).
- Prozessvergleiche (§ 794 Abs. 1 Nr. 1 ZPO; enthält der Vergleich keine Kostenregelung, dann gelten sie nach § 98 ZPO als gegeneinander aufgehoben.[118]
- Entscheidungen gegen die das Rechtsmittel der Beschwerde stattfindet (§ 794 Abs. 1 Nr. 3 ZPO; z.B. Kostenbeschlüsse nach §§ 91 a, 269 Abs. 3 ZPO)
- Vollstreckungsbescheide (§ 794 Abs. 1 Nr. 4 ZPO); diese enthalten gleichzeitig Kostengrundentscheidung und Kostenfestsetzung. Streitig ist, ob eine Nachliquidation übersehener Kosten des Gläubigers zulässig ist. Teilweise wird sie für zulässig erachtet.[119]
- Arreste und einstweilige Verfügungen (§§ 928, 936 ZPO); die Kosten der Vollziehung sind nach § 788 ZPO kraft Gesetzes mit zu vollstrecken.

---

[117] BGH Rpfleger 2013, 476; Frankfurt Rpfleger 1983, 456 m.w.N., KG NJW-RR 2000, 518. Zur Klarstellung – deklaratorisch – kann der Kostenfestsetzungsbeschluss aufgehoben werden, Hamm 1976, 408 mwN.
[118] Naumburg OLGR 1996, 103.
[119] München NJW-RR 1997, 895; a.A. BGH NJW-RR 2009, 860; KG Rpfleger 1995, 424.; BeckOK ZPO § 699 Rn.7.

Keine Festsetzungsgrundlage bilden, mangels eines Prozessrechtsverhältnisses, vollstreckbare Urkunden nach § 794 Abs. 1 Nr. 5 ZPO und außergerichtliche Vergleiche.

129 Sachlich und örtlich **zuständig** zur Festsetzungsentscheidung ist das Prozessgericht des ersten Rechtszuges (§ 103 Abs. 2 S. 1 ZPO); **funktionell** zuständig ist der Rechtspfleger (§ 21 Abs. 1 Nr. 1 RPflG). Zwangsvollstreckungskosten werden vom Vollstreckungsgericht festgesetzt (§ 788 Abs. 2 S. 1 ZPO). Das Kostenfestsetzungsverfahren wird auf **Antrag** eingeleitet, § 103 Abs. 2 ZPO. Der unbefristete Antrag kann schriftlich eingereicht oder zu Protokoll des Urkundsbeamten der Geschäftsstelle erklärt werden. Antragsbefugt ist der Kostengläubiger, d.h. derjenige, der nach dem Titel erstattungsberechtigt ist. Der Festsetzungsantrag hat eine Aufstellung der Prozesskosten nach Grund und Betrag zu enthalten.[120] Die einzelnen Aufwendungen sind durch entsprechende Belege zu rechtfertigen, § 103 Abs. 2 S. 2 ZPO. Aufwendungen, die nicht belegt werden können, müssen bei gegnerischem Bestreiten hinsichtlich Entstehen und Notwendigkeit glaubhaft (§ 294 ZPO) gemacht werden. Eine Versicherung ihres Anfalls genügt nur hinsichtlich der Pauschale nach Nr. 7002 VVRVG (§ 104 Abs. 2 S. 1, 2 ZPO).[121] Es darf dem Antrag die Rechtskraft eines früheren Kostenfestsetzungsbeschlusses nicht entgegenstehen. Die **Nachliquidation** übersehener und noch nicht zur Entscheidung gestellter Posten ist zulässig.[122]

2. Verfahrensgrundsätze; Einwendungen

130 Auf das Kostenfestsetzungsverfahren finden die allgemeinen Regeln des 1. Buches der ZPO Anwendung. Es gilt, wie im Erkenntnisverfahren, der **Verhandlungsgrundsatz.** Das bedeutet: Es obliegt den Parteien entscheidungserheblichen Tatsachen vorzutragen (es besteht keine Amtsermittlungspflicht). Die Parteien bestimmen durch Bestreiten auch über die Beweisbedürftigkeit des tatsächlichen Vorbringens. In der Praxis werden die Grenzen nicht eng gezogen, denn der Rechtspfleger verwendet häufig auch Auskünfte aus allgemein zugänglichen Quellen bei seiner Festsetzungsentscheidung. Eine mündliche Verhandlung ist zulässig, aber unüblich. Den Parteien können Erklärungs- und Erwiderungsfristen bestimmt werden. Tatsachen müssen, wenn der Gegner sie bestreitet, **glaubhaft** gemacht werden, § 104 Abs. 2 S. 1 ZPO. Nicht bestrittene Tatsachen gelten als zugestanden, § 138 Abs. 3 ZPO.[123] Der Rechtspfleger kann jeden angebotenen Beweis erheben (§ 286 ZPO gilt). Er kann auch eine schriftliche Erklärung des Gerichts oder der Prozessbevollmächtigten der Parteien einholen.[124] Hinsichtlich der Auslagen für Post- und Te-

---

[120] Vgl. dazu *Marx*, Rpfleger 1999, 157.
[121] Nürnberg JurBüro 1975, 191.
[122] München Rpfleger 1987, 263 mwN.
[123] München Rpfleger 1993, 39.
[124] Koblenz Rpfleger 1980, 393.

lekommunikationsdienstleistungen, die einem Rechtsanwalt angefallen sind, genügt die Versicherung, dass diese entstanden sind, § 104 Abs. 2 S. 2 ZPO. Bestehen aber Zweifel an ihrer Notwendigkeit oder bestreitet sie der Gegner, dann müssen auch diese Auslagen glaubhaft gemacht werden. Dem Gegner ist obligatorisch (schriftlich oder, mündlich) **rechtliches Gehör** zu gewähren, Art. 103 I, 20 Abs. 1 GG.[125] Anwaltszwang besteht nicht (§ 13 RPflG). Der Rechtspfleger prüft zunächst, ob der Antrag zulässig ist. Mängel sind mit einer Aufklärungsverfügung (§ 139 ZPO) zu beanstanden; bei nicht behebbarem Mangel kann die Zurücknahme des Antrags aufgegeben werden. Nur der zulässige Antrag wird darauf geprüft, ob er auch **begründet** ist.

Das setzt im Wesentlichen Folgendes voraus: **131**
– Es muss ein **wirksamer**[126] und zur Zwangsvollstreckung geeigneter Titel vorliegen, der aufgrund seiner Kostengrundentscheidung einen prozessualen Kostenerstattungsanspruch begründet. An die Kostengrundentscheidung, auch eine fehlerhafte, ist der Rechtspfleger gebunden.[127] Sie darf aber ausgelegt werden, das gilt insbesondere für die Kostenregelung in einem Vergleich.[128]
– Die angesetzten Kosten müssen tatsächlich in dem Verfahren entstanden sein, auf das sich der Antrag bezieht.
– Wird die Festsetzung der gesetzlichen Vergütung eines Rechtsanwalts verlangt, ist anhand der Verfahrensakten zu prüfen, ob die angegebenen Gebühren und Auslagen auch angefallen sind. Eine gerichtliche Streitwertfestsetzung bindet den Rechtspfleger. Ist der Wert nicht gerichtlich festgesetzt, kann er diesen eigenständig annehmen oder die Wertfestsetzung anregen (vgl. §§ 62, 63 GKG).
– Nach § 91 ZPO hat der Gegner nur notwendige Kosten zu erstatten. Die Notwendigkeit muss deshalb bei jedem Posten eigenständig geprüft werden.

Ob **materielle** Einwendungen des Erstattungsschuldners im Kosten-   **132**
festsetzungsverfahren zu beachten sind ist umstritten. Der Zweck des Verfahrens besteht darin, die gerichtliche Kostengrundentscheidung der Höhe nach zu beziffern. Es wäre daher zweckwidrig, wenn in dem Verfahren auch über materiell rechtliche Streitfragen der Parteien zu entscheiden wäre. Der Erstattungspflichtige kann sich mit seinen Einwendungen über Rechtsbehelfe (z.B. §§ 767, 775 Nr. 4, 5, 776 ZPO) wehren. Bringt er vor, dass der Erstattungsanspruch durch Verzicht, Erfüllung, Erlass oder Aufrechnung bereits erloschen ist, bleibt sein Einwand deshalb unberücksichtigt. Dasselbe gilt für den Verrechnungseinwand im Zusammenhang mit unterhaltsrechtlichen Prozesskostenvorschüssen (z.B. nach § 1360a Abs. 4 BGB). Die Rspr. macht davon eine Ausnahme, wenn die Einwendung (Zahlung z.B.) **unstreitig** ist.[129] Das ist der Fall, wenn der Erstattungsberechtigte entweder den Tatsachenvortrag

---

[125] Dresden NJW-RR 2001, 861.
[126] Vgl. BGH Rpfleger 2013, 476.
[127] Koblenz MDR 2000, 113.
[128] München Rpfleger 1994, 227.
[129] Düsseldorf Rpfleger 2005, 483.

ausdrücklich zugesteht oder ihn nicht bestreitet, denn insoweit gilt nach h.m. die Geständnisfiktion des § 138 Abs. 3 ZPO.[130]

3. Kostenfestsetzungsbeschluss

a) Inhalt; Bekanntmachung

133 Ist der Festsetzungsantrag zulässig und begründet, ergeht die Entscheidung in Form eines Kostenfestsetzungsbeschlusses. Der Beschluss ist eigenständiger Vollstreckungstitel (§ 794 Abs. 1 Nr. 2 ZPO). Er muss ein vollständiges Rubrum enthalten, den Hauptsachetitel genau bezeichnen und ferner den Gesamtbetrag der festgesetzten Kosten angeben. Die Entscheidung ist zu begründen, wenn das Gesuch ganz oder teilweise – z.b. wegen einzelner Posten – zurückgewiesen wird oder die Erstattungsfähigkeit zweifelhaft ist. Da besondere Kosten im Regelfall nicht anfallen (vgl. § 19 Abs. 1 S. 2 Nr. 14 RVG) ist eine Kostenentscheidung entbehrlich. Steht der Erstattungsbetrag mehreren Personen (Streitgenossen) zu oder sind mehrere Personen erstattungspflichtig, ist anzugeben, ob Teil-, Gesamt- oder Mitgläubiger(schuldner-)schaft vorliegt.[131]

134 Auf Antrag ist **Verzinsung** anzuordnen, § 104 Abs. 1 S. 2 ZPO. Der Zinsantrag kann jederzeit nachgeholt werden.[132] Der Zinsanspruch beginnt mit dem Tag des Antragseingangs, vorausgesetzt es liegt zu diesem Zeitpunkt eine wirksame Kostengrundentscheidung vor.[133] Streit besteht darüber, wie der Erstattungsanspruch zu verzinsen ist, wenn die Kostengrundentscheidung im Rechtsmittelverfahren abgeändert wird, der Kostenerstattungsanspruch deshalb teilweise bestehen bleibt. Nach wohl überwiegender Auffassung ist auf den Zeitpunkt des Eingangs des ersten Antrags abzustellen, aber nur in Höhe des bestätigten (wiederhergestellten) Erstattungsanspruches.[134]

> **Beispiel:** B wird in erster Instanz kostenpflichtig verurteilt. Der Kostenfestsetzungsantrag des K geht am 1.4. ein. Der Zinsanspruch des K besteht deshalb ab 1.4. Auf die Berufung des B wird die Kostenentscheidung abgeändert: K trägt 1/4, B 3/4. K stellt am 1.11. einen neuen Festsetzungsantrag. Die Verzinsung des Erstattungsanspruchs setzt jetzt unterschiedlich ein: So weit der Kostenausgleich die zu erstattenden Kosten der ersten Instanz betrifft beginnt sie ab 1.4. und hinsichtlich derjenigen der zweiten Instanz ab 1.11. Die Gegenmeinung verzinst alles erst ab 1.11.

135 Enthält der Hauptsachetitel Anordnungen zur Vollstreckbarkeit (Sicherheitsleistung, Abwendungsbefugnis z.b.), sind diese unverändert

---

[130] München NJW-RR 1999, 655; KG Rpfleger 1976, 23.
[131] KG NJW-RR 2001, 1435; Koblenz Rpfleger 1995, 381.
[132] Hamm Rpfleger 1979, 71; vgl. dazu auch *Schlamann* Rpfleger 2003, 6.
[133] KG NJW 1967, 1569; München Rpfleger 1972, 148.
[134] Koblenz NJW-RR 2000, 70; Zweibrücken Rpfleger 1995, 313 mwN.

auch in den Kostenfestsetzungsbeschluss zu übernehmen.[135] Offenbare Unrichtigkeiten (Schreib- und Rechenfehler z.b.) können jederzeit berichtigt werden (§ 319 ZPO).[136] Der Kostenfestsetzungsbeschluss ist dem Erstattungsschuldner von Amts wegen zuzustellen (§ 104 Abs. 1 ZPO). Beizufügen ist, wenn dies nicht bereits im Rahmen der Anhörung geschehen ist, eine Abschrift der Kostenrechnung. Dem Antragsteller ist der Beschluss nur dann förmlich bekannt zu machen, wenn sein Antrag ganz oder teilweise zurückgewiesen wurde (§ 104 Abs. 1 S. 4 ZPO). Die Zustellung hat an den Prozessbevollmächtigten zu erfolgen (§ 172 Abs. 1 ZPO). Eine öffentliche Zustellung (§§ 185, 186 ZPO) ordnet der Rechtspfleger an (§ 4 Abs. 1 RPflG).[137] Nach Zustellung des Beschlusses wird dem Erstattungsgläubiger eine vollstreckbare Ausfertigung erteilt und das Datum der Zustellung an den Schuldner darauf vermerkt (das ist wichtig zur Berechnung der **Wartefrist** nach § 798 ZPO).

b) Rechtskraft, Vollstreckbarkeit

Der Kostenfestsetzungsbeschluss wird formell und materiell rechts- **136** kräftig (§§ 322, 705 ZPO). Die materielle Rechtskraft erstreckt sich aber **nur** auf die festgesetzten oder abgesetzten Einzelposten und **nicht** auf den Gesamtbetrag.[138] Eine **Nachliquidation** übergangener oder ursprünglich nicht geltend gemachter Prozesskosten ist deshalb jederzeit zulässig. Der Rechtspfleger ist zur **Auswechslung** von Posten befugt, er kann anstelle von tatsächlich entstandenen aber nicht erstattungsfähigen Kosten nicht entstandene (fiktive) aber erstattungsfähige Kosten festsetzen. Zulässig ist auch, dass statt einer nicht entstandenen Rechtsanwaltsgebühr eine angefallene aber nicht beantragte festgesetzt wird.

> **Beispiele:**
> a) Beantragt ist die Festsetzung der Vergütung eines Verkehrsanwalts. War die Zuziehung des Verkehrsanwalts nicht notwendig (§ 91 ZPO), so ist der Ansatz nicht schlechthin zu streichen, es können ersatzweise die fiktiven Kosten einer Informationsreise der Partei festgesetzt werden.
> b) Oder: Beantragt ist die Festsetzung einer anwaltlichen Terminsgebühr. Ist eine solche nicht entstanden, so kann sie mit einer tatsächlich entstandenen aber nicht beantragten Verfahrensgebühr ausgewechselt werden.

§ 308 Abs. 1 ZPO steht einer Auswechslung nicht entgegen: die dort **137** vorgeschriebene Antragsbindung gilt nämlich nur für den **Gesamtbetrag** der zur Festsetzung beantragten Kosten.[139] Macht der Antragsteller z.B.

---

[135] Karlsruhe Rpfleger NJW 2000, 555 mwN.
[136] Bamberg Rpfleger 1995, 289.
[137] München Rpfleger 1988, 679; BeckOK ZPO § 186 Rn. 1
[138] H. M.; Düsseldorf Rpfleger 1990, 372 m.w.N., München MDR 2000, 666.
[139] *Thomas/Putzo* § 104 Rn. 15.

Prozesskosten im Gesamtbetrage von 1.000,00 EUR geltend, so können Einzelposten, in der Höhe allerdings begrenzt auf 1.000,00 EUR, ausgewechselt werden.[140] Der Kostenfestsetzungsbeschluss bleibt, auch wenn er rechtskräftig geworden ist, stets vom Bestand der Kostengrundentscheidung abhängig. Wird sie aufgehoben oder abgeändert, wird der Beschluss sofort wirkungslos.

138 Aus dem Kostenfestsetzungsbeschluss findet die Zwangsvollstreckung statt (§ 794 Abs. 1 Nr. 2 ZPO). Eine vollstreckbare Ausfertigung des Titels kann bereits mit seinem Erlass erteilt werden, die formelle Rechtskraft ist nicht erforderlich. Zu beachten ist allerdings, dass die Zwangsvollstreckung erst nach Ablauf einer zweiwöchigen Wartefrist zulässig ist, (§ 798 ZPO); nur die Vorpfändung nach §§ 802 a Abs. 2 Nr. 5, 845 ZPO ist an die Wartefrist nicht gebunden.[141] Basiert die Kostenfestsetzung auf einem nur gegen Sicherheitsleistung vorläufig vollstreckbaren Urteil, darf auch die Zwangsvollstreckung aus dem Kostenfestsetzungsbeschluss nur nach Sicherheitsleistung durch den Gläubiger beginnen (§ 751 Abs. 2 ZPO); es sei denn, es wird, nach Ablauf einer zweiwöchigen der Wartefrist (§ 750 Abs. 3 ZPO), die Sicherungsvollstreckung betrieben (vgl. §§ 795 S. 2, 720 a ZPO). Ist der Schuldner abwendungsbefugt (vgl. § 711 ZPO), müssen die Vollstreckungsorgane die Beschränkungen der §§ 720, 839 ZPO beachten. Die Zwangsvollstreckung des Kostenfestsetzungsbeschlusses endet immer auch dann, wenn sie aus dem Hauptsachetitel unzulässig wird (z.B.: Leistung der Sicherheitsleistung zur Abwendung der Zwangsvollstreckung durch den Schuldner, §§ 711, 712, 775 Nr. 3, 776 S. 1 ZPO oder einstweilige Einstellung der Zwangsvollstreckung nach Rechtsmitteleinlegung, §§ 707, 719, 775 Nr. 2, 776 S. 2 ZPO.

139 Wird der Hauptsachetitel später beseitigt (z.B. durch das Rechtsmittelgericht), wird der Kostenfestsetzungsbeschluss, der darauf basiert, gegenstandeslos und es ist nach § 91 Abs. 4 ZPO eine **Rückfestsetzung** möglich.[142] Werden vom Gegner allerdings materielle Einwände (Aufrechnung z.B.) die bestritten wurden entgegengesetzt, ist sie unzulässig. Der Streit ist dann endgültig in einem Erkenntnisverfahren auszutragen.[143]

4. Anfechtung

140 Gegen die Entscheidung des Rechtspflegers im Kostenfestsetzungsverfahren findet die **sofortige Beschwerde** statt, wenn der Wert des Beschwerdegegenstandes **200,00 EUR übersteigt** (§ 11 Abs. 1 RPflG, §§ 104 Abs. 2 S. 1, 567 Abs. 1 Nr. 1, Abs. 2 ZPO). Sie ist ab Erlass des Beschlusses (= Hinausgabe aus dem internen Geschäftsbetrieb) zulässig

---

[140] Zur Änderungsbefugnis bei nachträglicher Streitwertänderung, vgl. Rn. 169.
[141] H. M.; BGH NJW 1982, 1150.
[142] Zur Rückfestsetzung vgl. Rn. 148
[143] Vgl. dazu: *Knauer/Wolf* NJW 2004, 2857.

und kann schriftlich oder mündlich zu Protokoll der Geschäftsstelle eingelegt werden (§ 569 Abs. 2, Abs. 3 ZPO); Anwaltszwang besteht nicht (§ 569 Abs. 2 Nr. 1 ZPO). Die sofortige Beschwerde ist innerhalb einer Notfrist von 2 Wochen, ab Zustellung der Entscheidung, einzulegen (§ 569 Abs. 1 S. 1 ZPO); Wiedereinsetzung in den vorigen Stand ist bei Fristversäumung möglich (§ 233 ZPO).

Der Rechtspfleger kann der sofortigen Beschwerde abhelfen (§ 572 Abs. 1 ZPO). Hilft er ihr nicht, bzw. nur teilweise ab, ist sie dem Beschwerdegericht zur Entscheidung vorzulegen, (§ 572 Abs. 1 S. 1 Hs. 2 ZPO).

Ab Vorlage geht die funktionelle Zuständigkeit auf das Beschwerdegericht über. Liegt der Wert des Beschwerdegegenstands **unter 200,01 EUR**, findet gegen den Kostenfestsetzungsbeschluss die **Erinnerung** statt (§ 11 Abs. 2 S. 1 RPflG); Frist: 2 Wochen. Der Rechtspfleger kann der Erinnerung abhelfen (§ 11 Abs. 2 S. 5 RPflG). Hilft er nicht ab, entscheidet darüber abschließend und unanfechtbar der Richter (§§ 11 Abs. 2 S. 6, 28 RPflG).

IV. Vereinfachte Kostenfestsetzung, § 105 ZPO

Nach § 105 Abs. 1 ist die Kostenfestsetzung in vereinfachter Form **141** dergestalt zulässig, dass der Festsetzungsbeschluss auf das Urteil – auch auf ein Versäumnisurteil nach § 331 Abs. 3 ZPO – gesetzt wird. Die Festsetzungsentscheidung ergeht insoweit nicht in der Form eines eigenständigen Beschlusses. Entsprechend anwendbar ist das vereinfachte Verfahren auch auf vollstreckbare Beschlüsse und Vergleiche.[144]

Zulässig ist das Verfahren, wenn **142**
– noch keine Urteilsausfertigung erteilt wurde **und**
– keine quotenmäßige Verteilung der Prozesskosten erfolgte.
Die Verbindung soll (Ordnungsvorschrift in Abs. 1 S. 4) unterbleiben, sofern dem Gesuch auch nur teilweise nicht entsprochen wird.

Beantragt nach Verkündung der Entscheidung, aber **vor** Erteilung **143** einer Ausfertigung, der Erstattungsberechtigte die Kostenfestsetzung, so kann (Ermessen) der Rechtspfleger den Festsetzungsbeschluss mit dem Urteil (Urschrift) oder, im Falle der Abkürzung nach §§ 313 b, 317 Abs. 6 ZPO, mit der Klageschrift (Urschrift) äußerlich verbinden. **Vorteile** für den Gläubiger: Es entfallen Wartefrist (§ 798 ZPO) und (einfache) Vollstreckungsklausel (§ 795 a ZPO). Stellt sich die Verbindung als unzweckmäßig oder unzulässig heraus, so kann sie wieder gelöst werden.

Bereits vor der Verkündung des Urteils gestattet Abs. 2 schon die Einreichung einer Kostenberechnung. Ein förmliches Gesuch ist in diesem **144** Fall entbehrlich. Die Festsetzung kann daraufhin – sie muss nicht – nach Abs. 1 erfolgen; die Verzinsung des Erstattungsbetrages ist aber erst ab Verkündung des Urteils zulässig, § 104 Abs. 1 S. 2 ZPO.

---

[144] H. M.; LG Berlin DGVZ 1959, 185.

V. Kostenausgleich, § 106 ZPO

1. Sinn und Zweck

145   Sind die Prozesskosten ganz oder teilweise nach **Quoten** verteilt, müssten die gegenseitigen Kostenerstattungsansprüche der Parteien in jeweils eigenständigen Kostenfestsetzungsverfahren ermittelt und getrennt festgesetzt werden. § 106 ZPO vermeidet diese doppelte Festsetzung: Die wechselseitigen Erstattungsansprüche können **verrechnet** (ausgeglichen) werden, so dass per Saldo nur einer übrig bleibt. Nach dem Wortlaut des Abs. 1 **muss** („hat" = kein Ermessen) der Rechtspfleger den Kostenausgleich durchführen.[145] Voraussetzung ist, dass die Prozesskosten nach Quoten verteilt oder gegeneinander aufgehoben sind. Keine Quotenverteilung liegt vor, wenn die Kosten für einzelne Verfahrensbereiche ausgegliedert sind.[146] In diesen Fällen muss getrennt festgesetzt werden, die Parteien können ihre wechselseitigen Erstattungsansprüche aufrechnen.

2. Verfahren

146   Nach Eingang des Antrags einer Partei fordert der Rechtspfleger den Gegner auf, seine Kosten innerhalb einer Frist von einer Woche spezifiziert bekannt zu geben; für die Fristberechnung gelten §§ 222, 224 ZPO. Meldet der Gegner seine Kosten an, so ist zu verrechnen und der **Überschuss** festzusetzen. In den Kostenausgleich sind die gesamten Prozesskosten, (= außergerichtliche Kosten und Gerichtskosten), einzubringen. Eine Einbeziehung von Gerichtskosten kommt in Betracht, wenn eine Partei mehr gezahlt hat, als sie im Rahmen ihrer Erstschuldnerhaftung (§§ 29 Nr. 1, 31 Abs. 2 S. 1 GKG) der Staatskasse schuldet. In diesem Fall wird der Vorschuss auf die Kostenschuld der anderen Partei verrechnet.[147] Es empfiehlt sich, damit die Parteien die Festsetzung nachvollziehen können, die Gerichtskosten getrennt von den außergerichtlichen Kosten auszugleichen.

---

[145] LG Bonn Rpfleger 1984, 33.
[146] Z.B. nach §§ 281 Abs. 3 S. 2 ZPO; KG Rpfleger 1977, 107; Köln Rpfleger 1992, 448.
[147] LG Essen Rpfleger 1973, 183.

Beispiel:
Prämisse: Die gesamten Gerichtskosten betragen 200,00 EUR. Vorschussweise
(§§ 12, 17 GKG) hat der Kläger bereits 150,00 EUR bezahlt. Die außergerichtlichen Kosten des Klägers belaufen sich auf 600,00 EUR, die des Beklagten auf
400,00 EUR. Endurteil: Von den Kosten des Rechtsstreits tragen der Kläger
1/4, der Beklagte 3/4.

Kostenausgleich (§ 106 Abs. 1 ZPO):
a) Gerichtskosten:
  – die Gerichtskosten betragen   200,00 EUR
  – davon trägt der Kläger 1/4   50,00 EUR
  – der Kläger hat bereits bezahlt
    (Vorschüsse)   ./. 150,00 EUR
  Überzahlung   100,00 EUR
Dieser Betrag wurde auf die Kostenschuld des Beklagten verrechnet und ist
daher an den Kläger zu erstatten. *(Hinweis: Da der Kläger gem. §§ 22, 31 Abs. 2
S. 1 GKG als Zweitschuldner für sämtliche Verfahrenskosten haftet, erfolgt
keine Rückzahlung aus der Staatskasse; arg. § 31 Abs. 2 S. 1 GKG: „... geltend
gemacht werden ...")*
b) Außergerichtliche Kosten:
  – die außergerichtlichen Kosten des Klägers betragen   600,00 EUR
  – die außergerichtlichen Kosten des Beklagten betragen   400,00 EUR
  insgesamt   1.000,00 EUR
c) davon trägt der Kläger 1/4 mit   250,00 EUR
  – die eigenen Kosten des Klägers betragen   ./. 600,00 EUR
  – Erstattungsanspruch des Klägers (Saldo) gegen
    den Beklagten   350,00 EUR
d) Insgesamt hat der Beklagte an den Kläger somit
  zu erstatten:
  aa) Gerichtskosten   100,00 EUR
  bb) außergerichtliche Kosten   350,00 EUR
                                            Summe: 450,00 EUR
Dieser Betrag wird für den Kläger festgesetzt, §§ 91 Abs. 1, 106 Abs. 1 ZPO.

Sind die Kosten verschiedener Instanzen gleichzeitig festzusetzen, **147**
wird insgesamt nur ein Erstattungsanspruch berechnet. Das Ergebnis
wird in einen einzigen Kostenfestsetzungsbeschluss aufgenommen.[148]
Übersehene und deshalb nachliquidierte Posten werden in Höhe der
entsprechenden Quote festgesetzt, die frühere Kostenausgleichung bleibt
davon unberührt. Ist PKH bewilligt, wird der Kostenausgleich immer
mit der Regelvergütung (§ 13 RVG) des beigeordneten Rechtsanwalts
durchgeführt.[149]
Lässt der Gegner die einwöchige Frist verstreichen, so ergeht die **148**
Festsetzungsentscheidung ohne Rücksicht auf seine Kosten, d.h. es wird
dann einseitig, entsprechend der Quote für den Antragsteller, festgesetzt.
Der säumige Gegner kann seine Kosten nachträglich noch festsetzen
lassen und einen eigenen (zweiten) Kostenfestsetzungsbeschluss erwirken (Abs. 2).[150]

[148] Hamm Rpfleger 1977, 373.
[149] Bamberg FamRZ 1988, 967.
[150] Koblenz NJW-RR 2000, 519.

VI. Kostenfestsetzung nach Streitwertänderung, § 107 ZPO

149 Wird nachträglich der Streitwert gerichtlich anders festgesetzt, als der Rechtspfleger ihn bei der Kostenfestsetzung zunächst angenommen hat, würde die materielle Rechtskraft des Kostenfestsetzungsbeschlusses seiner Abänderung entgegenstehen. Diesen Umstand beseitigt Abs. 1: Die Vorschrift durchbricht die materielle Rechtskraft des Kostenfestsetzungsbeschlusses und lässt eine **streitwertbedingte** Änderung zu. Die Gebühren dürfen aber nur der Höhe nach an den neuen Streitwert angepasst werden. Keinesfalls darf über die Änderungsfestsetzung eine erneute Prüfung dem Grunde nach (= Erstattungsfähigkeit) stattfinden; insoweit setzt die materielle Rechtskraft Grenzen.[151] Der Abänderungsantrag ist innerhalb einer Frist von einem Monat anzubringen Abs. 2. Die Frist beginnt mit der Verkündung oder Zustellung des Streitwertfestsetzungsbeschlusses, §§ 222, 224 ZPO. Wird diese Frist versäumt, ist eine abändernde Kostenfestsetzung ausgeschlossen. Einer Zwangsvollstreckung mit dem überhöhten Betrag (der Streitwert wurde herabgesetzt) kann aber mit der Vollstreckungsgegenklage begegnet werden (§§ 767, 795 794 Abs. 1 Nr. 2 ZPO).[152]

150 Ist der Antrag begründet ändert der Rechtspfleger den alten Beschluss entsprechend ab. Gegen die neue Entscheidung findet sofortige Beschwerde (= Beschwerdegegenstand über 200,00 EUR) bzw. (befristete) Erinnerung (= Beschwerdegegenstand bis 200,00 EUR) statt (§§ 11 Abs. 1, Abs. 2 S. 1 RPflG, §§ 104 Abs. 3, 567 Abs. 1, Abs. 2. ZPO).

---

[151] München Rpfleger 1973, 258.
[152] München MDR 1983, 137.

Teil D.
Die Kostenhaftung
(§§ 17, 18, 22, 29, 31 GKG)

I. Vorbemerkung

Ist in einem gerichtlichen Verfahren PKH bewilligt, ändert sich an der **abstrakten** Kostenhaftung gegenüber der Staatskasse nichts. Die Parteien haften so, als wäre keine PKH bewilligt worden. Die Bewilligungswirkungen berühren aber die **Geltendmachung** der Kostenschuld gegenüber den Parteien durch die Staatskasse (vgl. §§ 122 Abs. 1 Nr. 1, Abs. 2, 125 ZPO). Es ist infolgedessen die abstrakte Kostenhaftung – darum geht es in diesem Teil – von ihrer Geltendmachung gegenüber dem Kostenschuldner (vgl. dazu Teil G, Rn. 222 f.) zu unterscheiden.   151

II. Kostenhaftung in bürgerlichen Rechtsstreitigkeiten, § 22 GKG

Die Vorschrift regelt die (abstrakte) Kostenhaftung des Kostenschuldners gegenüber der Staatskasse und nimmt vorrangig den Antragsteller (= Veranlasser) eines gerichtlichen Verfahrens in die Kostenpflicht.[153] Derjenige, der ein Gericht für die Durchsetzung seines Rechtsschutzbegehrens in Anspruch nimmt, haftet für die dadurch verursachten Kosten. Eine Kostenentscheidung zu Lasten des Gegners beseitigt die Haftung aus § 22 GKG nicht: der Antragsteller haftet jetzt gesamtschuldnerisch (§ 31 Abs. 1 GKG). Die Kostenschuld trifft in den ZPO-Verfahren **Kläger/Rechtsmittelkläger** sowie sonstige **Antragsteller.** Parteien kraft Amtes (z.B. Insolvenzverwalter, Testamentsvollstrecker oder Nachlassverwalter) sind zwar selber Antragsteller, sie haften aber nur mit der verwalteten Vermögensmasse. Ein vollmachtsloser Vertreter haftet bis zur Genehmigung der Prozessführung als Antragsteller.[154] Abgestellt wird auf die das gerichtliche Verfahren einleitende Prozesshandlung (z.B. Klageerhebung, Mahnantrag, Antrag auf Erlass eines Arrestes oder einer einstweiligen Verfügung). Unbeachtlich ist ob der Antrag   152

---

[153] Stuttgart MDR 1987, 1036.
[154] Köln VersR 2003, 55.

ordnungsgemäß gestellt wurde, auch ein unzulässiger Antrag löst die Haftung nach § 22 GKG aus.

153   Die Antragstellerhaftung umfasst die Verfahrenskosten des **gesamten Rechtszugs**. Der Begriff ist kostenrechtlich, im Sinne des § 35 GKG, zu verstehen. Die Instanz beginnt mit dem Einreichen des Antrages (z.b. Klageschrift) und endet mit der Verkündung oder Zustellung der Endentscheidung, mit dem Abschluss eines Vergleichs oder der Klagerücknahme.[155] Die Kostenhaftung erstreckt sich auf sämtliche in diesem Verfahrensbereich angefallene Gerichtskosten.

154   Erstreckt sich das Verfahren über **verschiedene** Rechtszüge, müssen diese gegeneinander abgegrenzt werden damit der Umfang der Kostenhaftung in horizontaler Hinsicht beziffert werden kann. Beispiele: Die folgenden Verfahren sind **eigenständige Rechtszüge**: Das
– Mahnverfahren im Verhältnis zum Streitverfahren
– Verfahren über Vollstreckungsabwehr- und Drittwiderspruchsklage (§§ 767, 771 ZPO)
– Wiederaufnahmeverfahren (§§ 578 ff. ZPO)
– Rechtsmittelverfahren
– selbständiges Beweisverfahren
– Zwangsvollstreckungsverfahren.

155   **Keine** kostenrechtliche Eigenständigkeit haben: Das
– Verfahren nach Einspruch gegen ein Versäumnisurteil
– Nachverfahren nach einem Vorbehaltsurteil (§ 600 ZPO)
– Verfahren nach (horizontaler) Verweisung oder (vertikaler) Zurückverweisung (§§ 4, 37 GKG)
– Kostenfestsetzungsverfahren (§§ 103 ff. ZPO).
Da diese Verfahrensteile kostenrechtlich nicht ausgegliedert werden, bedeutet das: für sämtliche Gerichtskosten haftet der ursprüngliche Antragsteller.

156   Der Antragsteller haftet ferner für sämtliche Kosten, die durch **Verteidigungsmaßnahmen** des Gegners anfallen (z.B. Auslagen für Zeugen des Gegners). Geht der Prozessgegner allerdings durch Widerklageerhebung selber zum Angriff über, wird er insoweit zum Antragsteller.[156]

157   § 22 GKG regelt die Haftung des Kostenschuldners im Verhältnis zur Staatskasse. Die Verpflichtung im Innenverhältnis der Parteien Prozesskosten zu tragen und zu erstatten regeln ausschließlich die §§ 91 ff. ZPO. Beteiligen sich an demselben Verfahren und Verfahrensgegenstand mehrere Antragsteller als Streitgenossen, haften sie gegenüber der Staatskasse grundsätzlich als **Gesamtschuldner**, § 31 Abs. 1 GKG.

158   Kläger und Widerkläger sowie wechselseitige Rechtsmittelkläger haften eigenständig für die Kosten ihrer Klagen, bzw. Rechtsmittel. Der Umfang ihrer Haftung bestimmt sich nach ihrem Anteil am Gesamtstreitwert des Rechtsstreits.

---

[155] Köln NJW 1995, 2728.
[156] Hamburg MDR 1989, 272.

Beispiel: Klage über 500,00 EUR (Kaufpreisforderung), Widerklage über 800,00 EUR (Schadensersatz). Da Klage und Widerklage nicht denselben Streitgegenstand betreffen, werden ihre Streitwerte addiert (§ 45 Abs. 1 S. 1 GKG). Nach § 22 GKG haften für die gerichtliche Verfahrensgebühr Kläger und Widerkläger so, als hätten sie jeweils eigenständige Verfahren angestrengt. Es haften (3,0 Gebühr für das Verfahren im Allgemeinen KVGKG 1210):
– der Kläger für die Gebühr aus einem Streitwert von 500,00 EUR mit 105,00 EUR
– der Widerkläger für die Gebühr aus einem Streitwert von 800,00 EUR mit 159,00 EUR
In Höhe von 105,00 EUR haften beide als Gesamtschuldner, § 31 Abs. 1 GKG. (Selbstverständlich kann die Staatskasse insgesamt nur 213,00 EUR verlangen, nämlich die aus dem zusammengerechneten Gebührenstreitwert in Höhe von 1.300,00 EUR).
Betreffen Klage und Widerklage denselben Streitgegenstand, darf nicht addiert werden (§ 45 Abs. 1 S. 3 GKG; z. B. Klage auf Duldung der Zwangsvollstreckung aus einer Grundschuld; Widerklage auf Zustimmung zur Löschung dieses Grundpfandrechts). In diesen Fällen haften Kläger und Widerkläger als Gesamtschuldner für den vollen Gebührenbetrag.

III. Weitere Fälle der Kostenhaftung, § 29 GKG

Die Kostenpflicht trifft nach § 29 Nr. 1–4 GKG, zusätzlich zu den auf **159** Grund §§ 18, 22–28 GKG haftenden Verfahrensbeteiligten, **weitere Personen** (vgl. den Wortlaut: „Die Kosten schuldet ferner ...“). Die nach § 29 GKG Haftenden treten zu den anderen Kostenschuldnern, insbesondere zu dem haftenden Antragsteller der Instanz, hinzu. Die Zahlungspflicht einer Partei kann sich deshalb auf verschiedene Tatbeständen gründen, z. B. auf § 22 GKG **und** zusätzlich auf § 29 Nr. 1 GKG. Die Staatskasse darf die verschiedenen Haftungen aber nicht kumulieren.

Beispiel: In einem Rechtsstreit betragen die gesamten Gerichtskosten 600,00 EUR. Auf Antrag des Beklagten B wurden zwei Zeugen vernommen (Entschädigung: 200,00 EUR); in einem gerichtlichen Vergleich übernimmt B 2/3 der Kosten. Kostenhaftung des B?
B haftet als Übernahmeschuldner (§ 29 Nr. 2 GKG) für 2/3 der Gerichtskosten = für 400,00 EUR und daneben als Auslagenschuldner nach §§ 17, 18 GKG für 200,00 EUR (Zeugenentschädigungen).
Die Staatskasse darf gegenüber B dessen Haftung nicht kumulieren und ihn mit insgesamt 600,00 EUR in Anspruch nehmen; vielmehr kann sie gegen ihn nur maximal 400,00 EUR (= höhere Haftung aus § 29 Nr. 2 GKG) geltend machen (arg. § 31 Abs. 2 S. 2 GKG).

1. Entscheidungsschuldner

160　Die Kosten schuldet „ferner" derjenige, dem durch gerichtliche Entscheidung die Kosten des Verfahrens **auferlegt** sind, § 29 Nr. 1 GKG. Ohne Belang ist, ob es sich bei der gerichtlichen Entscheidung um ein Urteil oder einen Beschluss handelt, auch ein Vollstreckungsbescheid genügt. Die gerichtliche Kostenentscheidung muss die Verfahrenskosten ganz oder zum Teil – z. B. in Quoten – oder auch nur für ein bestimmtes Verfahrensteil – z. B. Mehrkosten nach §§ 281 Abs. 3 S. 2, 344 ZPO – auferlegen. Rechtskraft oder vorläufige Vollstreckbarkeit der Entscheidung ist nicht erforderlich.[157] Die Kostenschuld des Entscheidungsschuldners erlischt nicht bereits dann, wenn gegen die Entscheidung in der Hauptsache Rechtsmittel eingelegt oder die Zwangsvollstreckung einstweilen eingestellt wird. Da aber alleine die gerichtliche Kostengrundentscheidung die Rechtsgrundlage für die Haftung nach § 29 Nr. 1 GKG bildet, erlischt mit ihrer Aufhebung auch die Zahlungspflicht (vgl. § 30 GKG). Auch den Umfang der Entscheidungsschuldnerhaftung bestimmt die Kostenentscheidung. Sind die Kosten ohne Einschränkung auferlegt, haftet der Entscheidungsschuldner für die gesamten Kosten des Rechtsstreits, sind die Kosten nach Quoten verteilt (§ 92 ZPO), ist der entsprechende Bruchteil maßgebend. Werden die Kosten gegeneinander aufgehoben, trägt jede Partei die Gerichtskosten zur Hälfte.

2. Übernahmeschuldner

161　Eine Kostenschuld wird „ferner" für denjenigen begründet, der die Kosten durch eine vor Gericht abgegebene oder dem Gericht mitgeteilte Erklärung oder in einem vor Gericht abgeschlossenen oder dem Gericht mitgeteilten Vergleich **übernommen** hat, § 29 Nr. 2 GKG. Der Übernahmeschuldner haftet neben Antragsteller- und Entscheidungsschuldner (§ 31 Abs. 1 GKG). Die Kostenpflicht wird ausgelöst durch eine vor Gericht abgegebene oder mitgeteilte einseitige Erklärung einer Partei oder eines Dritten, die Kosten ganz oder teilweise zu übernehmen. Die Übernahmeerklärung ist Prozesshandlung und begründet mit konstitutiver Wirkung die Haftungsgrundlage gegenüber der Staatskasse.[158] Sie kann zeitlich unbeschränkt, auch noch nach Abschluss des Rechtsstreits, abgegeben werden. Alternativ zur einseitigen Erklärung können Kosten auch in einem **gerichtlichen** Vergleich übernommen werden. Ein außergerichtlicher Vergleich muss dazu mit dem Willen des Übernehmenden dem Gericht mitgeteilt worden sein. Die Kostenschuld wird in Höhe der übernommenen Verpflichtung begründet. Ist ein Vergleich bedingt oder widerruflich abgeschlossen worden, entsteht die Kostenschuld erst, wenn der Schwebezustand endet. Übernahmeerklärungen

---

[157] KG MDR 2004, 56; Ausnahme z. B.: § 125 ZPO.
[158] BGH NJW-RR 1994, 568.

in einem aus prozessualen oder materiell rechtlichen Gründen – z.B. wegen Anfechtung oder Geschäftsunfähigkeit – unwirksamen Vergleich begründen keine Verbindlichkeit. Haben die Parteien in einem Vergleich keine Kostenregelung getroffen, so gelten die Kosten als gegeneinander aufgehoben, § 98 ZPO. Das bedeutet: Jede Partei hat die Hälfte der Gerichtskosten zu tragen. Die, zwischen den Parteien geltenden Regelungen des § 98 ZPO, bezieht § 29 Nr. 2 GKG auch auf das Verhältnis zur Staatskasse und begründet dadurch eine öffentlich-rechtliche Kostenpflicht.

3. Gesetzliche Kostenhaftung

Die Kostenpflicht trifft „ferner" denjenigen, der für die Kostenschuld **162** eines anderen **kraft Gesetzes** haftet, § 29 Nr. 3 GKG. Die Vorschrift überträgt bürgerlich-rechtliche oder öffentlich-rechtliche Haftungsverpflichtungen auf das Verhältnis zur Staatskasse. Der haftende Dritte kann von ihr wegen der Kostenschuld eines anderen in Anspruch genommen werden. Die Einstandspflicht muss kraft Gesetzes und zwar in der Form bestehen, dass die Zahlungspflicht auch im Außenverhältnis begründet ist. Es scheidet daher ein nur im Innenverhältnis Verpflichteter als Kostenschuldner nach Nr. 3 (nicht aber nach Nr. 2!) aus.

Der nach § 29 Nr. 3 Haftende tritt neben weitere Kostenschuldner **163** (z.B. Antragsteller- und Entscheidungsschuldner) und haftet mit diesen als Gesamtschuldner, § 31 Abs. 1 GKG.

Beispiele für eine Haftungserstreckung nach § 29 Nr. 3 GKG:
- **§ 25 Abs. 1 HGB, Erwerb eines Handelsgeschäfts**
  Beim Erwerb eines Handelsgeschäfts unter Lebenden haftet der Erwerber für alle im Betrieb begründeten Verbindlichkeiten des früheren Inhabers, wenn er die bisherige Firma fortführt. Die Haftung erstreckt sich auch auf bestehende Gerichtskostenschulden. (Das gilt ebenfalls bei der Firmenfortführung durch die Erben, vgl. § 27 Abs. 1 HGB.)
- **§ 1967 BGB, Erbenhaftung**
  Der Erbe haftet für die Nachlassverbindlichkeiten; dazu gehören auch Verbindlichkeiten des Erblassers gegenüber der Staatskasse.

4. Vollstreckungsschuldner

Es haftet „ferner" der Vollstreckungsschuldner für die notwendigen **164** Kosten der Zwangsvollstreckung, § 29 Nr. 4 GKG. Die Vorschrift erstreckt die prozessuale Kostenerstattungspflicht der Parteien nach § 788 ZPO auf das Verhältnis zur Staatskasse und begründet unmittelbar eine Kostenhaftung. Der Vollstreckungsschuldner tritt als weiterer Kostenschuldner neben die anderen Verpflichteten und haftet mit diesen als Gesamtschuldner, § 31 Abs. 1 GKG. Diese Kostenpflicht betrifft aber nur die **notwendigen** Zwangsvollstreckungskosten. Das folgt bereits aus § 788 Abs. 1 ZPO, der auf § 91 ZPO verweist.[159] Den Vollstreckungsgläubiger trifft insoweit eine Kostengeringhaltungspflicht: Kosten für erkennbar aussichtslose Vollstreckungsmaßnahmen gehen alleine zu seinen Lasten.

IV. Mehrere Kostenschuldner, § 31 GKG

1. Gesamtschuld

165   Haften mehrere Personen, die sich auf **verschiedenen** Parteiseiten befinden, für die gleiche Kostenschuld, sind sie gesamtschuldnerisch verpflichtet, Abs. 1.

> **Beispiel:** Rechtsstreit zwischen A und B; B wird kostenpflichtig verurteilt. Gerichtskosten: 500,00 EUR.
> Haftung:
> – A haftet als Antragsteller (§ 22 GKG) für   500,00 EUR
> – B haftet als Entscheidungsschuldner (§ 29 Nr. 1 GKG)
>   für ebenfalls   500,00 EUR
> Beide haften i.H. von 500,00 EUR als Gesamtschuldner (§ 31 Abs. 1 GKG).
> **Hinweis:** Ergänzend zu § 31 Abs. 1 GKG regelt § 32 GKG die Haftung zwischen **Streitgenossen** (= die mehreren Kostenschuldner stehen auf <u>derselben</u> Parteiseite).

166   Da aufgrund § 31 Abs. 1 GKG mehrere Personen eine Leistung in der Weise schulden, dass jeder die ganze Leistung zu bewirken verpflichtet ist, der Gläubiger (Staatskasse) aber nur einmal die Leistung fordern kann, sind §§ 421 ff. BGB anzuwenden. Das bedeutet: Zahlt ein Kostenschuldner werden auch die anderen im Umfang der Zahlung frei und sind dann im Innenverhältnis **ausgleichspflichtig**, § 426 BGB.[160] Soweit nicht § 31 Abs. 2 GKG die Reihenfolge der Inanspruchnahme zwingend vorgibt, kann die Staatskasse frei wählen welchen der Gesamtschuldner sie zunächst in Anspruch nimmt; (§§ 7 Abs. 2 S. 8, Abs. 3 KostVfg binden allerdings das Ermessen des Kostenbeamten beim Kostenansatz gegenüber Gesamtschuldnern.)

---

[159] Köln Rpfleger 1986, 240.
[160] KG MDR 2002, 1276.

2. Erst- und Zweitschuldnerhaftung

Abs. 2 schränkt das **Wahlrecht** der Staatskasse bei der Inanspruch- **167**
nahme mehrerer gesamtschuldnerisch haftender Kostenschuldner ein
und stellt ein **Rangverhältnis** auf. Die Reihenfolge ihrer Inanspruchnahme richtet sich danach, ob sie als Erst- oder Zweitschuldner haften.
Die Zahlungspflicht des Zweitschuldners wird abgestuft, denn er haftet
nur subsidiär und zwar für den Fall, dass der Erstschuldner zahlungsunfähig ist. Vorschusszahlungen werden aber nicht zurückerstattet, nur
hinsichtlich noch offener Kostenforderungen wird der Zweitschuldner
zunächst „verschont".

> **Beispiel:** Klage A gegen B; B wird kostenpflichtig verurteilt. Die Gerichtskos-
> ten betragen 500,00 EUR, A hat vorschussweise (z. B. § 12 Abs. 1 GKG) schon
> 100,00 EUR bezahlt. Mit der Vorschusszahlung ist so zu verfahren:
> Die Staatskasse darf die von A gezahlten 100,00 EUR einbehalten. § 31 Abs. 2
> S. 1 GKG steht der Verrechnung nicht entgegen, denn die Zweitschuldnerhaf-
> tung des A betrifft nur Ansprüche der Staatskasse, die von ihr noch „geltend
> gemacht" werden müssen. Das betrifft die restlichen 400,00 EUR.
> **Hinweis:** Nach Verrechnung hat A gegen B einen prozessualen Kostener-
> stattungsanspruch (§ 91 Abs. 1 ZPO). Im **Innenverhältnis** muss B dem A die
> 100,00 EUR erstatten; der Betrag kann gegen B festgesetzt werden (§§ 103 ff.
> ZPO).

Welche Personen als Erst-, bzw. Zweitschuldnerhaftung haften, be- **168**
stimmt Abs. 2 Satz 1 so: Erstschuldner sind Kostenschuldner die auf
Grund von § 29 Nr. 1 oder 2 GKG haften; betroffen sind damit Ent-
scheidungs- und Übernahmeschuldner. Zweitschuldner sind die übrigen
Kostenschuldner und dazu gehören insbesondere Antragsteller- und
Auslagenschuldner (§§ 22, 17, 18 GKG). Mehrere Erst-, bzw. mehrere
Zweitschuldner haften untereinander wieder als Gesamtschuldner.
Die Staatskasse „*soll*" (muss) sich zunächst an den Erstschuldner hal- **169**
ten. Der Zweitschuldner kann die Staatskasse auf diese Rangfolge ver-
weisen, notfalls mit der Erinnerung gegen den Kostenansatz (§ 66 GKG).
Erst, wenn eine Zwangsvollstreckung in das bewegliche Vermögen des
Erstschuldners erfolglos geblieben ist oder aussichtslos erscheint, darf
auf den Zweitschuldner zurückgegriffen werden. Die Staatskasse muss
mindestens einen erfolglosen Vollstreckungsversuch in das bewegliche
Vermögen (körperliche Sachen, Forderungen und andere Vermögensrechte, vgl. §§ 808, 828 ff., 857 ZPO) des Erstschuldners unternommen
haben.[161] Ein Vollstreckungsversuch ist entbehrlich, wenn er „aussichtslos" erscheint.[162] Das ist z. B. der Fall, wenn der Gerichtsvollzieher den
Auftrag unerledigt zurückgibt, weil der Kostenschuldner amtsbekannt
vermögenslos ist (vgl. § 32 GVGA).

---

[161] KG MDR 2003, 1320.
[162] VGH Mannheim NJW 2002, 1516.

3. Geltendmachung der Kostenhaftung bei PKH-Bewilligung

170   Ist dem **Entscheidungsschuldner** (§ 29 Nr. 1 GKG) die Prozesskostenhilfe bewilligt oder eine Reisekostenbeihilfe gewährt worden, hat das nach § 31 **Abs. 3** GKG Einfluss auf die Kostenpflicht gegenüber der Staatskasse: In diesem Fall soll die Haftung eines anderen (weiteren) Kostenschuldners **nicht geltend gemacht** werden, dieser wird haftungsfrei. Die Regelung steht in einem unmittelbarem Zusammenhang mit der prozessualen Kostenerstattung: Nach § 123 ZPO hat nämlich die Bewilligung der Prozesskostenhilfe keinen Einfluss auf die prozessuale Kostenerstattungspflicht der unterlegenen PKH-Partei. Sie muss dem obsiegenden Gegner dessen entstandene Prozesskosten erstatten. Verlangt die Staatskasse vom obsiegenden Gegner der PKH-Partei die Zahlung von Gerichtskosten für die er als Zweitschuldner (z.b. Antragsteller) haftet, würde dieser seinerseits in Höhe seiner (Zweitschuldner-)Zahlung die PKH-Partei über die prozessuale Kostenerstattung (§ 91 ZPO) beanspruchen. Das würde die Wirkungen des § 122 Abs. 1 Nr. 1 a ZPO „aufweichen"[163] und deshalb verhindert § 31 Abs. 3 GKG eine indirekte Inanspruchnahme der PKH-Partei wegen Gerichtskosten. § 31 Abs. 3 GKG sperrt die Inanspruchnahme des Gegners als Zweitschuldner nicht nur wegen rückständiger Gerichtskosten:Von ihm bereits erhobene Kosten sind zurückzuzahlen (§ 31 Abs. 3 S. 1 Hs 2 GKG).

171   Nach § 31 **Abs. 4** GKG ist die Sperre des Abs. 3 entsprechend anzuwenden, wenn der Erstschuldner auf Grund von § 29 Nr. 2 GKG als **Übernahmeschuldner** haftet, wenn dieser
– die Kosten in einem vor Gericht abgeschlossenen oder gegenüber dem Gericht angenommenen Vergleich übernommen hat (Nr. 1),
– der Vergleich einschließlich der Verteilung der Kosten von dem Gericht vorgeschlagen worden ist (Nr. 2) und
– das Gericht in seinem Vergleichsvorschlag ausdrücklich festgestellt hat, dass die Kostenregelung der sonst zu erwartenden Kostenentscheidung entspricht (Nr. 3).
Auf andere Haftungskonstellationen auf Grund von § 29 Nr. 2 GKG (z.b. der Vergleich wurde nicht vom Gericht vorgeschlagen) ist die Sperre des Abs. 3 unanwendbar.[164]

---

[163] Saarbrücken Rpfleger 2001, 601.
[164] BVerfG MDR 2000, 1157; BGH NJW 2004, 366; a.A. Dresden Rpfleger 2002, 213.

V. Auslagenvorschusspflicht, §§ 17, 18 GKG

1. Antrags- oder Amtshandlung

§§ 17, 18 GKG begründen für **Auslagen** eine **selbstständige** und **endgültige** Zahlungspflicht gegenüber der Staatskasse. Beide Vorschriften ergänzen die Haftungstatbestände der §§ 22, 29 GKG und betreffen Auslagen nach Teil 9 des KVGKG. Bei der Anwendung des § 17 GKG ist zwischen Handlungen, die auf Antrag (Abs. 1, 2) und solchen, die von Amts wegen (Abs. 3) vorzunehmen sind, zu unterscheiden. **172**

Ein **Antrag** der eine gerichtliche Handlung auslöst begründet stets die Auslagenhaftung des Antragstellers. Der Begriff des „Antrags" ist im weitesten Sinn zu verstehen. Er kann formlos, z.b. in einem Schriftsatz oder in der mündlichen Verhandlung, gestellt werden. Es kommen insbesondere in Betracht: **173**
Anträge auf
– Zeugeneinvernahme[165]
– Einholung eines Sachverständigengutachtens
– Auslandszustellung.
Die Parteistellung des Antragstellers ist belanglos.[166]

Beantragen mehrere Personen die Vernehmung eines Zeugen haftet für die Auslagen der Beweisbelastete.[167] Die **Höhe** des Vorschusses ist so zu bemessen, dass die voraussichtlich entstehenden Auslagen gedeckt sind. Das Gericht „soll" die mit Auslagen verbundene Handlung erst vornehmen, wenn der Vorschuss einbezahlt ist, § 17 Abs. 1 S. 2 GKG. Die Abhängigkeit der Handlung von der Vorschusszahlung wird durch Beschluss angeordnet. Für die Ladung von Zeugen und Sachverständigen geht § 379 ZPO als Sonderregelung dem § 17 GKG vor.[168] Das Verknüpfen von Handlung und Zahlung wird dort in das Ermessen des Gerichts gestellt („kann"). **174**

Für **Amtshandlungen** kann ebenfalls ein Vorschuss verlangt werden, § 17 Abs. 3 S. 1 GKG. Im Gegensatz zu § 17 Abs. 1 GKG darf deren Vornahme jedoch **nicht** von der vorherigen Zahlung abhängig gemacht werden; die Entscheidung über die Vorschusseinforderung trifft der Kostenbeamte (§ 22 Abs. 2 KostVfg). In Betracht kommen z.B. Handlungen nach §§ 142, 144, 273 ZPO. Das Gesetz benennt den Vorschusspflichtigen in diesen Fällen nicht; die Zahlungspflicht wird in der Regel die beweisbelastete Partei treffen. **175**

---

[165] Zweibrücken Rpfleger 1989, 81.
[166] Bamberg FamRZ 2001, 1387.
[167] BGH BB 1999, 1574.
[168] Bamberg FamRZ 2001, 1387.

2. Vorschussverrechnung

176   Der Vorschuss wird zuerst auf die entstandenen Auslagen verrechnet. Ist ein höherer Aufwand entstanden, muss der Vorschusspflichtige nachzahlen, denn die Vorschusspflicht begründet eine **endgültige** Kostenpflicht, § 18 S. 1 GKG. Wird der Vorschuss nicht restlos verbraucht, darf er auf eine weitere Kostenschuld des Vorschusspflichtigen verrechnet werden. Dies gilt nach h.M. selbst dann, wenn er zwischenzeitlich nur als Zweitschuldner haftet, denn die Verrechnung verstößt nicht gegen § 31 Abs. 2 S. 1 GKG. Der Vorschussschuldner wird schließlich zum weiteren Kostenschuldner und tritt gesamtschuldnerisch haftend neben andere Kostenschuldner; § 31 Abs. 1 GKG. Seine Haftung nach § 17 GKG wird nicht beseitigt, wenn später einer anderen Person die Verfahrenskosten auferlegt werden oder ein anderer sie übernimmt. Nach § 18 S. 2 GKG gilt § 31 Abs. 2 GKG entsprechend: Sind bei Verfahrensende auch Kostenschuldner nach § 29 Nr. 1 oder 2 GKG vorhanden, tritt der Auslagenschuldner vielmehr ins „zweite Glied" und haftet als Zweitschuldner. Seine Haftung soll dann, wie die des Antragstellers, erst geltend gemacht werden, wenn die Zwangsvollstreckung in das bewegliche Vermögen des Erstschuldners erfolglos geblieben ist oder aussichtslos erscheint, § 31 Abs. 2 1 GKG. Ist dem Entscheidungsschuldner PKH bewilligt, wird der zweitschuldnerisch haftende Auslagenschuldner frei; § 31 Abs. 3 GKG. Das gleiche gilt nach Maßgabe des § 31 Abs. 4 GKG auch, wenn dem Übernahmeschuldner PKH bewilligt wurde.

Teil E.
Verfahrenskostenhilfe in Familiensachen

I. Einleitung

In Familiensachen (§ 111 FamFG) kann **Verfahrenskostenhilfe** bewil- **177**
ligt werden. Dabei ist wie folgt zu differenzieren: Wird die Hilfe für die
Ehesache (§ 121 FamFG) oder eine **Familienstreitsache** (§ 112 FamFG)
beantragt, sind die Vorschriften der ZPO über die Prozesskostenhilfe
(§§ 114–127 ZPO) entsprechend anzuwenden (§ 113 Abs. 1 FamFG). In
den übrigen Familiensachen sowie in den Angelegenheiten der freiwilligen Gerichtsbarkeit (vgl. § 23a Abs. 2 GVG) kann Verfahrenskostenhilfe nach Maßgabe der §§ 76–78 FamFG bewilligt werden. Nach § 76
Abs. 1 FamFG sind auf die Bewilligung, mit Abweichungen in §§ 77 und
78 FamFG, ebenfalls die Vorschriften der ZPO über die Prozesskostenhilfe entsprechend anzuwenden.

II. Ehe- und Familienstreitsachen

In Ehe- und Familienstreitsachen gelten die §§ 76–78 FamFG nicht **178**
(§ 113 Abs. 1 S. 1 FamFG). Es ist **Verfahrenskostenhilfe** unter den Voraussetzungen der §§ 114–127 ZPO zu bewilligen (§§ 113 Abs. 1 S. 2,
Abs. 5 Nr. 1 FamFG). Somit ergibt sich **Kongruenz** mit den bürgerlichen
Rechtsstreitigkeiten insbesondere in Bezug auf Wirkungen der bewilligten Verfahrenskostenhilfe sowie Anfechtung der Bewilligungsentscheidung. Es sind allerdings einige **Sonderregelungen** zu beachten: Nach
§ 149 FamFG erstreckt sich im Verbundverfahren (§ 137 FamFG) die
für die Scheidungssache (§ 121 Nr. 1 FamFG) bewilligte Verfahrenskostenhilfe[169] grundsätzlich auch auf die Versorgungsausgleichsfolgesache
(vgl. § 137 Abs. 2 S. 1 Nr. 1 und S. 2 FamFG). In anderen Folgesachen ist
Verfahrenskostenhilfe gesondert zu beantragen und zu bewilligen.[170] Die
gerichtliche Kostenentscheidung richtet sich in Scheidungssachen und
Folgesachen nach **§ 150 FamFG** und danach sind die Kosten, wenn die
Scheidung ausgesprochen wird, grundsätzlich gegeneinander aufzuheben (§ 150 Abs. 1 FamFG). Sonderregelungen für die Kostenentscheidung
gelten nach **§ 243 FamFG** auch in Unterhaltssachen. Nach **§ 48 Abs. 3**

---

[169] Ob bereits ein vorweg gestellter VKH-Antrag für eine Folgesache zum
Scheidungsverbund führt, ist umstritten; vgl. dazu Keuter, NJW 2009, 276.
[170] Zweibrücken FamRZ 2001, 1466.

S. 1 **RVG** erstreckt sich, im Fall des Abschlusses eines Vertrags im Sinne der Nr. 1000 VV, die Anwaltsbeiordnung in der Ehesache kraft Gesetzes auf alle mit der Herbeiführung der Einigung erforderlichen Tätigkeiten, soweit der Vertrag

– den gegenseitigen Unterhalt der Ehegatten (Nr. 1),
– den Unterhalt gegenüber den Kindern im Verhältnis der Ehegatten zueinander (Nr. 2),
– die Sorge für die Person der gemeinschaftlichen minderjährigen Kinder (Nr. 3),
– die Regelung des Umgangs mit einem Kind (Nr. 4),
– die Rechtsverhältnisse an der Ehewohnung und den Haushaltsgegenständen (Nr. 5) oder
– die Ansprüche aus dem ehelichen Güterrecht (Nr. 6)
  betrifft.

179   Die Erhebung der Gerichtskosten sowie die Bewertung der einzelnen Verfahrensgegenstände richtet sich nach dem FamGKG (vgl. § 1 FamGKG). Werden Verfahrenskosten auferlegt, richtet sich die Kosterstattung zwischen den Beteiligten nach den Regeln der ZPO (§ 113 Abs. 1 FamFG, §§ 91, 103 ff. ZPO).

Beispiel (Verbundverfahren)
Monika und Alfred wollen sich scheiden lassen. RA Schnell reicht für Monika eine Antragsschrift ein. Beantragt wird
1. Die Ehe der Beteiligten geschlossen am … wird geschieden.
2. Die elterliche Sorge für den gemeinsamen Sohn Fritz wird auf Monika übertragen.
3. Der Antragsgegner hat an die Antragstellerin monatlich im Voraus beginnend mit … Unterhalt in Höhe von 750,00 EUR zu zahlen.
4. Die gemeinsam genutzte Ehewohnung wird Monika zur alleinigen Nutzung zugewiesen.
5. Der Versorgungsausgleich der in der gesetzlichen Rentenversicherung erworbenen Anrechte wird durchgeführt.

180   Außerdem wird Verfahrenskostenhilfe in der Scheidungssache und den Folgesachen beantragt. Das Familiengericht bestimmt Termin zur mündlichen Verhandlung und bewilligt der Antragstellerin Verfahrenskostenhilfe für die Scheidungssache einschließlich der Folgesachen und ordnet RA Schnell bei. Zahlungen wurden nicht angeordnet.

181   Nach mündlicher Verhandlung, in der die Parteien gemäß § 128 FamFG angehört wurden, wird antragsgemäß entschieden. Die Kosten der Scheidungssache und der Folgesachen werden gegeneinander aufgehoben (vgl. § 150 Abs. 1 FamFG). Monika ist nicht berufstätig. Alfred hat ein monatliches Nettoeinkommen in Höhe von 2.500,00 EUR. Die Wohnungsmiete beträgt monatlich 800,00 EUR. Vermögen besitzen die Eheleute nicht.

Aufgabe
Die Gerichtsgebühren und die Vergütung des RA Schnell sind zu berechnen?

I. Gerichtsgebühren
2,0 Verfahrensgebühr Nr. 1110 KVFamGKG aus
23.000,00 EUR = 742,00 EUR

1. *Verfahrenswert:*
    a) Ehesache: monatliches Nettoeinkommen 2.500,00 EUR x 3
       (§ 43 FamGKG);   7.500,00 EUR
       Erhöhung nach § 44 Abs. 2 S. 1 FamGKG: Kindschaftssache
       (elterliche Sorge):   1.500,00 EUR
       (= 20 % aus 7.500,00 EUR);
       insgesamt: 9.000,00 EUR
    b) Scheidungsunterhalt (Jahresbetrag; § 51 Abs. 1
       FamGKG):   9.000,00 EUR
    c) Wohnungszuweisung (Festbetrag; § 48 FamGKG):   4.000,00 EUR
    d.) Versorgungsausgleich (Mindestwert; § 50 Abs. 1
       FamGKG):   1.000,00 EUR
       Addition: (§§ 33 Abs. 1 S. 1, 44 Abs. 1 S. 2 FamGKG) =   23.000,00 EUR.

2. *Kostenschuldner* (Erstschuldner; §§ 24 Abs. 1 Nr. 1, 26 Abs. 2 FamGKG):
    a) Antragstellerin 1/2; den Anspruch der Staatskasse sperrt jedoch § 122
       Abs. 1 Nr. 1 a ZPO i.V. §§ 76 Abs. 1, 113 Abs. 1 FamFG, da der Kosten-
       schuldnerin Verfahrenskostenhilfe ohne Zahlungsbestimmungen bewilligt
       wurde.
    b) Antragsgegner 1/2; §§ 24 Nr. 1, 26 Abs. 2 FamGKG, § 125 Abs. 2 ZPO i.V.
       §§ 76 Abs. 1, 113 Abs. 1 FamFG.

Tabelle

II. Gesetzliche Vergütung RA Schnell	**§ 13 RVG** **EUR**	**§ 49 RVG** **EUR**
1. 1,3 Verfahrensgebühr Nr. 3100 VVRVG (§ 23 Abs. 1 S. 1 RVG) aus 23 000,00 EUR =	1.024,40	490,10
2. 1,2 Terminsgebühr Nr. 3104 VVRVG aus 23 000,00 EUR	945,60	452,40
3. Nr. 7002 Auslagenpauschale	20,00	20,00
4. Nr. 7008 (19 % Umsatzsteuer)	378,10	182,88
	2.368,10	1.145,38

Ergebnis: RA Schnell erhält aus der Staatskasse auf Antrag (§ 55 Abs. 1 RVG)
1.145,38 EUR. Die Regelvergütung (2.368,10 EUR) erreicht er nur, wenn die
Bewilligung aufgehoben oder zum Nachteil der Antragstellerin geändert wird
(§§ 120 a, 124 ZPO i.V. §§ 76 Abs. 1, 113 Abs. 1 FamFG). Da die Kosten gegeneinander aufgehoben wurden, besteht kein Erstattungsanspruch gegen den
Antragsgegner (§§ 91, 126 ZPO i.V. §§ 76 Abs. 1, 113 Abs. 1 FamFG).

III. Übrige Familiensachen und Angelegenheiten der freiwilligen Gerichtsbarkeit

182   In den übrigen Familiensachen (vgl. § 111 Nr. 2–11 FamFG; z.b. Abstammungssachen, Ehewohnungs- und Haushaltssachen; Gewaltschutzsachen) sowie in den Angelegenheiten der freiwilligen Gerichtsbarkeit (vgl. § 23 a Abs. 2 GVG; z.b. Betreuungs- und Unterbringungssachen; Nachlass- und Teilungssachen) kann ebenfalls **Verfahrenskostenhilfe** bewilligt werden (§§ 76–78 FamFG). Die Bewilligungswirkungen sowie die Anfechtung der Entscheidung im Bewilligungsverfahren richten sich aufgrund der Verweisung des § 76 Abs. 1, Abs. 2 FamFG nach den §§ 114 ff. bzw. §§ 567 ff. ZPO. Gerichtskosten und Verfahrenswerte in den übrigen Familiensachen richten sich nach dem **FamGKG** (vgl. § 1 FamGKG), während für die Angelegenheiten der freiwilligen Gerichtsbarkeit das **GNotKG** maßgebend ist (vgl. § 1 GNotKG). Eine **Erstattung** von Kosten (Gerichtskosten und anderen verfahrensbezogenen Aufwendungen) findet in diesen Verfahren nur statt, wenn das Gericht Beteiligten Kosten ganz oder teilweise auferlegt (vgl. §§ 80–85 FamFG). In Familiensachen ist stets über die Verfahrenskosten zu entscheiden (§ 81 Abs. 1 S. 2 FamFG). Anders als in bürgerlichen Rechtsstreitigkeiten (vgl. § 91 Abs. 2 S. 1 ZPO = Erstattungsautomatik), ist die gesetzliche Vergütung eines Rechtsanwalts des erstattungsberechtigten Beteiligten nur erstattungsfähig, wenn die Zuziehung des Rechtsanwalts notwendig war (§ 80 FamFG). Das ist im Kostenfestsetzungsverfahren (§ 85 FamFG i.V. §§ 103–107 ZPO) zu prüfen.

Beispiel (selbständige Familiensache)
Klaus, ges. vertreten durch seine Mutter Elke, beantragt die Feststellung der Vaterschaft des Kurt. Außerdem wird Bewilligung der Verfahrenskostenhilfe und Beiordnung eines Rechtsanwalts beantragt. Das Familiengericht bewilligt VKH und ordnet Rechtsanwalt Bauer bei; Zahlungen wurden nicht angeordnet. Nach persönlicher Anhörung der Beteiligten in einem Erörterungstermin (vgl. §§ 172, 175 FamFG) und förmlicher Beweisaufnahme wird die Vaterschaft des Kurt festgestellt und ihm die Kosten des Verfahrens auferlegt.

Aufgabe
Die Gerichtsgebühren und die Vergütung des RA Bauer sind zu berechnen?

I. Gerichtsgebühren
– 2,0 Verfahrensgebühr Nr. 1320 KVFamGKG aus 2.000,00 EUR (§ 47 FamGKG = 178,00 EUR.
– Kostenschuldner (Erstschuldner): Kurt; § 24 Nr. 1, S. 26 Abs. 2 FamGKG.

Tabelle		
II. Gesetzliche Vergütung RA Bauer	**§ 13 RVG**	**§ 49 RVG**
	EUR	EUR
1. 1,3 Verfahrensgebühr Nr. 3100 VVRVG aus		
(§ 23 Abs. 1 S. 1 RVG) 2.000,00 EUR =	195,00	195,00
2. 1,2 Terminsgebühr Nr. 3104 VVRVG aus		
2.000,00 EUR	180,00	180,00
3. Nr. 7002 Pauschale	20,00	20,00
4. Nr. 7008 (19 %)	75,05	75,05
	470,05	470,05

Ergebnis: RA Bauer erhält aus der Staatskasse auf Antrag (§ 55 Abs. 1 RVG) 470,05 EUR. In dieser Höhe geht der Kostenerstattungsanspruch des Antragstellers gegen den Antragsgegner (§§ 80, 81 Abs. 1 FamFG) auf die Staatskasse über (§ 59 Abs. 1 S. 1 RVG).

IV. Kostenfestsetzung in Familiensachen

1. Kostengrundentscheidung in Familiensachen

a) Ehesachen und Familienstreitsachen

Die Pflicht über die Verfahrenskosten von Amts wegen zu entscheiden **183**
ergibt sich in Ehesachen (§§ 111 Nr. 1, 121 FamFG) und Familienstreitsachen (§§ 111 Nr. 8–10, 112 FamFG) aus § 308 Abs. 2 ZPO i.V. mit
§ 113 Abs. 1 S. 2 FamFG. In Ehesachen nach § 121 Nr. 2 (= Aufhebung
der Ehe) sowie in Scheidungs- und Folgesachen gehen spezielle Regelungen vor (vgl. §§ 132 Abs. 1, S. 150 Abs. 1 FamFG). Im Regelfall sind
die Verfahrenskosten in diesen Verfahren gegeneinander aufzuheben,
so dass eine Erstattung außergerichtlicher Aufwendung der Beteiligten
ausscheidet (§ 92 Abs. 1 S. 2 ZPO i.V. mit § 113 Abs. 1 S. 2 FamFG).
In Unterhaltssachen (§ 231 Abs. 1 FamFG) hat das Gericht, ebenfalls
in Abweichung von §§ 92 ff ZPO, die Verfahrenskosten nach billigem
Ermessen auf die Beteiligten zu verteilen (§ 243 FamFG).

b) Übrige Familiensachen

Auch in den übrigen Familiensachen, die keine Ehesachen bzw. Fa- **184**
milienstreitsachen betreffen, ist nach § 81 Abs. 1 S. 3 FamFG stets über
die Kostenpflicht zu entscheiden. Diese Regelung findet Anwendung auf
die Familiensachen des § 111 Nr. 2–7 FamFG, Unterhaltssachen nach
§ 231 Abs. 2 FamFG, Güterrechtssachen nach § 261 Abs. 2 FamFG,
sonstige Familiensachen nach § 266 Abs. 2 FamFG und entsprechende
Lebenspartnerschaftssachen. Ist die Kostenentscheidung versehentlich
unterblieben, hat das Gericht den Beschluss auf Antrag nachträglich zu
ergänzen (§ 43 Abs. 1 FamFG).

2. Kostenfestsetzung in Ehesachen und Familienstreitsachen

185   In Ehesachen und Familienstreitsachen (s.o. Rn. 183) gelten für das Kostenfestsetzungsverfahren die §§ 103–107 ZPO unmittelbar (§ 113 Abs. 1 S. 2 FamFG). Bei Kostenauferlegung bestimmt sich der Umfang der Erstattungspflicht genauso wie in bürgerlichen Rechtsstreitigkeiten nach den Grundsätzen des § 91 ZPO (§ 113 Abs. 1 S. 2 FamFG): Verfahrenskosten des obsiegenden Beteiligten (Gerichts- und außergerichtliche Kosten) sind erstattungsfähig, wenn sie zur zweckentsprechenden Rechtsverfolgung oder Rechtsverteidigung notwendig waren (§ 91 Abs. 1 S. 1 ZPO). Bei Vertretung durch einen Rechtsanwalt sind dessen gesetzliche Gebühren und Auslagen nach RVG immer erstattungsfähig (§ 91 Abs. 2 S. 1 ZPO; sog. „Erstattungsautomatik"). Auf die Frage der Notwendigkeit der Zuziehung des Rechtsanwalts kommt es nicht an.

a) Titel

186   Die Kostenfestsetzung setzt einen zur Zwangsvollstreckung geeigneten Titel voraus (§ 103 Abs. 1 ZPO). Als Festsetzungsgrundlage kommt deshalb in erster Linie der Beschluss in Betracht, der die Endentscheidung enthält (§§ 38, 113 Abs. 1 S. 1 FamFG). Da dagegen die Beschwerde statthaft ist (vgl. § 58 Abs. 1 FamFG), eignet er sich zur Zwangsvollstreckung (§ 794 Abs. 1 Nr. 3 ZPO). Die Unzulässigkeit der Beschwerde im Einzelfall, z.B. mangels Beschwerdesumme (vgl. § 567 Abs. 2 ZPO), steht dem nicht entgegen. Der Beschluss muss aber, damit er vollstreckbar ist, wirksam sein (§ 120 Abs. 2 S. 1 FamFG). Wirksam werden Endentscheidungen in Ehesachen und Familienstreitsachen erst mit ihrer Rechtskraft (§ 116 Abs. 2, Abs. 3 S. 1 FamFG). Die Entscheidungen in Folgesachen werden darüber hinaus frühestens mit Rechtskraft des Scheidungsausspruchs wirksam (§ 148 FamFG). Eine Anordnung vorläufiger Vollstreckbarkeit findet, in Abkehr von § 704 ZPO, nicht statt. Auch § 708 ZPO ist unanwendbar. In Familienstreitsachen kann das Gericht die sofortige Wirksamkeit anordnen; in Unterhaltssachen soll die sofortige Wirksamkeit angeordnet werden (§ 116 Abs. 2 S. 2, 3 FamFG). Deshalb ist der Beschluss als Festsetzungsgrundlage erst dann geeignet, wenn er rechtskräftig geworden ist (Nachweis: Rechtskraftzeugnis; § 706 ZPO bzw. § 46 S. 3 FamFG) oder, wenn das Gericht seine sofortige Wirksamkeit angeordnet hat. Macht der Zahlungspflichtige glaubhaft, dass die Vollstreckung ihm einen nicht zu ersetzenden Nachteil bringen würde, kann das Gericht auf seinen Antrag im Beschluss die Vollstreckung vor Rechtskrafteintritt einstweilen einstellen oder beschränken (§ 120 Abs. 2 S. 1 FamFG). Die Einstellung der Vollstreckung in der Hauptsache hindert die Kostenfestsetzung nicht, darauf ist aber im Kostenfestsetzungsbeschluss hinzuweisen. Die Vollstreckung ist in diesem Fall weder aus dem Hauptsachetitel, noch aus dem Kostenfestsetzungsbeschluss

zulässig (§ 775 Nr. 2 ZPO).Ferner kann die Kostenfestsetzung auch auf gerichtlichen Vergleichen basieren (§§ 103 Abs. 1, 794 Abs. 1 Nr. 1 ZPO). In Unterhalts- und Güterrechtssachen sowie in sonstigen Familiensachen (§§ 231 Abs. 1, 261 Abs. 1, 266 Abs. 1 FamFG) steht dem Gläubiger zur Geltendmachung seines Zahlungsanspruchs alternativ auch das Mahnverfahren zur Verfügung (§ 113 Abs. 2 FamFG). Für die Festsetzung der Mahnverfahrenskosten ist das Mahngericht zuständig und zwar auch dann, wenn einzelne Ansätze zunächst übersehen wurden.[171] Die Kostenfestsetzung erfolgt durch Aufnahme der erstattungsfähigen Positionen in den Vollstreckungsbescheid (§ 699 Abs. 3 S. 1 ZPO).

b) Antrag

Antragsbefugt ist der erstattungsberechtigte Beteiligte. Die Erstat-   **187**
tungspflicht trifft denjenigen, dem Verfahrenskosten auferlegt wurden bzw. der sie in einem gerichtlichen Vergleich übernommen hat. Da das Kostenfestsetzungsverfahren außerhalb der Zwangsvollstreckung stattfindet, setzt die Festsetzung nicht die Erteilung einer vollstreckbaren Ausfertigung voraus. Es muss aber die Wirksamkeit der Entscheidung auf der sie basiert (s. o. Rn. 186) feststehen. Zuständig ist das Gericht des ersten Rechtszugs (§ 103 Abs. 2 S. 1 ZPO). Das gilt auch, wenn die Verfahrenskosten eines Rechtsmittelverfahrens (Beschwerde- oder Rechtsbeschwerdeverfahren) festzusetzen sind. Beizufügen sind die zur Rechtfertigung der einzelnen Ansätze dienenden Belege (§ 103 Abs. 2 S. 2 ZPO). Zur Berücksichtigung eines Ansatzes genügt Glaubhaftmachung (§§ 104 Abs. 2 S. 1, 294 ZPO) und hinsichtlich der Auslagen für Post- und Telekommunikationsdienstleistungen die anwaltliche Versicherung ihres Entstehens (§ 104 Abs. 2 S. 2 ZPO). Auf Antrag ist Verzinsung auszusprechen (§ 104 Abs. 1 S. 2 ZPO); zur Berücksichtigung von Umsatzsteuerbeträgen genügt die Erklärung des Antragstellers, dass er sie nicht als Vorsteuer abziehen kann (§ 104 Abs. 2 S. 2 ZPO).

c) Verfahren

Die Entscheidung über den Festsetzungsantrag trifft das Gericht des   **188**
ersten Rechtszuges (§ 104 Abs. 1 S. 1 ZPO); funktionell zuständig ist der Rechtspfleger (§ 20 Abs. 1 Nr. 1 RPflG). Zu prüfen sind zunächst die formellen Voraussetzungen der Kostenfestsetzung (wirksamer und zur Zwangsvollstreckung geeigneter Titel, Antragsberechtigung). Dem Gegner ist (schriftlich oder mündlich) rechtliches Gehör zu gewähren. Bestreitet der Gegner tatsächliches Vorbringen des Antragstellers, müssen Tatsachen glaubhaft gemacht werden (§§ 104 Abs. 2 S. 1, 294 ZPO).[172] Tatsachen, die nicht bestritten werden, gelten als zugestanden (§ 138

---

[171] BGH NJW-RR 2009, 860 = Rpfleger 2009, 392; Schleswig Rpfleger 2008, 513; BeckOK ZPO § 699 Rn. 7.
[172] BGH NJW 2007, 2493; NJW-RR 2007, 1578.

Abs. 3 ZPO).[173] Darüber, ob die geltend gemachten Kosten zur zweckentsprechenden Rechtsverfolgung bzw. Rechtsverteidigung notwendig waren hat der Rechtspfleger zu entscheiden (§ 91 ZPO). Er ist dabei, auch wenn er sie für unzulässig hält, an die gerichtliche Kostengrundentscheidung gebunden. Der vom Antragsteller in seinem Festsetzungsantrag bezifferte Gesamtbetrag begrenzt die Festsetzung nach oben (§ 308 Abs. 1 S. 1 ZPO). Einzelposten können aber, unter Beachtung der Obergrenze, ausgetauscht werden. Der Kostenfestsetzungsbeschluss ist zu begründen, wenn die Festsetzung beantragter Posten abgelehnt wird. Dies ist insbesondere dann der Fall, wenn ihre Erstattungsfähigkeit verneint wird. Bei der vereinfachten Festsetzung nach § 105 ZPO tritt an die Stelle des Urteils der Beschluss. Die Nachliquidation von Kosten ist auch nach Rechtskraft des Kostenfestsetzungsbeschlusses noch zulässig.[174]

d) Rechtsmittel

aa) Beschwer bis 200,00 EUR

189   In diesen Fällen findet gegen die Entscheidung (Festsetzung oder Antragsabweisung) des Rechtspflegers die **Erinnerung** statt. die innerhalb einer Frist von zwei Wochen einzulegen ist (§ 11 Abs. 2 S. 1 RPflG, §§ 104 Abs. 3 S. 1, 567 Abs. 2 ZPO). Eine Mindestbeschwer des Erinnerungsführers ist nicht erforderlich und es besteht kein Anwaltszwang (§ 13 RPflG). Der Rechtspfleger kann der Erinnerung nach Gewährung rechtlichen Gehörs ganz oder teilweise abhelfen (§ 11 Abs. 2 S. 4 RPflG). Wird der Erinnerung in vollem Umfang abgeholfen, muss die Abhilfeentscheidung auch eine Kostenentscheidung über die außergerichtlichen Kosten des Erinnerungsverfahrens treffen. Hilft der Rechtspfleger der Erinnerung nicht ab, hat er sie dem Richter zur Entscheidung vorzulegen der in unanfechtbarer Weise darüber entscheidet (§§ 11 Abs. 2 S. 5; 28 RPflG; § 567 Abs. 2 ZPO).

bb) Beschwer über 200,00 EUR

190   Statthaft ist in diesen Fällen die **sofortige Beschwerde**, die innerhalb einer Notfrist von zwei Wochen einzulegen ist (§ 11 Abs. 1 RPflG, §§ 104 Abs. 3 S. 1, 567 Abs. 1 Nr. 1, 569 ZPO). Anwaltszwang besteht nicht (§ 13 RPflG). Der Rechtspfleger kann der Beschwerde abhelfen (§ 572 Abs. 1 S. 1 ZPO); andernfalls hat er sie unverzüglich dem Beschwerdegericht[175] zur Entscheidung vorzulegen. Das Beschwerdeverfahren richtet sich im Übrigen nach §§ 568–573 ZPO. Die Rechtsbeschwerde findet

---

[173] BGH NJW 2008, 2993 = Büro 2008, 536.
[174] München, Rpfleger 1987, 262 m.w.Nachw.
[175] Beschwerdegericht ist in Familiensachen das OLG (§ 119 Abs. 1 Nr. 1a GVG) und in Betreuungs- und Freiheitsentziehungssachen das LG (§ 72 Abs. 1 S. 2 GVG).

nur statt, wenn das Beschwerdegericht sie zugelassen hat (§ 574 Abs. 1 Nr. 2 ZPO).

3. Kostenfestsetzung in den übrigen Familiensachen

In Familiensachen, die keine Ehesache oder Familienstreitsache be-   **191**
treffen (s. o. Rn. 187), ist das Kostenfestsetzungsverfahren im FamFG nicht eigenständig geregelt. Es finden vielmehr über § 85 FamFG die §§ 103–107 ZPO entsprechende Anwendung. Die Kostentragungspflicht ist hingegen in §§ 80–84 FamFG selbstständig geregelt, insoweit gelten die §§ 91 ff. ZPO mit Ausnahme von § 91 Abs. 1 S. 2 ZPO nicht (§ 80 FamFG). Die Regelung zur (automatischen) Erstattung von Anwaltskosten (§ 91 Abs. 2 S. 1 ZPO) ist deshalb unanwendbar, Über die Notwendigkeit der Zuziehung eines Rechtsanwalts muss der Rechtspfleger entscheiden. Die Erstattungsfähigkeit von Anwaltskosten ist einzelfallbezogen danach zu beurteilen, ob der Beteiligte das Verfahren auf Grund seiner eigenen Kenntnisse und Fähigkeiten auch ohne Rechtsanwalt hätte führen können. Im Regelfall wird eine anwaltliche Vertretung im Hinblick auf die komplexen und komplizierten Materien in Familiensachen zu bejahen sein.

a) Titel

Zur Zwangsvollstreckung und damit auch zur Kostenfestsetzung   **192**
geeignete Vollstreckungstitel sind in § 86 Abs. 1 FamFG aufgeführt. Es sind dies: Gerichtliche Beschlüsse, gerichtlich gebilligte Vergleiche über den Umgang oder die Herausgabe des Kindes (§ 156 Abs. 2 S. 1 FamFG) und weitere Vollstreckungstitel i. S. des § 794 Abs. 1 ZPO (z. B. Vergleiche in Ehewohnungs- oder Haushaltssachen oder notarielle Urkunden; § 794 Abs. 1 Nr. 1, 5 ZPO). Gerichtliche Beschlüsse sind mit Wirksamwerden vollstreckbar (§ 86 Abs. 2 FamFG). § 40 Abs. 1 FamFG knüpft das Wirksamwerden eines Beschlusses an seine Bekanntgabe an den Beteiligten, für den er seinem wesentlichen Inhalt nach bestimmt ist. Dieser sog. „notwendige Bekanntmachungsadressat" ist jeweils nach materiellem Recht und zwar in Anknüpfung an den Inhalt des Rechtsfolgenausspruchs im Beschluss zu bestimmen. Abweichende Regelungen zum Wirksamwerden von Entscheidungen treffen z. B. § 40 Abs. 2 FamFG (familiengerichtliche/betreuungsgerichtliche Genehmigungsentscheidungen), § 40 Abs. 3 FamFG (gerichtliche Ersetzungsentscheidungen) und § 216 Abs. 1 FamFG (Gewaltschutzsachen). In diesen Fällen wird der Beschluss erst mit formeller Rechtskraft wirksam, so dass die Kostenfestsetzung ab diesem Zeitpunkt zulässig ist. Wird die Vollziehung des Beschlusses ausgesetzt (z. B. im Beschwerdeverfahren; § 64 Abs. 3 FamFG), so ist davon auch die Kostengrundentscheidung des Beschlusses mitbetroffen, so dass einer Kostenfestsetzung die Grundlage fehlt.

b) Antrag, Verfahren, Rechtsmittel

193 Da § 85 FamFG auf die §§ 103–107 ZPO verweist ergeben sich insoweit im Vergleich zur Kostenfestsetzung in Ehesachen- und Familienstreitsachen keine Abweichungen (s.o. Rn. 187–190). Das gilt auch für die Anfechtung der Entscheidung des Rechtspflegers im Kostenfestsetzungsverfahren. Je nach Höhe der Beschwer findet die Erinnerung (§ 11 Abs. 2 S. 1 RPflG) oder die sofortige Beschwerde (§§ 567 ff. ZPO) statt.

4. Vollstreckungskosten

194 Da die Vollstreckung in Ehe- und Familienstreitsachen nach dem 8. Buch der ZPO erfolgt (§ 120 Abs. 1 FamFG, §§ 704 ff. ZPO), gilt für die Erstattung von Vollstreckungskosten § 788 ZPO unmittelbar. Die Kosten werden entweder ohne Festsetzungsbeschluss mit beigetrieben (§ 788 Abs. 1 S. 1 Hs. 2 ZPO) oder auf Antrag vom Vollstreckungsgericht festgesetzt (§ 788 Abs. 2 ZPO). Die Vollstreckung in den übrigen Familiensachen richtet sich nach § 86 ff. FamFG. Über § 95 Abs. 1 FamFG ist § 788 ZPO auch in diesen Verfahren entsprechend anzuwenden.

Teil F.
Beratungshilfe

I. Voraussetzungen

Für die Wahrnehmung von Rechten **außerhalb** eines gerichtlichen 195
Verfahrens und im obligatorischen Güteverfahren nach § 15 a EGZPO
wird auf Antrag Beratungshilfe gewährt, wenn
– der Rechtssuchende die erforderlichen Mittel nicht aufbringen kann,
– nicht andere zumutbare Möglichkeiten für eine Hilfe zur Verfügung
  stehen und
– die Wahrnehmung der Beratungshilfe nicht mutwillig erscheint (vgl.
  § 1 Abs. 1 BerHG).
Die Rechtswahrnehmung soll in erster Linie in der **Beratung** des
Rechtssuchenden bestehen; erst danach („... soweit erforderlich ...“)
kann sie sich auf eine Vertretung gegenüber Dritten erstrecken (§ 2 Abs. 1
BerHG). Der Rat soll dem Rechtssuchenden die Rechtslage verdeutlichen
und ihn in die Lage versetzen, die notwendigen Schritte einzuleiten. Da
die Beratung außerhalb eines gerichtlichen Verfahrens stattfindet endet
sie dort, wo die Prozesskostenhilfe beginnen könnte.[176]

Nach **§ 1 Abs. 1 Nr. 1 BerHG** scheidet die Gewährung von Beratungs- 196
hilfe aus, wenn der Rechtssuchende die erforderlichen Mittel selbst aufbringen kann (§ 1 Abs. 1 Nr. 1 BerHG). Das ist nach § 1 Abs. 2 BerHG
dann der Fall, wenn ihm Prozesskostenhilfe nur mit eigenem Beitrag
(= Einsatz von Einkommen und/oder Vermögen) zu den Kosten zu gewähren wäre. Insoweit wird auf die PKH-Vorschriften der ZPO, und
insbesondere auf § 115 ZPO verwiesen. Danach ist von der Festsetzung
von Monatsraten abzusehen, wenn aufgrund des einzusetzenden Einkommens Monatsraten von weniger als 10,00 EUR zu zahlen wären
(§ 115 Abs. 2 S. 2 ZPO). Übersteigt das einzusetzende Einkommen diese
Grenze, so ist die PKH-Bewilligung mit Ratenzahlungen zu verbinden
und Beratungshilfe damit zu versagen.[177]

Die Gewährung von Beratungshilfe hängt nach **§ 1 Abs. 1 Nr. 2 BerHG** 197
weiter davon ab, dass dem Rechtssuchenden keine anderen zumutbaren
Mittel für eine Hilfe zur Verfügung stehen = (Subsidiaritätsklausel). Als
andere Möglichkeiten kommen z.B. in Betracht:
– Beratungstätigkeit von Organisationen,
– Ansprüche auf Beratung im Bereich der öffentlichen Verwaltung auf
  Grund von Rechtsvorschriften und
– kommunale Beratungsstellen für rechtliche Betreuung.

---

[176] *Kammeier* Rpfleger 1998, 501.
[177] *Schoreit/Groß* § 1 Rn. 25.

Ferner:
- Behördenauskünfte; Behörden sind kraft gesetzlicher Vorschriften auskunftspflichtig (vgl. z.b. § 25 S. 2 VwVfG, §§ 14, 15 SGB I, § 72 Abs. 2 SGB VIII),
- Berufsständische Vereinigungen (Gewerkschaften gewähren z.b. ihren Mitgliedern Rechtsschutz in arbeitsrechtlichen Angelegenheiten),[178]
- Mietervereine[179] und
- Verbraucherrechtsberatung.[180]

198 Dass der Ratsuchende zunächst selbst tätig werden kann, ist keine andere Möglichkeit i.S. § 1 Abs. 1 Nr. 2 BerHG.[181] So kann z.b. ein Unterhaltsgläubiger nicht darauf verwiesen werden, seinen Anspruch selber geltend zu machen.[182] Die Einzelfallprüfung kann jedoch ergeben, dass seine Unterstützung durch das Jugendamt im Rahmen einer Beistandschaft (vgl. § 1712 Abs. 1 Nr. 2 BGB) sich als andere Hilfsmöglichkeit anbietet.[183] Auch die Möglichkeit sich durch einen Rechtsanwalt unentgeltlich oder gegen Vereinbarung eines Erfolgshonorars beraten oder vertreten zu lassen, ist keine andere Möglichkeit der Hilfe (§ 1 Abs. 2 S. 2 i.V. Abs. 1 Nr. 2 BerHG). Der Rechtssuchende kann deshalb nicht darauf verwiesen werden, sich an Rechtsanwaltskanzleien zu wenden, die unentgeltlich (§ 4 Abs. 1 S. 3 RVG) oder gegen Erfolgshonorar beraten (§ 4a Abs. 1 S. 1, 3 RVG).[184]

199 Beratungshilfe ist nach § 1 Abs. 1 Nr. 3 BerHG zu versagen, wenn die Rechtswahrnehmung als **mutwillig** erscheint. Nach der Legaldefinition des § 1 Abs. 3 S. 1 BerHG ist das dann der Fall, wenn ein Rechtsuchender, der keine Beratungshilfe beansprucht, bei verständiger Würdigung aller Umstände der Rechtsangelegenheit davon absehen würde, sich auf eigene Kosten rechtlich beraten oder vertreten zu lassen. Dabei ist auch auf die Kenntnisse und Fähigkeiten des Antragstellers sowie seine besondere wirtschaftliche Lage abzustellen (§ 1 Abs. 3 S. 2 BerHG). Mutwilligkeit kann auch dann vorliegen, wenn der Rechtssuchende Beratungshilfe für Vertretung in Anspruch nimmt, obwohl die Beratung ergeben hat, dass für sein Rechtsschutzbegehren keine Aussicht auf Erfolg besteht.[185]

---

[178] *Bischof* NJW 1981, 895.
[179] *Schoreit/Groß* § 1 Rn. 82 ff.; Grunsky NJW 1980, 2047.
[180] *Schoreit* DÖV 1975, 380.
[181] LG Göttingen AnwBl. 1984, 516; a.A. LG München I Büro 1984, 447.
[182] *Schoreit/Groß* § 1 Rn. 40; a.A. AG Ulm Rpfleger 1987, 461.
[183] AG Rotenburg Wümme Rpfleger 1990, 171.
[184] BT-Drs. 17/11472 S. 37.
[185] BT-Drs. 17/11472 S. 37.

II. Inhalt, Geltungsbereich und Gewährung von Beratungshilfe

Die Beratungshilfe besteht nach § 2 Abs. 1 S. 1 BerHG in Beratung **200** und, soweit erforderlich in Vertretung. Die **Beratung** erfolgt in der Weise, dass dem Ratsuchenden ein mündlicher bzw. schriftlicher Rat oder eine Auskunft erteilt wird (vgl. die Definition in § 34 Abs. 1 S. 1 RVG). Wenn die Umstände es erfordern, kann die Ratstätigkeit sich auch auf die Vertretung gegenüber Dritten in Form von informellen Besprechungen, Schreiben oder durch Vertragsgestaltung erstrecken (vgl. Nr. 2503 VVRVG). Nach § 2 Abs. 1 S. 2 BerHG ist eine **Vertretung** erforderlich, wenn der Rechtssuchend wegen des Umfangs, der Schwierigkeit oder der Bedeutung der Rechtsangelegenheit seine Rechte nicht selbst wahrnehmen kann. Abzustellen auf den Zeitpunkt nach erfolgter Beratung.[186]

Den **Geltungsbereich** der Beratungshilfe erstreckt § 2 Abs. 2 S. 1 **201** **BerHG** auf **alle rechtlichen Angelegenheiten.** Einbezogen sind damit auch steuerrechtliche Angelegenheiten.[187] Die Neuregelung entspricht den Vorgaben des BVerfG.[188] Auch dem von einer Straftat Betroffenen sowie Zeugen kann Beratungshilfe gewährt werden.[189] § 2 Abs. 2 S. 2 BerHG begrenzt die Beratungshilfe in Angelegenheiten des Straf- und Ordnungswidrigkeitenrechts alleine auf die Beratung; für die Vertretung wird sie nicht gewährt (Ausnahme: Vertretung bei einer polizeilichen Vernehmung).[190] Nach §§ 10, 10a BerHG wird Beratungshilfe auch in Streitsachen mit grenzüberschreitendem Bezug nach der Richtlinie 2003/8/EG und in Unterhaltssachen nach VO (EG) Nr. 4/2009, gewährt.

Beratungshilfe ist nach § 2 Abs. 3 BerHG ausgeschlossen, wenn aus- **202** ländisches Recht anzuwenden ist und der Sachverhalt keinen Bezug zum Inland hat.

Die Beratungshilfe wird durch Rechtsanwälte und durch Rechtsbeistände, die Mitglied einer Rechtsanwaltskammer sind (vgl. § 209 BRAO), gewährt (**§ 3 Abs. 1 S. 1 BerHG**; zur Beratungs-, Hinweis- und Aufklärungspflicht vgl. § 49a BRAO; zur Höhe der Vergütung vgl. § 44 RVG sowie Nr. 2500–2508 VVRVG). Im Umfang ihrer jeweiligen Befugnisse zur Rechtsberatung wird sie nach **§ 3 Abs. 1 S. 2 BerHG** auch gewährt durch

– Steuerberater und Steuerbevollmächtigte (Nr. 1),
– Wirtschaftsprüfer und vereidigte Buchprüfer (Nr. 2) sowie
– Rentenberater (Nr. 3).

Ferner kann sie durch diese **Beratungspersonen** auch in Beratungsstellen gewährt werden, die auf Grund einer Vereinbarung mit der Landesjustizverwaltung eingerichtet sind (§ 3 Abs. 1 S. 3 BerHG).

---

[186] BT-Drs. 17/11472 S. 38.
[187] BT-Drs. 17/11472 S. 38.
[188] BVerfGE 122, 39.
[189] *Schoreit/Groß* § 2 Rn. 20.
[190] AG Braunschweig AnwBl. 1984, 517.

203   Nach **§ 3 Abs. 2 BerHG** kann Beratungshilfe auch das **Amtsgericht** gewähren; funktionell zuständig ist der Rechtspfleger (§ 24 a Abs. 1 Nr. 2 RPflG). Die Tätigkeit des Amtsgerichts muss sich dabei auf Auskünfte und Hinweise sowie die Aufnahme von Erklärungen und Anträge beschränken. Ein konkreter Rat, wie sich der Ratsuchende verhalten soll sowie eine Vertretung in Form eines Schreibens oder eines Anrufs scheiden aus.[191] Die Auskunft kann sich z.b. auf Verfahrenszuständigkeiten, Rechtsbehelfsmöglichkeiten oder allgemeine rechtliche Gesichtspunkte beziehen.[192] Es kann ferner auf die Hilfemöglichkeiten durch eine andere Stelle i.S.d. § 1 Abs. 1 Nr. 2 BerHG (z.b. kommunale Beratungsstellen) hingewiesen werden.

III. Antrag, Zuständigkeiten und Verfahren zur Gewährung der Beratungshilfe

204   Über den Antrag auf Beratungshilfe entscheidet (sachlich und örtlich) das Amtsgericht in dessen Bezirk der Rechtssuchende seinen allgemeinen Gerichtsstand hat (§ 4 Abs. 1 S. 1 BerHG). Die Vorschrift knüpft an die §§ 12 ff. ZPO und damit insbesondere an den Wohnsitz des Antragstellers an. Fehlt ein allgemeiner Gerichtsstand im Inland ist das Amtsgericht örtlich zuständig in dessen Bezirk ein Bedürfnis für Beratungshilfe auftritt (§ 4 Abs. 1 S. 2 BerHG). Ein Beratungsbedürfnis kann sich z.b. am Urlaubsort,[193] oder am Ort eines Unfallereignisses[194] ergeben. Der Antrag kann mündlich oder schriftlich gestellt werden (§ 4 Abs. 2 S. 1 BerHG). Die Möglichkeit zur mündlichen Antragstellung dient einer raschen und unbürokratischen Erledigung der Angelegenheit, sie ist in der gerichtlichen Praxis der Normalfall. Wird der Antrag schriftlich gestellt, muss ein amtlicher Vordruck benutzt werden (§ 11 BerHG i.V.m. BerHVV vom 17.12.1994; BGBl. I S. 3839). Der Antragsteller ist verpflichtet, den für die Gewährung der Beratungshilfe maßgeblichen Sachverhalt vorzubringen (§ 4 Abs. 2 S. 2 BerHG). Der funktionell zuständige Rechtspfleger (§ 24 a Abs. 1 Nr. 1 RPflG) muss anhand der Sachverhaltsschilderung prüfen können, ob eine Sofortauskunft (§ 3 Abs. 2 BerHG, § 24 a Abs. 1 Nr. 2 RPflG) genügt oder andere Hilfemöglichkeiten vorzuziehen sind und, dass keine Mutwilligkeit erkennbar ist. Der Antragsteller darf aber nicht überfordert werden.[195] Nach **§ 4 Abs. 3 BerHG** sind dem Antrag beizufügen:
– eine Erklärung des Rechtsuchenden über seine persönlichen und wirtschaftlichen Verhältnisse, insbesondere Angaben zu Familienstand,

---

[191] *Schoreit/Groß* § 3 Rn. 11 ff.; Greißinger NJW 1985, 1672; a.A. *Müller-Engelmann* Rpfleger 1987, 493.
[192] *Kammeier* Rpfleger 1998, 503; *Greißinger* NJW 1985, 1671.
[193] BayObLG Büro 1984, 121.
[194] BayObLG a.a.O., m.w.N.
[195] Bischof NJW 1981, 897.

Beruf, Vermögen, Einkommen und Lasten, sowie entsprechende Belege (Nr. 1) und
- eine Versicherung des Rechtsuchenden, dass ihm in derselben Angelegenheit Beratungshilfe bisher weder gewährt noch durch das Gericht versagt worden ist, und dass in derselben Angelegenheit kein gerichtliches Verfahren anhängig ist oder war (Nr. 2).

Auf Verlangen hat der Rechtsuchende nach **§ 4 Abs. 4 S. 1 BerHG**   205
seine tatsächlichen Angaben glaubhaft zu machen. Dazu kann er urkundliche Nachweise (z.B. Verdienstbescheinigung, Rentenbescheid) vorlegen. Das Gericht kann, wenn z.B. Belege fehlen, eine eidesstattliche Versicherung verlangen (§ 4 Abs. 4 S. 1 BerHG).[196] und Auskünfte einholen (§ 4 Abs. 4 S. 2 BerHG). Zeugen und Sachverständige werden nicht vernommen (§ 4 Abs. 4 S. 3 BerHG). Nach § 4 Abs. 5 BerHG ist der Antrag des Rechtsuchenden abzulehnen, wenn er innerhalb einer von dem Gericht gesetzten Frist seine Angaben über die persönlichen und wirtschaftlichen Verhältnisse nicht glaubhaft macht oder bestimmte Fragen nicht oder nur ungenügend beantwortet.

In den Fällen nachträglicher Antragstellung (vgl. § 6 Abs. 2 BerHG)   206
kann die Beratungsperson vor Beginn der Beratung nach **§ 4 Abs. 6 BerHG** vom Rechtsuchenden Belege zu seinen persönlichen und wirtschaftlichen Verhältnissen verlangen. Ferner hat er zu erklären, dass ihm in derselben Angelegenheit weder Beratungshilfe gewährt bzw. versagt wurde und, dass kein gerichtliches Verfahren anhängig ist oder war.

Soweit das BerHG nichts anderes bestimmt richtet sich das Ver-   207
fahren über den Antrag auf Gewährung der Beratungshilfe nach dem FamFG (**§ 5 S. 1 BerHG**). Anwendbar sind z.B. § 5 FamFG (= negativer Kompetenzkonflikt),[197] § 15 FamFG (= Bekanntmachung).[198]

IV. Berechtigungsschein

Ist dem Antrag auf Gewährung der Beratungshilfe stattzugeben,   208
wird dem Rechtsuchenden vom Amtsgericht (Rechtspfleger) ein **Berechtigungsschein** ausgestellt (**§ 6 Abs. 1 BerHG**). Die Angelegenheit auf die sich die Beratungshilfe bezieht, ist genau zu bezeichnen; eine Beschränkung alleine auf Beratung ist nicht zulässig.[199] Der Berechtigungsschein befugt die Partei dazu, mit der Beratung oder Vertretung eine Beratungsperson ihrer Wahl, ohne örtliche Bindung, zu beauftragen. Nach **§ 6 Abs. 2 S. 1 BerHG** kann der Antrag auf Beratungshilfe auch **nachträglich** gestellt werden, wenn sich der Rechtsuchende sofort an eine Beratungsperson gewandt hat. Das ist in der Praxis der

---

[196] *Greißinger* § 4 Rn. 26.
[197] BayObLG Büro 1989, 63 (zu § 5 FGG).
[198] *Schoreit/Groß* § 5 Rn. 1 (zu § 16 FGG).
[199] LG Aachen AnwBl. 1997, 293; *Greißinger* § 6 Rn. 7.

Regelfall.[200] Nach h.M. kann in diesem Falle der Antrag auch von der Beratungsperson schriftlich gestellt werden.[201] Frist: Vier Wochen nach Beginn der Beratungshilfetätigkeit (§ 6 Abs. 2 S. 2 BerHG). Es handelt sich um eine Ausschlussfrist.[202] In diesem Fall ist über den nachträglich gestellten Antrag auf Bewilligung der Beratungshilfe zu entscheiden, ohne dass ein Berechtigungsschein ausgestellt werden muss.[203] Versagt das Amtsgericht die Gewährung von Beratungshilfe, trifft bei nachträglicher Antragstellung das Gebührenrisiko grds. die Beratungsperson.[204] Hat diese aber den Rechtssuchenden bei Mandatsübernahme hierauf hingewiesen, kann sie von ihm die Vergütung nach den allgemeinen Vorschriften verlangen (§ 8 a Abs. 4 BerHG).

V. Aufhebung der Bewilligung, Rechtsbehelf

209   Das Gericht kann die Bewilligung **von Amts** wegen **aufheben**, wenn die Voraussetzungen für die Beratungshilfe nicht vorgelegen haben und seit der Bewilligung nicht mehr als ein Jahr vergangen ist (**§ 6 a Abs. 1 BerHG**). Es besteht, anders als im Falle der PKH-Aufhebung nach § 124 ZPO, ein gerichtlicher Ermessensspielraum.[205] Die Aufhebung kann auch auf **Antrag der Beratungsperson** erfolgen, wenn der Rechtssuchende auf Grund der Beratung oder Vertretung etwas erlangt hat (**§ 6 a Abs. 2 S. 1 BerHG**). Der Antrag ist nur zulässig, wenn die Beratungsperson noch keine Beratungshilfevergütung aus der Staatskasse (§ 44 S. 1 RVG) beantragt hat (§ 6 a Abs. 2 S. 2 Nr. 1 BerHG). Ferner muss der Rechtssuchende bei der Mandatsübernahme auf die Möglichkeit der Antragstellung und der Aufhebung der Bewilligung sowie auf die sich für die Vergütung ergebenden Rechtsfolgen nach § 8 a Abs. 2 BerHG hingewiesen worden sein (§ 6 a Abs. 2 S. 2 Nr. 2 BerHG). Der Hinweis bedarf, um Beweisschwierigkeiten zu verhindern,[206] der Textform (vgl. § 126 b BGB).

Gegen den Beschluss, durch den der Antrag auf Bewilligung der Beratungshilfe **zurückgewiesen** oder durch den die Beratungshilfe wieder **aufgehoben** wird, ist nur die **Erinnerung** statthaft (**§ 7 BerHG** i.V. §§ 11 Abs. 2 S. 5–7, 24 a Abs. 2 RPflG). Diese Regelung geht der FamFG-Beschwerde (§§ 58 ff. FamFG) vor. Anfechtbar ist auch die nur auf Beratung beschränkte Bewilligung.[207] Ob gegen die Bewilligungsentscheidung ein Rechtsbehelf der Staatskasse stattfindet ist strittig. Nach einer

---

[200] BT-Drs. 17/11472 S. 40.
[201] *Greißinger* § 4 Rn. 28; *Schoreit/Groß* § 4 Rn. 12.
[202] BT-Drs. 17/11472 S. 41.
[203] Düsseldorf AnwBl. 1985, 655; *Schoreit/Groß* § 7 Rn. 2; a.A. KG Rpfleger 1983, 445.
[204] *Eckert* FamRZ 2001, 172.
[205] BT-Drs. 17/11472 S. 41.
[206] BT-Drs. 17/11472 S. 41.
[207] LG Berlin Rpfleger 1988, 489.

Meinung ist die positive Rechtspflegerentscheidung unanfechtbar,[208] nach einer anderen Auffassung ist die Staatskasse erinnerungsbefugt.[209]

VI. Vergütungsanspruch bei Beratungshilfe

1. Allgemeines

Die im Rahmen der Beratungshilfe tätig gewordene Beratungsperson   210
erhält eine Vergütung aus der Landeskasse (**§ 8 Abs. 1 S. 1 BerHG, § 44
S. 1 RVG**). Die Gebühren richten sich nach **Abschnitt 5 des VVRVG**
(= Nr. 2500–2508). Auch eine Beratungsperson, die nicht Rechtsanwalt ist, kann Gebühren nach diesen Vorschriften abrechnen. Sie steht
insoweit einem Rechtsanwalt gleich (§ 8 Abs. 1 S. 2 BerHG). Die Bewilligung der Beratungshilfe bewirkt, dass die Beratungsperson gegen
den Rechtsuchenden keinen Anspruch auf Vergütung geltend machen
kann; ausgenommen ist nur die Beratungshilfegebühr nach § 44 S. 2
RVG (§ 8 Abs. 2 S. 1 BerHG). Das gilt auch in den Fällen nachträglicher
Beantragung (§ 6 Abs. 2 BerHG) bis zur Entscheidung durch das Gericht
(§ 8 Abs. 2 S. 2 BerHG). Die Vergütung wird vom Urkundsbeamten der
Geschäftsstelle des in § 4 Abs. 1 BerHG bestimmten Gerichts festgesetzt (§ 55 Abs. 4 RVG). Der öffentlich-rechtliche Anspruch unterliegt
der regelmäßigen Verjährungsfrist von 3 Jahren (§ 195 BGB); die Frist
beginnt mit Ablauf des Jahres in dem der Anspruch fällig geworden ist
(§ 199 Abs. 1 BGB, § 8 Abs. 1 S. 1 RVG). Mit Gewährung einer Vergütung aus der Staatskasse geht, wie bei bewilligter Prozesskostenhilfe,
der Zahlungsanspruch des Rechtsanwalts gegen einen ersatzpflichtigen
Gegner kraft Gesetzes auf diese über (§ 59 Abs. 1, Abs. 3 RVG). Zulässig sind Vergütungsvereinbarung,[210] Verzicht auf eine Vergütung (§ 4
Abs. 1 S. 2 RVG) und Vereinbarung eines Erfolgshonorars (§ 4 a Abs. 1
RVG).[211] Eine **Aufhebung** der Beratungshilfe berührt den Vergütungsanspruch der Beratungsperson gegen die Staatskasse nicht (§ 8 a Abs. 1
S. 1 BerHG). Es sei denn, die Beratungsperson hatte Kenntnis oder grob
fahrlässige Unkenntnis davon, dass die Bewilligungsvoraussetzungen
nicht vorlagen (§ 8 a Abs. 1 S. 2 Nr. 1 BerHG) oder sie hat die Aufhebung
selbst beantragt (§ 8 a Abs. 1 S. 2 Nr. 2 i.V. § 6 a Abs. 2 BerHG). In diesen
Fällen fehlt ein schutzwürdiges Interesse.[212] Wird die Bewilligung aufgehoben, kann die Beratungsperson, statt aus der Staatskasse, direkt vom
Rechtssuchenden eine Vergütung nach den allgemeinen Vorschriften

[208] LG Köln Büro 1983, 1709; LG Göttingen Büro 1988, 197; *Kalthoener/
Büttner/Wrobel-Sachs* Rn. 993.
[209] Hamm Rpfleger 1984, 322; LG Aachen Rpfleger 1991, 322.
[210] BT-Drs. 17/11472 S. 42, 43.
[211] BT-Drs. 17/11472 S. 50.
[212] BT-Drs. 17/11472 S. 43.

verlangen, wenn sie keine Vergütung aus der Staatskasse fordert oder einbehält und den Rechtssuchenden bei Mandatsübernahme auf die Möglichkeit der Aufhebung sowie die sich ergebenden Folgen für die Vergütung hingewiesen hat (§ 8 a Abs. 2 S. 1 BerHG). Die bereits geleistete Beratungshilfegebühr (Nr. 2500 VVRVG) ist auf den Vergütungsanspruch anzurechnen (§ 8 a Abs. 2 S. 2 BerHG). Der Direktanspruch der Beratungsperson gegen den Rechtssuchenden bestimmt sich nach den allgemeinen Vorschriften. Die Verweisung führt, soweit keine Vergütungsvereinbarung geschlossen wurde, bei (reiner) Beratungstätigkeit durch einen Rechtsanwalt als Beratungsperson zu § 612 Abs. 2 BGB, § 34 Abs. 1 S. 2 RVG und in Vertretungsfällen, zu den Gebühren nach Teil 2 VVRVG. Auch bei Ablehnung des nachträglich gestellten Antrags, kann die Beratungsperson vom Rechtssuchenden die Vergütung nach den allgemeinen Vorschriften oder die (vorsorglich) vereinbarte Vergütung verlangen, wenn der Rechtssuchende darauf hingewiesen wurde (§ 8 a Abs. 4 BerHG). Die Staatskasse kann vom Rechtssuchenden Erstattung des an die Beratungsperson geleisteten oder von dieser einbehaltenen Betrages verlangen, wenn die Bewilligung deshalb aufgehoben wird, weil die persönlichen und wirtschaftlichen Voraussetzungen hierfür nicht vorgelegen haben (§ 8 a Abs. 3 BerHG).

2. Beratungshilfegebühren (= Teil. 2 Abschnitt 5 VVRVG)

Nach der Vorbemerkung 2.5 VVRVG entstehen im Rahmen der Beratungshilfe (ausschließlich) die folgenden Gebühren:

a) Beratungshilfegebühr Nr. 2500 VV

211   Wird von der Beratungsperson im Rahmen der Beratungshilfe eine Tätigkeit erbracht entsteht der Anspruch auf die Beratungshilfegebühr in Höhe von 15,00 EUR. Erstreckt sich die Tätigkeit auf verschiedene Angelegenheiten, kann die Gebühr mehrfach verlangt werden.[213] Sind in derselben Angelegenheit mehrere Rechtssuchende beteiligt entsteht die Gebühr nur einmal (§ 7 Abs. 1 RVG);[214] ob sich, wenn die mehreren Auftraggeber am Beratungshilfegegenstand gemeinschaftlich beteiligt sind, die Beratungshilfegebühr nach Nr. 1008 VV erhöht, ist problematisch, denn erhöhungsfähig sind nach dem eindeutigen Gesetzeswortlaut nur Verfahrens- oder Geschäftsgebühr.[215] Die Beratungshilfegebühr schuldet nur der Rechtssuchende, sie kann ihm erlassen werden (§ 44 S. 2 RVG, Anm. Nr. 2500 VV).

---

[213] *Schoreit/Groß* § 44 RVG Rn. 85.
[214] *Schoreit/Groß* § 44 RVG Rn. 85.
[215] Ablehnend: *Schoreit/Groß* § 44 RVG Rn. 86; *Gerold/Schmidt/Müller-Rabe* VV 1008 Rn. 13 ff.

b) Beratungsgebühr Nr. 2501 VV

Die Beratungsgebühr in Höhe von 35,00 EUR entsteht für eine Bera- **212**
tung des Rechtsuchenden, wenn diese nicht mit einer anderen gebüh-
renpflichtigen Tätigkeit zusammenhängt (Nr. 2501 Abs. 1 VV). Beratung
wird nach § 34 Abs. 1 RVG als Oberbegriff definiert und umfasst einen
mündlichen oder schriftlichen Rat oder eine Auskunft. Der Rat besteht
in einem Hinweis der Beratungsperson, wie sich der Rechtsuchende in
der Angelegenheit verhalten soll.[216] Auch das Abraten von der Einleitung
eines gerichtlichen Verfahrens ist Ratserteilung.[217] Die Auskunft betrifft
eine unverbindliche Beantwortung von Fragen (z.B. Zuständigkeitsfra-
gen) oder die Mitteilung von Tatsachen.[218] In derselben Angelegenheit
fällt, auch wenn mehrfach beraten wurde, die Gebühr nur einmal (§ 15
Abs. 2 RVG). Ob dieselbe oder eine neue (= verschiedene oder besondere) Angelegenheit vorliegt ist insbesondere anhand §§ 16–18 RVG zu
beurteilen.

Nach der Rechtsprechung ist von einer gebührenrechtlichen Ange- **213**
legenheit auszugehen, wenn ein einheitlicher Auftrag vorliegt, der den
Rahmen für die Tätigkeit vorgibt sowie in Bezug auf mehrere Gegenstände ein innerer Zusammenhang festzustellen ist.[219] Daran fehlt es,
sodass mehrere Angelegenheiten vorliegen, wenn sich ein Ehegatte im
Trennungszeitraum über mehrere Trennungsfolgen (z.B. Unterhalt, Ehewohnung, etc.) beraten lässt.[220] Mehrere Angelegenheiten liegen auch bei
der Beratung eines Ehegatten über Trennungs- und Scheidungsunterhalt
oder bei der Beratung mehrerer Asylbewerber vor.[221] Im Vergütungs-
festsetzungsverfahren (§ 55 Abs. 4 RVG) ist der Urkundsbeamte befugt
die vorhandenen Angelegenheiten selbständig zu prüfen, an die Zahl
der erteilten Berechtigungsscheine ist er nicht gebunden.[222] Werden
in derselben Angelegenheit mehrere Rechtsuchende beraten, entsteht
die Beratungsgebühr nur einmal (§ 7 Abs. 1 RVG). Ob sie sich bei der
Beauftragung durch mehrere Auftraggeber nach Nr. 1008 VV erhöhen
lässt, ist problematisch, da sie als „Beratungsgebühr" und nicht als
Verfahrens- oder Geschäftsgebühr (= Betriebsgebühr) bezeichnet ist.[223]
Steht die Beratung im Zusammenhang mit einer anderen gebühren-
pflichtigen Tätigkeit, die z.B. nach Nr. 2503 VV zu vergüten ist, muss
die Beratungsgebühr angerechnet werden (Nr. 2501 Abs. 2 VV).

---

[216] BGHZ 7, 371, *Schumann* MDR 1968, 891.
[217] *Gerold/Schmidt/Mayer*, Nr. 2500 VV Rn. 29.
[218] *Schoreit/Groß* § 44 RVG Rn. 12.
[219] BGH JurBüro 1972, 765; LG Berlin Rpfleger 1996, 464; *Hansens* JurBüro
1987, 23 m.w.N.
[220] So z.B. OLG Düsseldorf, FamRZ 2009, 719. AG Brandenburg/Havel
FamRZ 2006, 638 = mehrere Angelegenheiten liegen vor.
[221] LG Berlin JurBüro 1984, 239; *Schoreit/Groß* § 44 RVG Rn. 20 mit einer
Übersicht zu der sehr einzelfallbezogenen Rspr.
[222] München JurBüro 1988, 593.
[223] Dafür: *Gerold/Schmidt/Mayer*, Nr. 2500 VV Rn. 33; ablehnend: AG Koblenz BeckRS 2007, 11760; *Gerold/Schmidt/Müller-Rabe* VV 1008 Rn. 22.

Beispiel:
Rechtsanwalt R als Beratungsperson berät einen Arbeitnehmer in einer arbeitsrechtlichen Angelegenheit; später schreibt er an den Arbeitgeber.
Angefallen sind: Beratungsgebühr Nr. 2501 VV = 35,00 EUR sowie Geschäftsgebühr Nr. 2503 VV = 85,00 EUR; da die Beratungsgebühr auf die Geschäftsgebühr anzurechnen ist (Nr. 2501 Anm. Abs. 2 VV), kann er insgesamt 85,00 EUR
gegenüber der Staatskasse abrechnen.

c) Geschäftsgebühr Nr. 2503 VV

214 Für das Betreiben des (außergerichtlichen) Geschäfts einschließlich
der Information oder die Mitwirkung bei der Vertragsgestaltung entsteht die Geschäftsgebühr in Höhe von 85,00 EUR. Die Beratungsperson muss eine Tätigkeit entwickelt haben, die über die reine Beratung
hinausgeht. Dazu gehören z.b. Gespräche mit der gegnerischen Partei
oder Behörden, Vergleichsverhandlungen mit Dritten. Ein Indiz dafür,
dass die Grenzen der Beratung verlassen wurden und eine Vertretung
erfolgte ist, dass eine nach außen erkennbare Tätigkeit vorliegt. Die
Vertretungstätigkeit muss die Beratungsperson darlegen und glaubhaft
machen.[224] Bei der Vertretung mehrerer Auftraggeber ist eine Erhöhung
der Geschäftsgebühr nach Nr. 1008 VV möglich.[225]

Beispiel:
RA R als Beratungsperson schreibt für die Eheleute E und F wegen Mietminde-
rung an den Vermieter. Er kann abrechnen:
110,50 EUR erhöhte Geschäftsgebühr Nr. 1008 Abs. 1, 2503 VV.

215 Nach Nr. 2503 Abs. 2 S. 1 VV ist die Geschäftsgebühr zur Hälfte
auf die Gebühren für ein anschließendes gerichtliches oder behördli-
ches Verfahren anzurechnen; sie entfällt in diesen Fällen in Höhe von
42,50 EUR. Voraussetzung einer Anrechnung ist, dass sich das anschließende Verfahren auf den Gegenstand der Beratungshilfetätigkeit bezieht
und ein zeitlicher Zusammenhang besteht.[226] Betrifft das nachfolgen-
de Verfahren die Vollstreckbarerklärung eines Anwaltsvergleichs nach
§§ 796 a, 796 b und 796 c Abs. 2 S. 2 ZPO, ist die Geschäftsgebühr zu
einem Viertel (= 21,30 EUR) anzurechnen (Nr. 2503 Abs. 2 S. 2 VV). Da
die Vorbemerkung 2.5 bestimmt, dass sich die Gebühren im Rahmen
der Beratungshilfe ausschließlich nach Teil 2, Abschnitt 5 VV richten,
sind weitere Anrechnungssituationen ausgeschlossen.

---

[224] LG Dortmund Rpfleger 1986, 321.
[225] *Gerold/Schmidt/Mayer*, Nr. 2500 VV Rn. 35.
[226] *Mümmler* JurBüro 1984, 1774; 1988, 1351. Nicht anzurechnen ist die Geschäftsgebühr in sozialrechtlichen Angelegenheiten, LSG Nordrhein-Westfalen
Beck RS 2008, 54983.

d) Einigungs- und Erledigungsgebühr Nr. 2508 VV

Führt die Tätigkeit des Rechtsanwalts zu einer (außergerichtlichen) **216**
Einigung i.S.d. Nr. 1000 VV oder Erledigung der Rechtssache i.S.d.
Nr. 1002 VV entsteht zusätzlich die Gebühr Nr. 2508 VV in Höhe von
150,00 EUR. Der Beratungsperson muss entweder beim Abschluss
des Vertrags (= Einigung) oder bei den Vertragsverhandlungen, dann
aber ursächlich mitgewirkt haben (Nr. 1000 Abs. 1, S. 2 VV). Die Er-
ledigungsgebühr betrifft öffentlich-rechtliche Angelegenheiten vor der
Verwaltungsbehörde. Hier muss die Beratungsperson dabei mitgewirkt
haben, dass ein mit einem Rechtsbehelf (z.b. Widerspruch §§ 68, 69
VwGO) angefochtener Verwaltungsakt abgeändert oder aufgehoben
wurde oder ein zunächst abgelehnter Verwaltungsakt erlassen wurde
(Nr. 1002 VV Anm.).

e) Außergerichtliche Schuldenbereinigung Nr. 2502, 2505–2507 VV

Ist der Insolvenzschuldner Verbraucher (vgl. § 304 InsO), muss **217**
vor Beginn des Insolvenzverfahrens eine außergerichtliche Schuldenbereinigung stattfinden (§ 305 Abs. 1 Nr. 1 InsO). Grundlage dieser
Schuldenbereinigung ist ein vom Schuldner aufzustellender Schuldenbereinigungsplan, der neben einem Gläubiger-, Forderungs- und Ver-
mögensverzeichnis die Tilgung der gegen den Schuldner bestehenden
Verbindlichkeiten darzustellen hat. Lässt sich der Schuldner für die
außergerichtliche Schuldenbereinigung Beratungshilfe gewähren und
durch eine Beratungsperson beraten oder vertreten, können die folgenden Gebührenansprüche entstehen (vgl. die Vorbem. 2.5):

aa) Beratungstätigkeit

Wird die Beratungsperson für den Rechtssuchenden im Zusammen- **218**
hang mit der Planerstellung beratend tätig, kann er eine Beratungsgebühr in Höhe von 70,00 EUR abrechnen (Nr. 2501, 2502 VV).

bb) Vertretung

Bei einer Vertretung des Schuldners mit dem Ziel eine außergerichtli- **219**
che Schuldenbereinigung mit den Gläubigern zu erreichen, entsteht die
Geschäftsgebühr nach Nr. 2503 VV und zwar in Verbindung mit
- Nr. 2504 VV, bei bis zu 5 Gläubigern   = 270,00 EUR
- Nr. 2505 VV, bei 6 bis 10 Gläubigern   = 405,00 EUR
- Nr. 2506 VV, bei 11 bis 15 Gläubigern   = 540,00 EUR
- Nr. 2507 VV, bei mehr als 15 Gläubigern   = 675,00 EUR

cc) Zustandekommen des Schuldenbereinigungsplans (= Einigung)

220 Kommt unter Mitwirkung der Beratungsperson der Schuldenbereinigungsplan mit den Gläubigern zustande, kann zusätzlich eine Einigungsgebühr (150,00 EUR) abgerechnet werden: Nr. 2508 Abs. 2 VV.

VII. Kostenersatz durch den Gegner

221 Der **ersatzpflichtige** Gegner hat dem Rechtsuchenden die Kosten der Beratungsperson nach den allgemeinen Vorschriften zu erstatten (§ 9 S. 1 BerHG). Die **Erstattungspflicht des Gegners** kann sich z.b. aus Pflichtverletzung wegen Verzögerung der Leistung (§§ 280 Abs. 1, Abs. 2, 286 BGB) ergeben.[227] Ist die Beratungsperson Rechtsanwalt, so ist die gesetzliche Vergütung für die Beratung (§ 34 RVG) oder Vertretung (Teil 2 VVRVG) und nicht die nach § 44 S. 1 RVG i.V. Nr. 2500 ff. VV verminderte, zu zahlen.[228] Hat der Rechtsuchende die Beratungshilfegebühr nach § 44 S. 2 RVG, Nr. 2500 VV (15,00 EUR) bereits an die Beratungsperson gezahlt, ist sie davon abzuziehen (ein Ausgleich hat zwischen Rechtsanwalt und Rechtsuchendem stattzufinden).[229] Da nicht der Rechtsuchende selbst, sondern die Staatskasse eine (geringere) Vergütung zahlt, geht der Erstattungsanspruch gegen den Gegner kraft Gesetzes auf die Beratungsperson über (§ 9 S. 2 BerHG). Da der Übergang nicht zum Nachteil des Rechtsuchenden geltend gemacht werden darf (§ 9 S. 3 BerHG), hat der übergegangene Anspruch allerdings Nachrang vor den Ansprüchen der Partei (= Hauptforderung und Zinsen) gegen den ersatzpflichtigen Gegner.[230] Zahlungen des Gegners an die Beratungsperson, sind auf die von der Staatskasse zu zahlenden Vergütung anzurechnen (§ 58 Abs. 1 RVG).

---

[227] *Grunsky* NJW 1980, 2048.
[228] *Hansens* Büro 1986, 349.
[229] *Greißinger* § 9 Rn. 7; *Schaich* AnwBl. 1981, 4; a.A. *Schoreit/Groß* § 9 Rn. 4, m.w.N.
[230] *Greißinger* § 9 Rn. 4.

Teil G.
Übungsfälle

I. Die PKH-Wirkungen

1. Ausgangsfall 1

Klage des K, vertreten durch Rechtsanwalt X, gegen den B auf Zah-   **222**
lung von 12.800,00 EUR zum Landgericht München I. B beauftragt
nach Klagezustellung RA Z mit seiner Vertretung. Im Termin wird
streitig verhandelt sowie der von B benannte Zeuge C vernommen. Es
wird durch Endurteil entschieden.

An Auslagen sind der Staatskasse 100,00 EUR Zeugenentschädigung für C entstanden. Die Rechtsanwälte X und Z machen jeweils
68,00 EUR für Kopien aus Strafakten geltend.

a) Gesetzliche Vergütung der Rechtsanwälte

Lfd. Nr.	Vorschriften VVRVG Nr. …:	Wert EUR	Wahl-Anwalt Tabelle § 13 RVG EUR	PKH-Anwalt Tabelle § 49 RVG EUR	Diffe-renz zur Regelver-gütung EUR	
1	1,3 Verfahrensgebühr 3100	12.800,00	785,20	417,30		**223**
2	1,2 Terminsgebühr 3104	12.800,00	724,80	385,20		
3	Dokumentenpau-schale 7000 Nr. 1 a)		68,00	68,00		
4	Pauschale für Post- u. Telekommunikationsd ienstleistungsentgelte 7002		20,00	20,00		
5	19 % Umsatzsteuer 7008		303,62	169,20		
	Summe:		1.901,62	1.059,70	841,92	

b) Gerichtskosten

224

Lfd. Nr.	Vorschriften KVGKG Nr. ...:	Wert §34 GKG EUR	Tabelle EUR	Antragshaftung	
				Kläger §22 GKG EUR	Beklagter §§17, 18 GKG EUR
1	3,0 Gebühr für Verfahren im Allgemeinen 1210	12.800,00	801,00	801,00	0,00
2	Zeugenentschädigung 9005		100,00	100,00	100,00
	Summe:		901,00	901,00	100,00

2. Ausgangsfall 2

225 Wie Ausgangsfall 1, aber mit folgender **Abwandlung:**
Der Rechtsstreit wird durch einen Vergleich beendet.

a) Gesetzliche Vergütung der Rechtsanwälte

226

Lfd. Nr.	Vorschriften VVRVG Nr. ...:	Wert EUR	Wahl-Anwalt Tabelle §13 RVG EUR	PKH-Anwalt Tabelle §49 RVG EUR	Differenz zur Regelvergütung EUR
1	1,3 Verfahrensgebühr 3100	12.800,00	785,20	417,30	
2	1,2 Terminsgebühr 3104	12.800,00	724,80	385,20	
3	1,0 Einigungsgebühr 1000, 1003	12.800,00	604,00	321,00	
4	Dokumentenpauschale 7000 Nr. 1 a)		68,00	68,00	
5	Pauschale für Post- u. Telekommunikationsdienstleistungsentgelte 7002		20,00	20,00	
6	19% Umsatzsteuer 7008		418,38	230,19	
	Summe:		2.620,38	1.441,69	1.178,69

b) Gerichtskosten

Lfd. Nr.	Vorschriften KVGKG Nr. ...:	Wert EUR	Tabelle § 34 GKG EUR	Antragshaftung		227
				Kläger § 22 GKG EUR	Beklagter §§ 17, 18 GKG EUR	
1	1,0 Gebühr für Verfahren im Allgemeinen 1210, 1211	12.800,00	267,00	267,00	0,00	
2	Zeugenentschädigung 9005		100,00	100,00	100,00	
		Summe:	367,00	367,00	100,00	

c) Bearbeiterhinweise zu beiden Fällen

Anhand mehrerer Varianten wird nachfolgend gezeigt, wie bei PKH- 228
Bewilligung die verfahrens- und kostenrechtlichen Vorschriften sich
zusammenfügen. Dadurch soll das komplexe PKH-System transparent
gemacht werden.

Die Ansprüche der Beteiligten werden jeweils aus dem Blickwinkel
des beigeordneten Rechtsanwalts bzw. der Staatskasse erläutert. Bei den
einzelnen Varianten wird davon ausgegangen, dass die beigeordneten
Rechtsanwälte ihre gesetzliche Vergütung zuerst gegen die Staatskasse
und erst danach gegen den Prozessgegner im eigenen Namen geltend
machen.

3. Varianten

Ausgangsfall 1

229 Prämissen: **Beispiel 1**
– Kläger K: *PKH ohne Zahlungsbestimmungen*
                                  RA X wurde beigeordnet
– Beklagter B: *Keine PKH*
– Kostenentscheidung: *B trägt die gesamten Kosten*

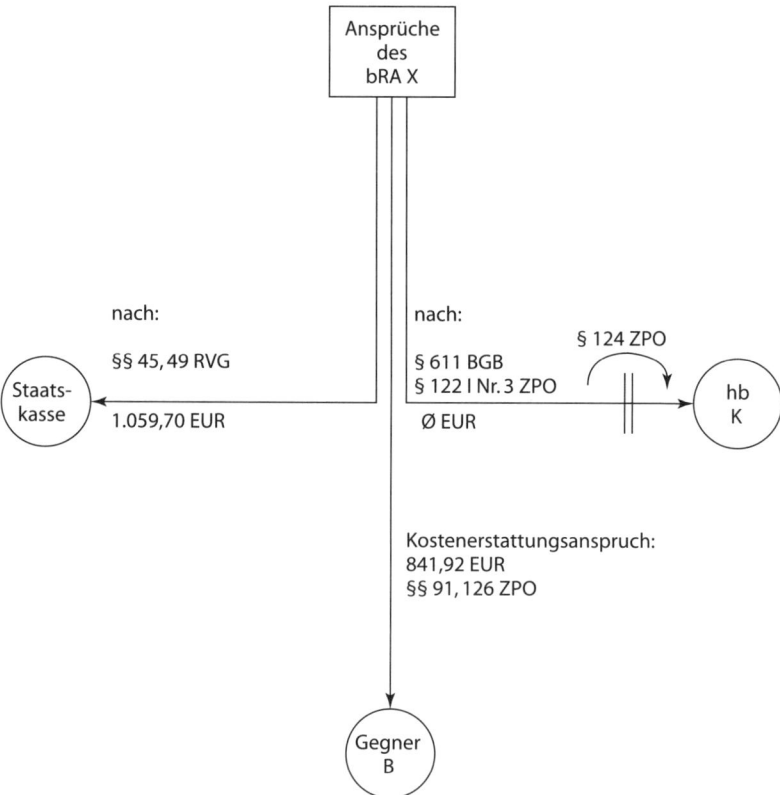

Lösung:
Der beigeordnete Rechtsanwalt erhält aus der Staatskasse 1.059,70 EUR und kann bis zu den Regelgebühren (§ 13 RVG) an 1. Rangstelle den Kostenerstattungsanspruch gegen den unterlegenen B beanspruchen; insgesamt erreicht er mit 1.901,62 EUR die Wahlanwaltsvergütung. Der Vergütungsanspruch gegen seine Partei (§§ 611, 675 BGB) wird durch § 122 Abs. 1 Nr. 3 ZPO gesperrt und kann nur im Falle der Aufhebung der PKH (§ 124 ZPO) geltend gemacht werden.

I. Die PKH-Wirkungen

Ausgangsfall 1

Prämissen: **Beispiel 1**

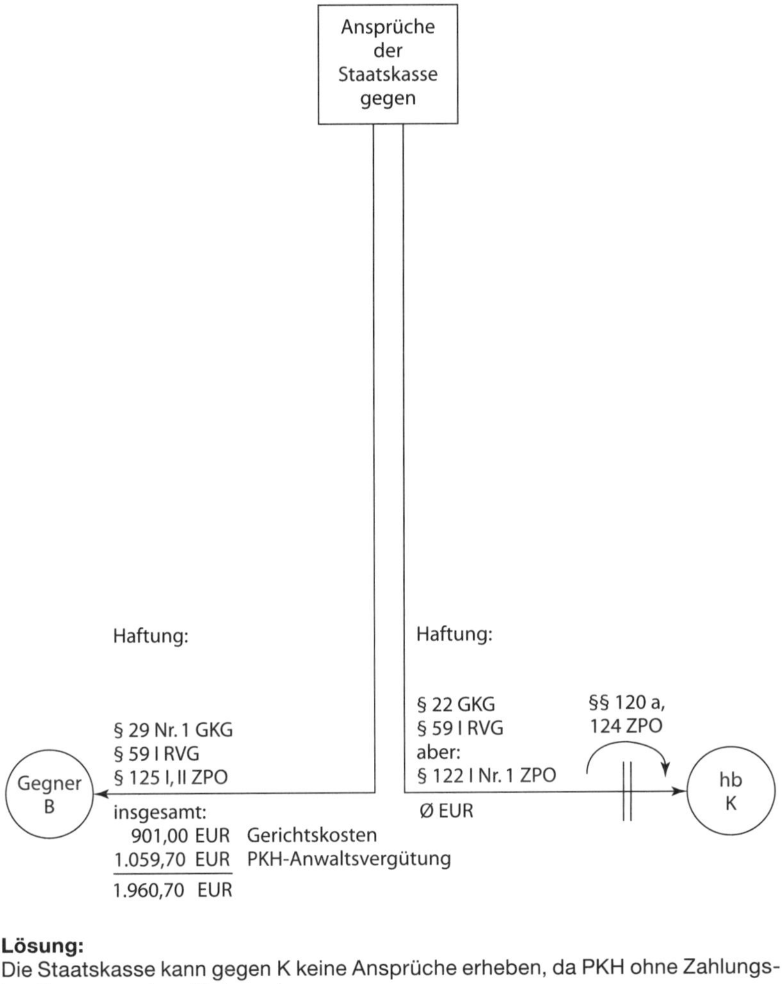

> Ansprüche
> der
> Staatskasse
> gegen

Haftung: Haftung:

§ 22 GKG   §§ 120 a,
§ 29 Nr. 1 GKG   § 59 I RVG   124 ZPO
§ 59 I RVG   aber:
Gegner ◄── § 125 I, II ZPO   § 122 I Nr. 1 ZPO   **hb**
B   insgesamt: Ø EUR   **K**
901,00 EUR Gerichtskosten
1.059,70 EUR PKH-Anwaltsvergütung
1.960,70 EUR

Lösung:
Die Staatskasse kann gegen K keine Ansprüche erheben, da PKH ohne Zahlungs-
bestimmungen bewilligt wurde.
Nur im Falle der Aufhebung der PKH oder einer für K nachteiligen Änderung der
Bewilligung kann dieser als Zweitschuldner – § 31 Abs. 2 S. 1 GKG – herangezo-
gen werden (§§ 120a, 124 ZPO). Da B voll unterlegen ist, haftet er für sämtliche
Gerichtskosten und auch für die PKH-Anwaltsvergütung des RA X. Der Kosten-
erstattungsanspruch gegen den ersatzpflichtigen B ist kraft Gesetzes auf die
Staatskasse übergegangen (§ 59 Abs. 1 S. 1 RVG i.V.m. §§ 91, 126 Abs. 1 ZPO). Die
Kosten werden nach Rechtskraft des Urteils mit Kostenrechnung von B eingezogen
(§§ 122 Abs. 2, 125 Abs. 1, Abs. 2 ZPO, § 59 Abs. 2 S. 1 RVG).

Teil G. Übungsfälle

Ausgangsfall 1

Prämissen:
– Kläger K:
– Beklagter B:
– Kostenentscheidung:

Beispiel 2
PKH ohne Zahlungsbestimmungen
RA X wurde beigeordnet
Keine PKH
K trägt die gesamten Kosten

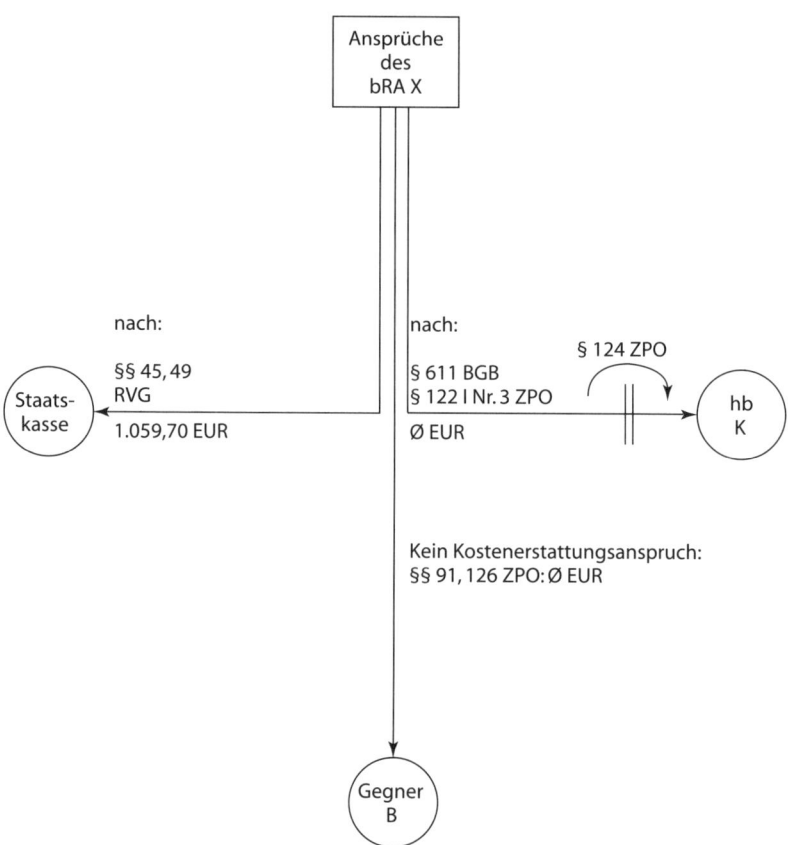

Lösung:
Der beigeordnete Rechtsanwalt erhält aus der Staatskasse 1.059,70 EUR und fällt mit 841,92 EUR aus. Da seine Partei voll unterlegen ist, besteht auch kein Kostenerstattungsanspruch (§§ 91, 126 ZPO) gegen den Prozessgegner.
K kann nur bei PKH-Aufhebung oder im Falle einer für ihn nachteiligen Änderung der Bewilligung beansprucht werden (§§ 120 a, 124 ZPO, §§ 611, 675 BGB.)

Ausgangsfall 1

Prämissen: **Beispiel 2**

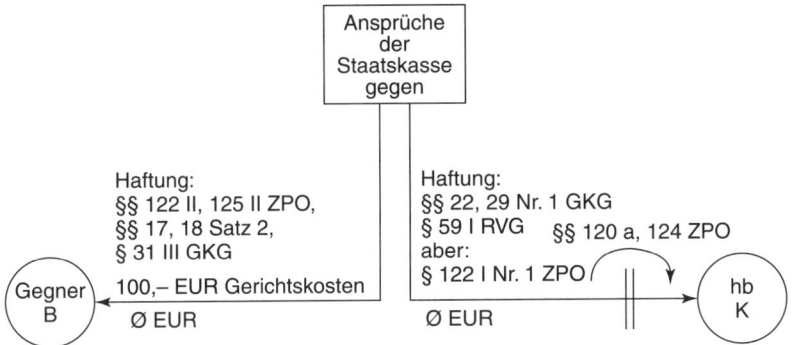

Lösung:

a) Die Staatskasse kann gegen K keine Ansprüche erheben, da PKH ohne Zahlungsbestimmungen bewilligt wurde.
Nur im Falle der PKH-Aufhebung oder einer für K nachteiligen Änderung der Bewilligung könnte er herangezogen werden (§§ 120 a, 124 ZPO.)

b) Aber auch vom obsiegenden B kann nichts eingezogen werden: die vorläufige Befreiung des B nach § 122 Abs. 2 ZPO ist zur endgültigen „angewachsen", § 125 Abs. 2 ZPO. Seine Antragshaftung nach §§ 17, 18 GKG für die Zeugenentschädigung (100,00 EUR) darf zudem auch wegen § 31 Abs. 3 S. 1 GKG nicht geltend gemacht werden.

c) Kostenerstattung:

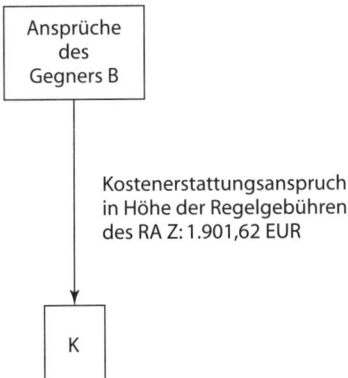

Kostenerstattungsanspruch
in Höhe der Regelgebühren
des RA Z: 1.901,62 EUR

Da K voll unterlegen ist, schützt ihn die PKH nicht vor der Kostenerstattung. B kann daher von K die Erstattung der Vergütung des RA Z in Höhe von 1.901,62 EUR verlangen (§§ 91 Abs. 1, Abs. 2 S. 1, 123 ZPO). Die Kostenfestsetzung erfolgt im Verfahren nach §§ 103 ff. ZPO.

Teil G. Übungsfälle

Ausgangsfall 1

Prämissen:
– Kläger K:
– Beklagter B:
– Kostenentscheidung:

Beispiel 3
PKH ohne Zahlungsbestimmungen
RA X wurde beigeordnet
Keine PKH
K trägt 1/10
B trägt 9/10

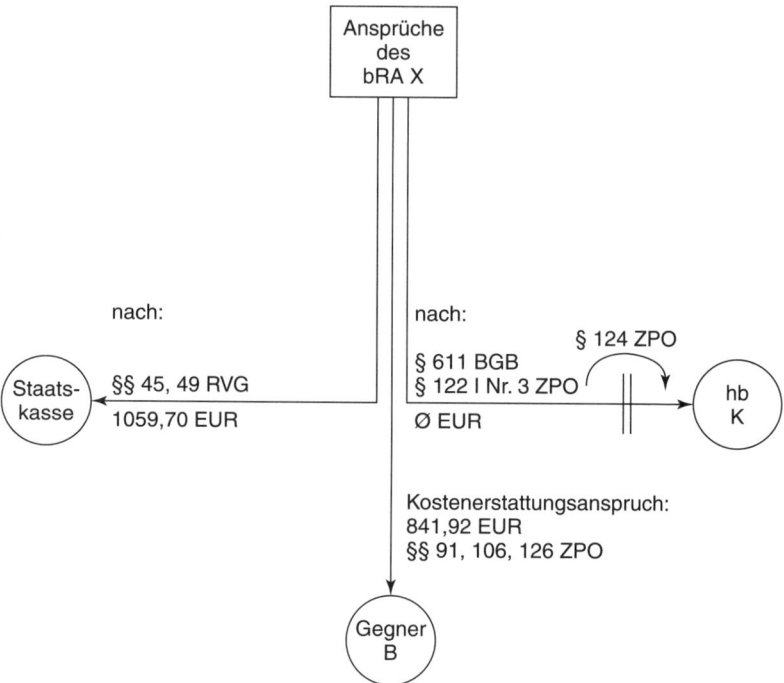

Lösung:

a) Der beigeordnete Rechtsanwalt erhält aus der Staatskasse 1.059,70 EUR und kann bis zu den Regelgebühren (§ 13 RVG) an 1. Rangstelle den Kostenerstattungsanspruch gegen den – mit der höheren Quote unterlegenen – Gegner B beanspruchen; insgesamt erreicht er dann mit 1.901,62 EUR die Wahlanwaltsvergütung. Den Vergütungsanspruch gegen seine Partei (§§ 611, 675 BGB) sperrt § 122 Abs. 1 Nr. 3 ZPO, dieser kann nur im Falle der Aufhebung der PKH geltend gemacht werden, (§ 124 ZPO).

b) Die Berechnung des Kostenerstattungsanspruchs gegen B (§§ 91, 126 ZPO) erfolgt im Wege des Kostenausgleichs – und zwar ohne Rücksicht auf die bewilligte PKH – wie folgt:

102

I. Die PKH-Wirkungen

Kostenausgleichung (§ 106 Abs. 1 ZPO):

aa) Wahlanwaltsvergütung des K (RA X):		1.901,62 EUR
bb) Wahlanwaltsvergütung des B (RA Z):		1.901,62 EUR
		3.803,24 EUR
hiervon trägt K 1/10		380,32 EUR
eigene Kosten des K	./.	1.901,62 EUR
Erstattungsanspruch des K gegen B		1.521,30 EUR
cc) Aufteilung des Erstattungsanspruchs		
(§§ 91, 126 ZPO, § 59 Abs. 1 RVG):		
Es erhält davon an		
– 1. Rangstelle der bRA X		841,92 EUR
– 2. Rangstelle die Staatskasse		679,38 EUR
		1.521,30 EUR

Hinweis:

Im Kostenfestsetzungsbeschluss – §§ 103, 106 ZPO – sind auf den Namen des RA X 841,92 EUR festzusetzen; die Staatskasse macht den auf sie übergegangenen Anspruch (679,38 EUR) mit Kostenrechnung – Sollstellung – geltend, § 59 Abs. 2 S. 1 RVG.

Teil G. Übungsfälle

Ausgangsfall 1

Prämissen: **Beispiel 3**

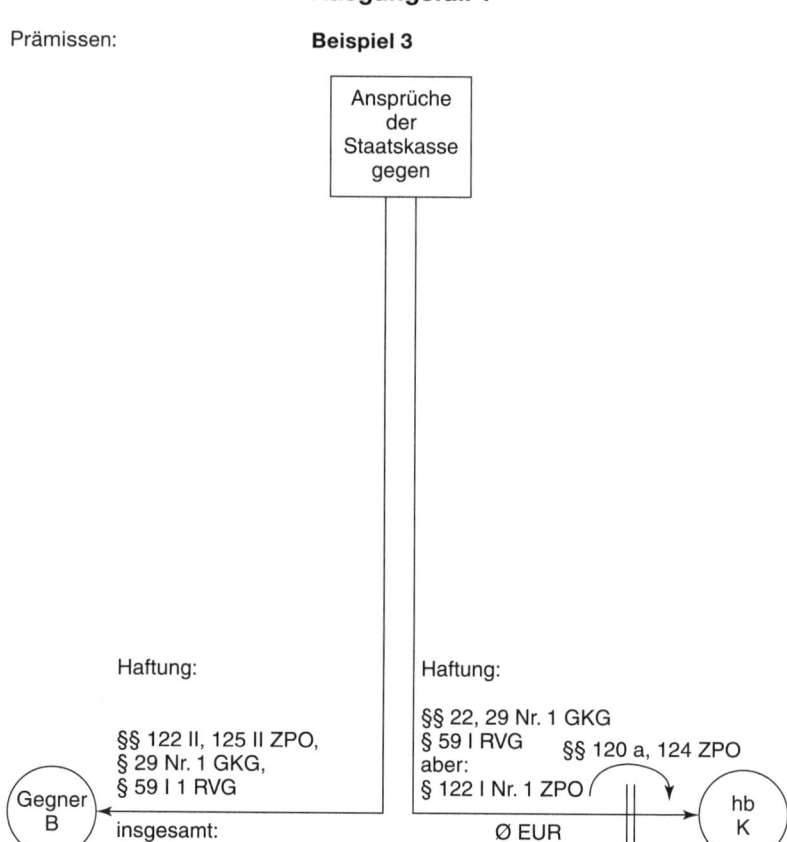

Lösung:

a) Die Staatskasse kann gegen K keine Ansprüche erheben, da PKH ohne Zahlungsbestimmungen bewilligt wurde.
   Nur im Fall der PKH-Aufhebung oder einer für K nachteiligen Änderung der Bewilligung darf er herangezogen werden (§§ 120 a, 124 ZPO); und zwar zunächst als Erstschuldner wegen: 90,10 EUR Gerichtskosten (= 1/10) und 380,32 EUR restlicher PKH-Anwaltsvergütung (§ 29 Nr. 1 GKG, § 59 Abs. 1 S. 1 Fall 1, Abs. 2 RVG). Sollte B allerdings zahlungsunfähig sein, dann darf K in diesem Fall als Zweitschuldner auch mit dessen Anteil beansprucht werden (§§ 22, 31 Abs. 2 S. 1 GKG, § 59 Abs. 1, Abs. 2 RVG.)

b) Gegner B haftet im Umfang seiner Verurteilung (9/10) für die Gerichtskosten als Erstschuldner (§§ 29 Nr. 1, 31 Abs. 2 S. 1 GKG, §§ 122 Abs. 2, 125 Abs. 2 ZPO). Weiter ist auf die Staatskasse der Kostenerstattungsanspruch des K gegen B mit 679,38 EUR – s.o. Kostenausgleich – übergegangen. Dieser wird mit Kostenrechnung geltend gemacht (§ 59 Abs. 1 Fall 2, Abs. 2 RVG).

Ausgangsfall 1

Prämissen:	**Beispiel 4**
– Kläger K:	*PKH ohne Zahlungsbestimmungen*
	RA X wurde beigeordnet
– Beklagter B:	*Keine PKH*
– Kostenentscheidung:	*K trägt 9/10*
	B trägt 1/10

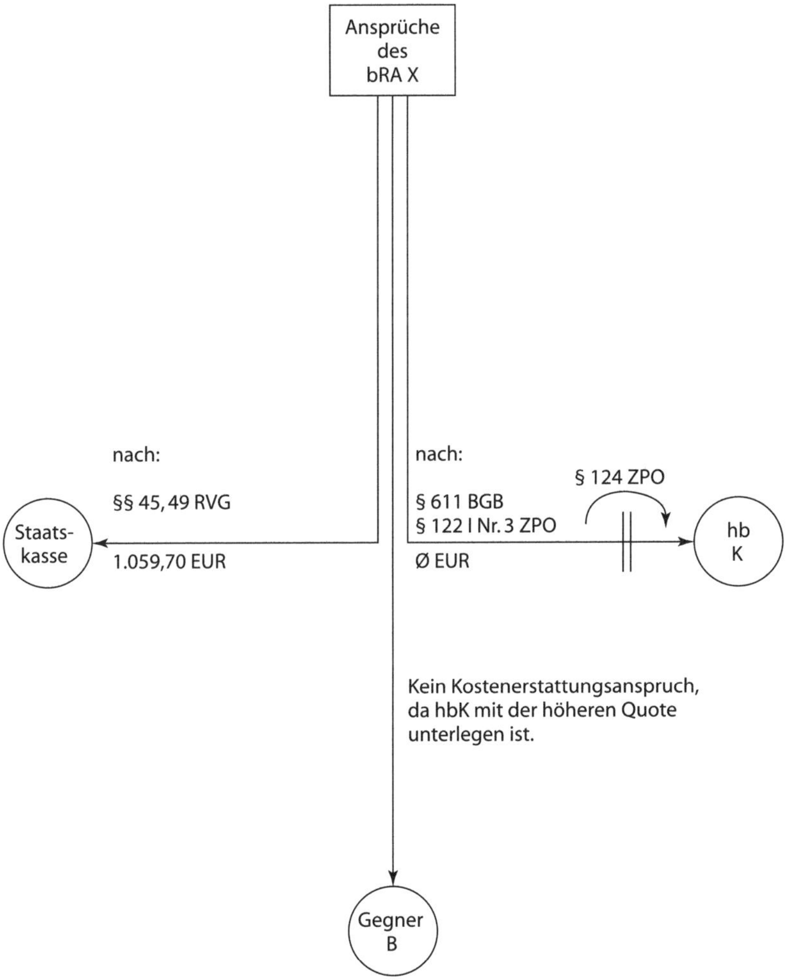

Ansprüche
des
bRA X

nach:

§§ 45, 49 RVG

Staats-
kasse   1.059,70 EUR

nach:

§ 124 ZPO

§ 611 BGB
§ 122 I Nr. 3 ZPO

Ø EUR

hb
K

Kein Kostenerstattungsanspruch,
da hbK mit der höheren Quote
unterlegen ist.

Gegner
B

Lösung:
Der beigeordnete Rechtsanwalt erhält aus der Staatskasse 1.059,70 EUR und
fällt mit 841,92 EUR aus. Ein Kostenerstattungsanspruch gegen B besteht nicht.
Per Saldo ergibt sich nämlich kein Überschuss für K, da er mit der höheren Quote
unterlegen ist.

Teil G. *Übungsfälle*

Ausgangsfall 1

Prämissen: **Beispiel 4**

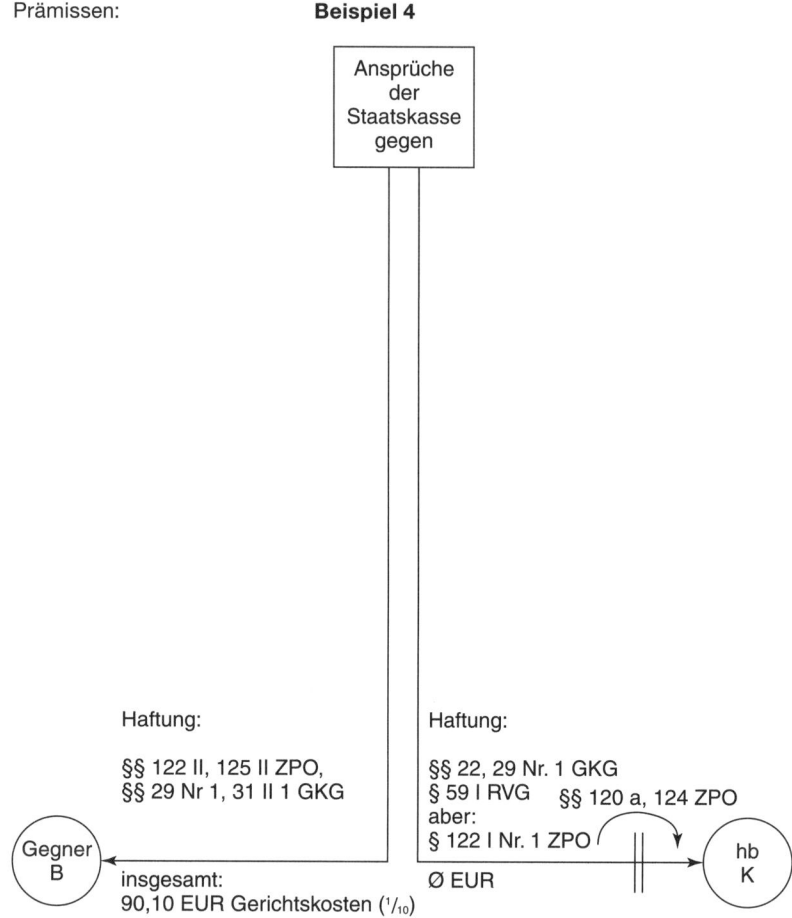

Haftung:

§§ 122 II, 125 II ZPO,
§§ 29 Nr 1, 31 II 1 GKG

Haftung:

§§ 22, 29 Nr. 1 GKG
§ 59 I RVG   §§ 120 a, 124 ZPO
aber:
§ 122 I Nr. 1 ZPO

insgesamt: Ø EUR
90,10 EUR Gerichtskosten ($^1/_{10}$)

Lösung:

a) Die Staatskasse kann gegen K keine Ansprüche erheben, da PKH ohne Zahlungsbestimmungen bewilligt wurde (§ 122 Abs. 1 Nr. 1 ZPO).
Nur im Fall der Aufhebung der PKH oder einer für K nachteiligen Änderung der
Bewilligung kann er herangezogen werden (§§ 120 a, 124 ZPO); und zwar wegen:
810,90 EUR Gerichtskosten (= 9/10) und 1.059,70 EUR PKH-Anwaltsvergütung
(§§ 29 Nr. 1 GKG, 59 Abs. 1 S. 1 Fall 1 RVG.)

b) Gegner B kann wegen der Gerichtkosten lediglich im Umfang seiner Quote
(= 1/10) als Erstschuldner beansprucht werden (§§ 29 Nr. 1, 31 Abs. 2 S. 1 GKG).
Zwar haftet er nach §§ 17, 18 GKG als Zweitschuldner für die Zeugenauslagen in
Höhe von 100,00 EUR, aber: § 31 Abs. 3 S. 1 GKG lässt einen Zugriff der Staats-
kasse über 90,10 EUR hinaus, die Entscheidungsschuldnerhaftung, nicht zu.
Ein Kostenerstattungsanspruch gegen B (§§ 91, 126 Abs. 1 ZPO § 59 Abs. 1 Fall 2
RVG) ist auf die Staatskasse nicht übergegangen; (vgl. nachfolgend c).

106

c) Kostenerstattung:

Ansprüche
des
Gegners B
gegen

Kostenerstattungsanspruch:
1521,30 EUR

hb K

Da K mit der höheren Quote unterlegen und per Saldo dadurch erstattungspflichtig ist, kann B ihn in Anspruch nehmen (§§ 91, 106, 123 ZPO). Die Berechnung des Erstattungsbetrags erfolgt im Wege des Kostenausgleichs wie folgt:

Kostenausgleichung (§ 106 Abs. 1 ZPO):

aa) Wahlanwaltsvergütung des K (RA X):	1.901,62 EUR
bb) Wahlanwaltsvergütung des B (RA Z):	<u>1901,62 EUR</u>
	3.803,24 EUR
hiervon trägt B 1/10	380,32 EUR
eigene Kosten des B	./. <u>1.901,62 EUR</u>
Erstattungsanspruch des B gegen K	<u>1.521,30 EUR</u>

Teil G. Übungsfälle

Ausgangsfall 1

Prämissen:
– Kläger K:
– Beklagter B:

– Kostenentscheidung:

Beispiel 5
Keine PKH
PKH ohne Zahlungsbestimmungen
RA Z wurde beigeordnet
B trägt die gesamten Kosten

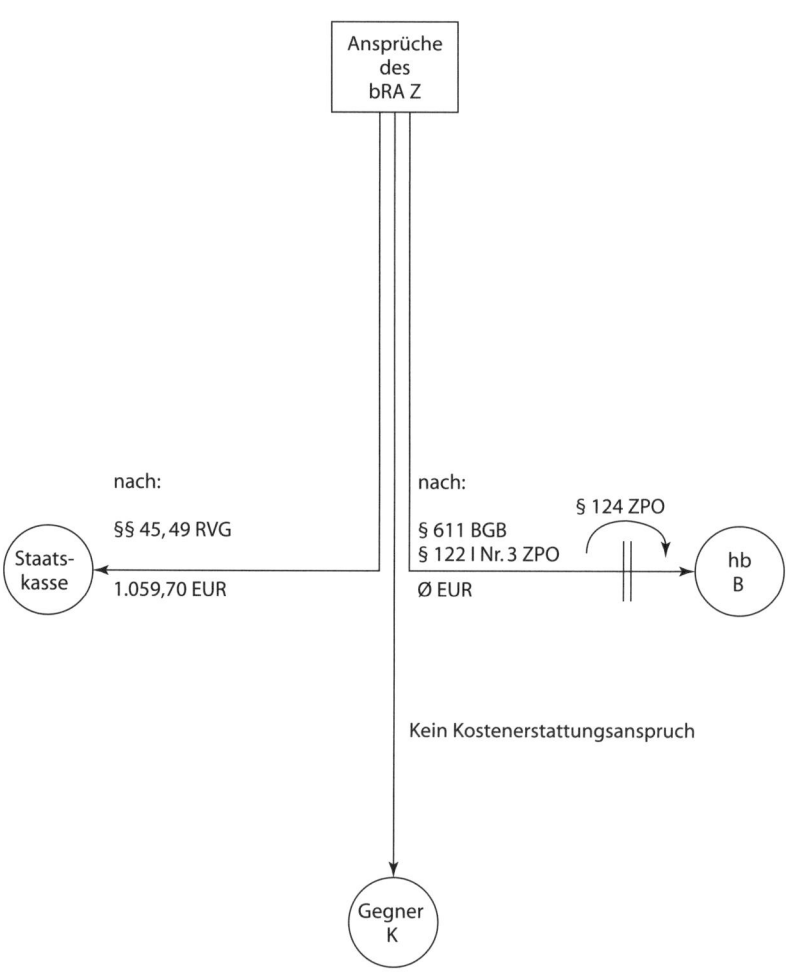

Lösung:
Der beigeordnete Rechtsanwalt Z erhält aus der Staatskasse 1.059,70 EUR und fällt mit 841,92 EUR aus. Da seine Partei voll unterlegen ist, existiert auch kein Kostenerstattungsanspruch gegen den Prozessgegner K (§§ 91, 126 ZPO). B selbst kann er nur beanspruchen, wenn die PKH-Bewilligung aufgehoben wird (§ 124 ZPO, §§ 611, 675 BGB.)

Ausgangsfall 1

Prämissen: **Beispiel 5**

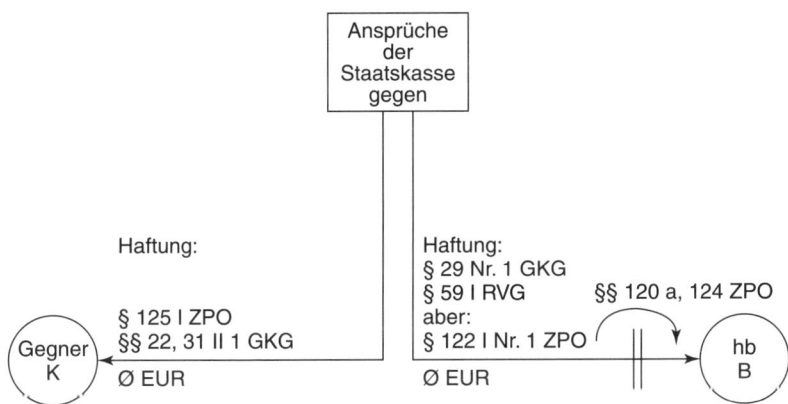

Ansprüche
der
Staatskasse
gegen

Haftung: Haftung:
                             § 29 Nr. 1 GKG
                             § 59 I RVG   §§ 120 a, 124 ZPO
§ 125 I ZPO   aber:
Gegner §§ 22, 31 II 1 GKG   § 122 I Nr. 1 ZPO   hb
K   Ø EUR   Ø EUR   B

Lösung:
a) Gegen B hat die Staatskasse keinerlei Ansprüche, da PKH ohne Zahlungsbestimmungen bewilligt wurde, §§ 120 Abs. 1, 122 Abs. 1 S. 1 ZPO.
   Nur im Falle der Aufhebung der PKH oder einer für B nachteiligen Änderung
   der Bewilligung könnte er herangezogen werden (§§ 120 a, 124 ZPO); und zwar
   wegen: 901,00 EUR Gerichtskosten und 1.059,70 EUR PKH-Anwaltsvergütung
   (§ 29 Nr. 1 GKG, § 59 Abs. 1 S. 1 Fall 1 RVG).
b) Prozessgegner K kann von der Staatskasse ebenfalls nicht beansprucht werden. Zwar haftet K als Antragsteller nach §§ 22, 31 Abs. 2 1 GKG für sämtliche
   Gerichtskosten als Zweitschuldner, aber: § 31 Abs. 3 S. 1 GKG sperrt, wegen
   §§ 91, 123 ZPO, die Inanspruchnahme.
   (Hinweis: Sollte K die Gebühr für das Verfahren im Allgemeinen in Höhe von
   801,00 EUR vorschussweise entrichtet haben – vgl. § 12 Abs. 1 S. 1 GKG – ist
   sie ihm aus der Staatskasse zurückzuerstatten (§ 31 Abs. 3 S. 1 Hs. 2 GKG).
c) Kostenerstattung:
   Die bewilligte PKH schützt B nicht vor der Kostenerstattung, § 123 ZPO!

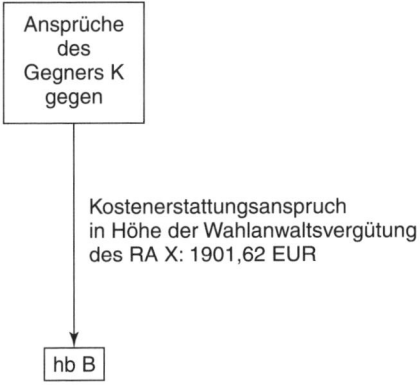

Ansprüche
des
Gegners K
gegen

Kostenerstattungsanspruch
in Höhe der Wahlanwaltsvergütung
des RA X: 1901,62 EUR

hb B

Ausgangsfall 1

Prämissen: **Beispiel 6**
– Kläger K: *Keine PKH*
– Beklagter B: *PKH ohne Zahlungsbestimmungen*
                                    RA Z wurde beigeordnet
– Kostenentscheidung: *K trägt die gesamten Kosten*

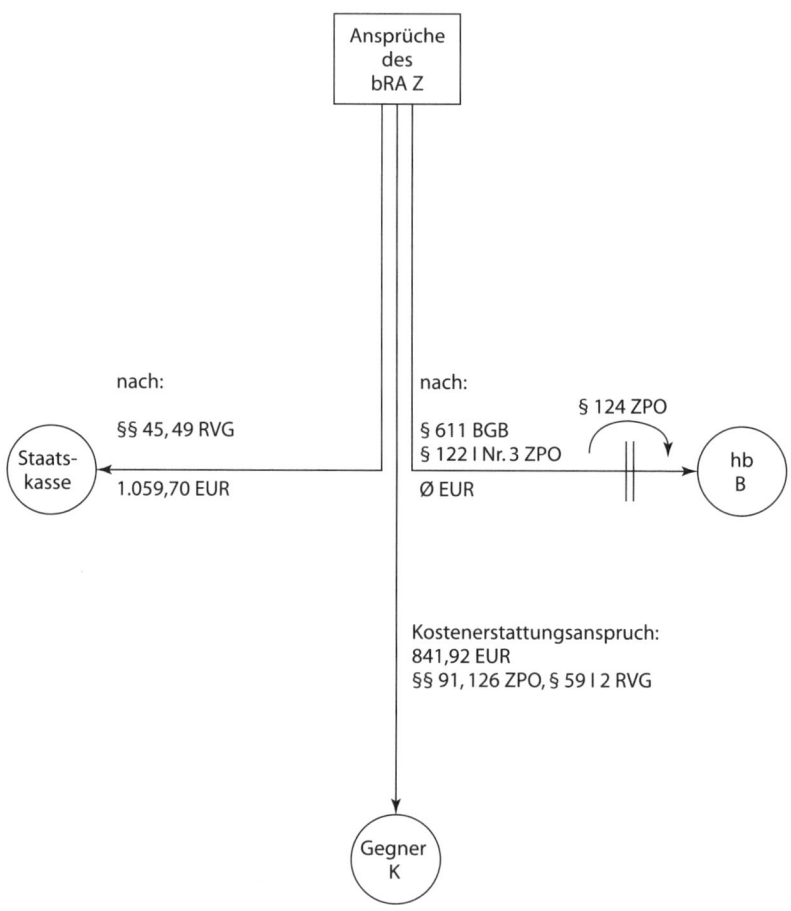

Lösung:
Der beigeordnete Rechtsanwalt erhält aus der Staatskasse 1.059,70 EUR und kann bis zu den Regelgebühren (§ 13 RVG) an 1. Rangstelle den Kostenerstattungsanspruch gegen K beanspruchen (§ 59 Abs. 1 2 RVG). Insgesamt erreicht er dann mit 1.901,62 EUR die Wahlanwaltsvergütung.
Den Vergütungsanspruch (§§ 611, 675 BGB) gegen seine Partei sperrt § 122 Abs. 1 Nr. 3 ZPO; dieser kann nur im Falle der Aufhebung der PKH geltend gemacht werden (§ 124 ZPO).

Ausgangsfall 1

Prämissen: **Beispiel 6**

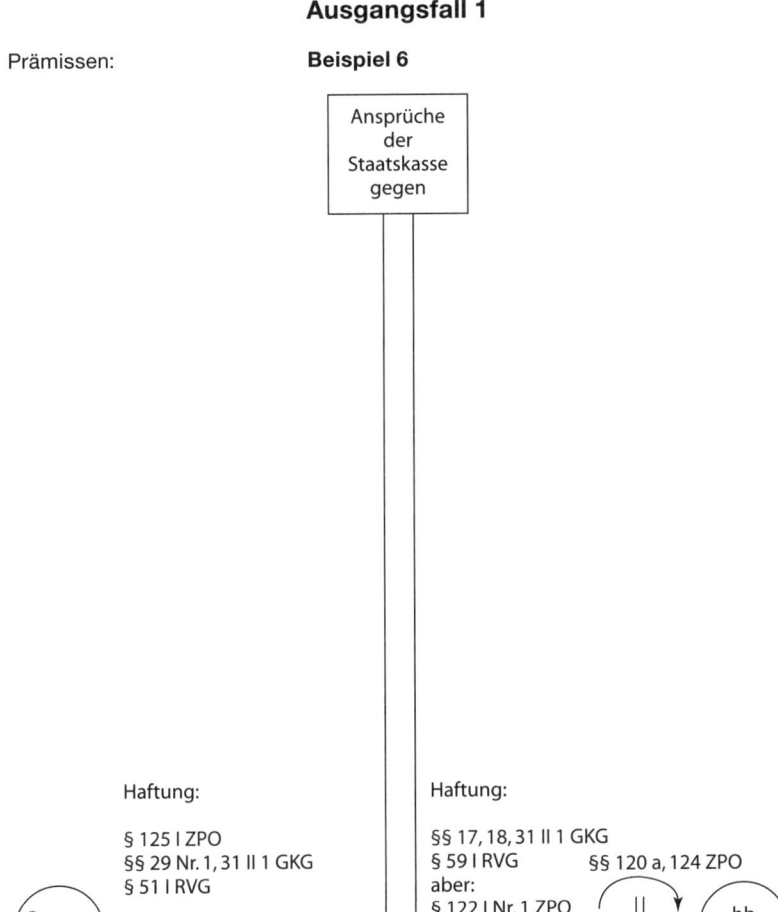

Lösung:

a) B bleibt unbeansprucht, da ihm PKH ohne Zahlungsanordnung bewilligt wurde (§§ 120 Abs. 1, 122 Abs. 1 Nr. 1 ZPO).
Nur im Fall der Aufhebung der PKH oder einer für B nachteiligen Änderung der Bewilligung, kann er als **Zweitschuldner** herangezogen werden (§§ 120a, 124 ZPO); und zwar wegen: 100,00 EUR Zeugenentschädigung (§§ 17, 18 S. 2, 31 Abs. 2 S. 1 GKG), sowie 1.059,70 EUR PKH-Anwaltsvergütung (§ 59 Abs. 1 S. 1 Fall 1 RVG)

b) Vom unterlegenen Prozessgegner K kann die Staatskasse als Erstschuldner nach Rechtskraft sämtliche Gerichtskosten und dazu an 2. Rangstelle den übergegangenen Kostenerstattungsanspruch geltend machen (§ 125 Abs. 1 ZPO, §§ 29 Nr. 1, 31 Abs. 2 S. 1, GKG, § 59 Abs. 1 S. 1 Fall 2 RVG).

Ausgangsfall 1

Prämissen:
– Kläger K:

– Beklagter B:

– Kostenentscheidung:

Beispiel 7
PKH ohne Zahlungsbestimmungen
RA X wurde beigeordnet
PKH ohne Zahlungsbestimmungen
RA Z wurde beigeordnet
K trägt die gesamten Kosten

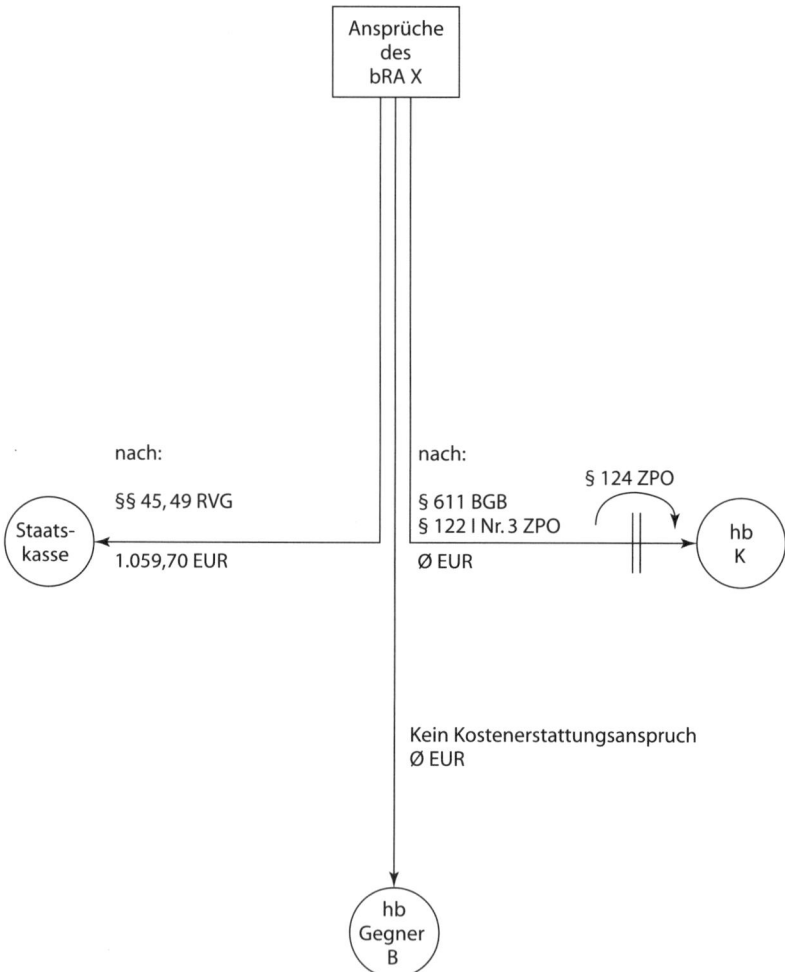

Lösung:
Der beigeordnete RA X erhält aus der Staatskasse 1.059,70 EUR und fällt mit 841,92 EUR aus. Da die eigene Partei voll unterlegen ist, besteht kein Kostenerstattungsanspruch gegen den Prozessgegner B.

I. Die PKH-Wirkungen

Ausgangsfall 1

Prämissen: **Beispiel 7**

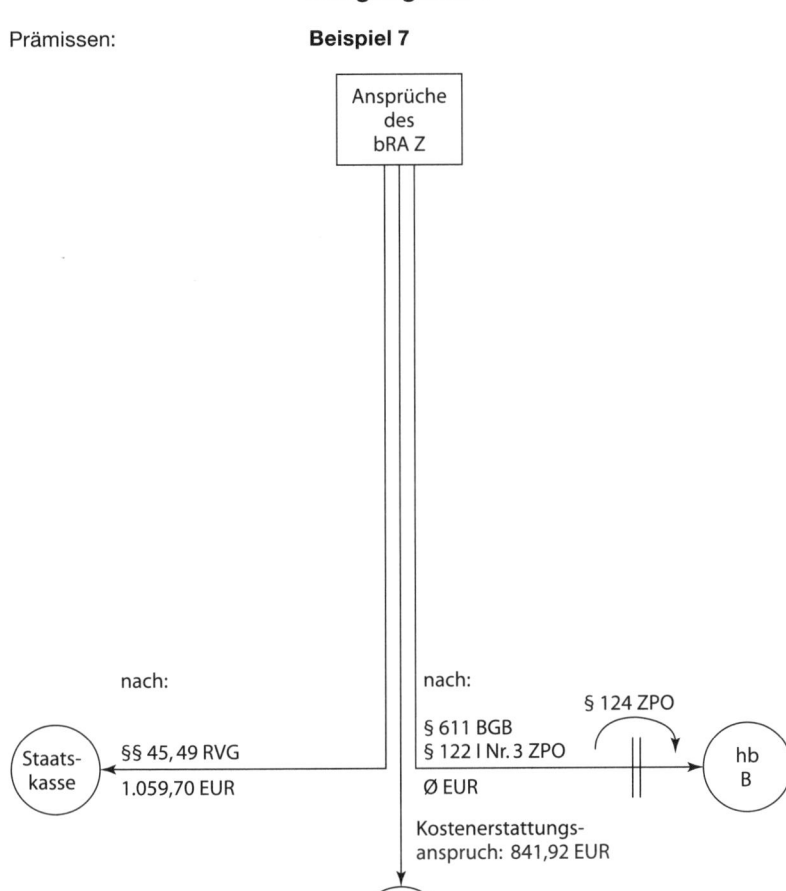

Lösung:
Der beigeordnete RA Z erhält aus der Staatskasse 1.059,70 EUR und kann bis zu den Regelgebühren (§ 13 RVG) den Kostenerstattungsanspruch gegen den Prozessgegner K geltend machen (§§ 91, 123, 126 ZPO). Er erreicht mit 1.901,62 EUR die Wahlanwaltsvergütung.

Ausgangsfall 1

Prämissen: **Beispiel 7**

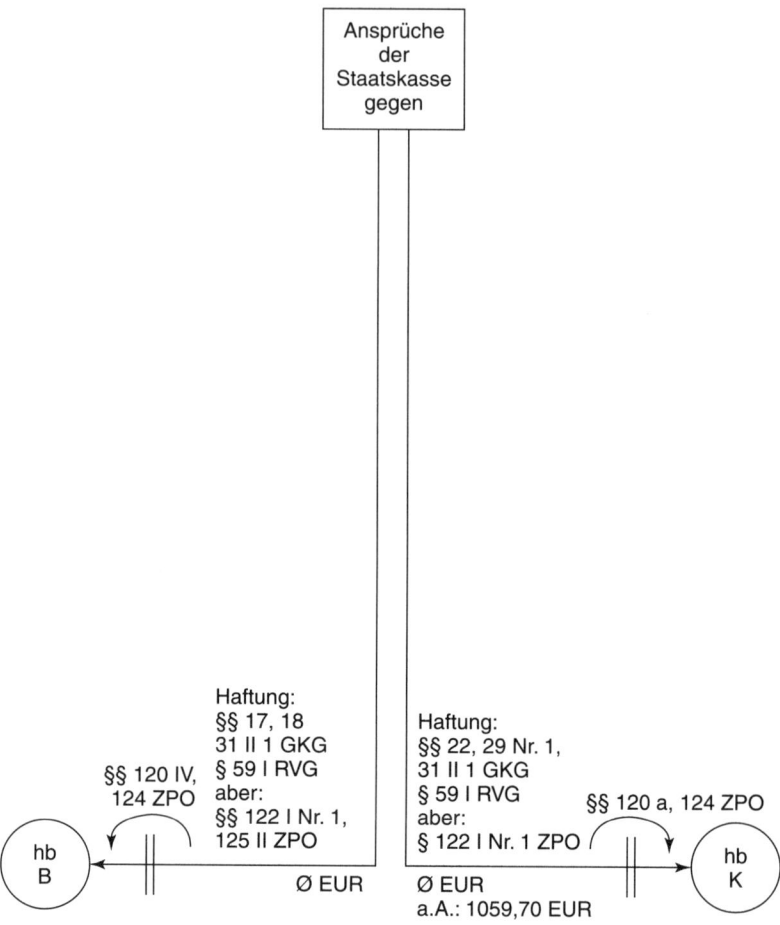

```
                    Ansprüche
                       der
                   Staatskasse
                      gegen
```

Haftung:
§§ 17, 18
31 II 1 GKG
§§ 120 IV, § 59 I RVG
124 ZPO   aber:
§§ 122 I Nr. 1,
125 II ZPO

hb B

Ø EUR

Haftung:
§§ 22, 29 Nr. 1,
31 II 1 GKG
§ 59 I RVG
aber:
§ 122 I Nr. 1 ZPO

Ø EUR
a.A.: 1059,70 EUR

§§ 120 a, 124 ZPO

hb K

Lösung: (2 Meinungen werden vertreten)
a) Weder gegen den hilfebedürftigen K noch gegen den hilfebedürftigen B kann die Staatskasse Ansprüche erheben, da die PKH jeweils ohne Zahlungsbestimmungen bewilligt wurde (§§ 120 Abs. 1, 122 Abs. 1 Nr. 1 ZPO).[231]
b) Nach anderer Ansicht[232] kann der nach § 59 Abs. 1 S. 1 **Fall 2** (!) RVG übergegangene Erstattungsanspruch (§§ 91, 126 ZPO) in Höhe von 1.059,70 EUR gegen K doch geltend gemacht werden. Arg.: § 122 Abs. 1 Nr. 1 b ZPO sperrt seinem Wortlaut nach die Inanspruchnahme der PKH-Partei durch die Staatskasse nicht.

---

[231] Karlsruhe Büro 1999, 370.
[232] Düsseldorf Rpfleger 1986, 184, Nürnberg NJW-RR 2002, 863.

Ausgangsfall 1

Prämissen: **Beispiel 8**
– Kläger K: *PKH mit Zahlungsbestimmungen;*
Monatsrate 60,00 EUR; nach Abschluss des
Rechtsstreits sind 600,00 EUR gezahlt;
RA X wurde beigeordnet
– Beklagter B: *Keine PKH*
– Kostenentscheidung: *K trägt die gesamten Kosten*

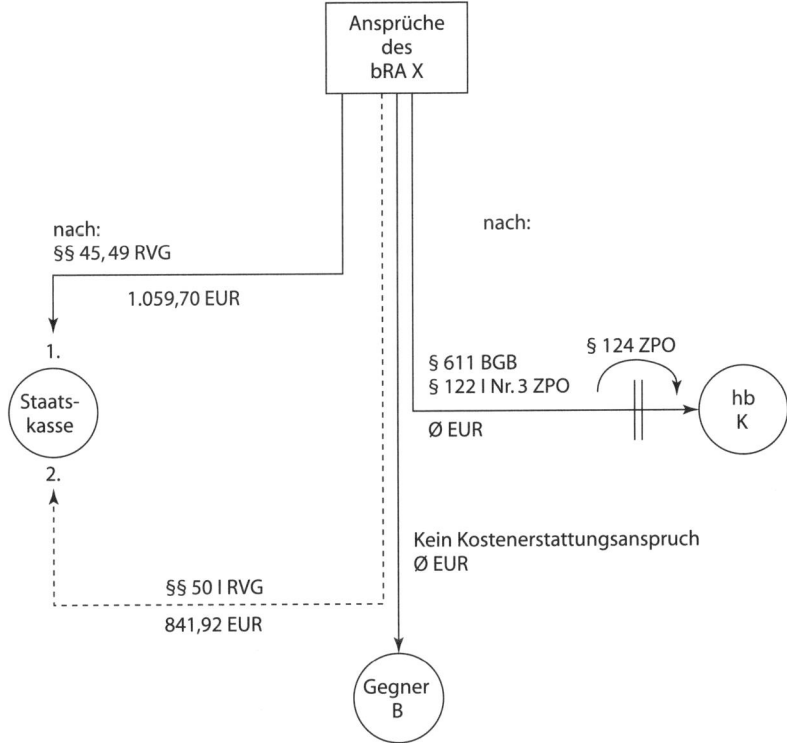

Lösung:
Der beigeordnete Rechtsanwalt erhält aus der Staatskasse zunächst als **Erst**vergütung 1.059,70 EUR, (§§ 45, 49 RVG). Da Ratenzahlungen festgesetzt wurden (§§ 115 Abs. 2, 120 Abs. 1 ZPO), kann er nach § 50 Abs. 1 RVG eine **weitere Vergütung** – bis zur Höhe der Regelvergütung eines Wahlanwalts – in Höhe von 841,92 EUR erhalten. Voraussetzung: Sämtliche der in § 122 Abs. 1 Nr. 1 ZPO bezeichneten Kosten und Ansprüche der Staatskasse müssen gedeckt sein (§ 50 Abs. 1 RVG). Das ist auch der Fall, da die PKH-Partei eine (abstrakte) Zahlungspflicht in Höhe von 2.880,00 EUR trifft (= 48 Monatsraten; § 115 Abs. 2 S. 4 ZPO). Festgesetzt wird die weitere Vergütung auf Antrag und nach Rechtskraft der Entscheidung (§§ 50 Abs. 1 S. 2, 55 Abs. 1 RVG). Der Urkundsbeamte der Geschäftsstelle kann den Anwalt zur Antragstellung auffordern (§ 55 Abs. 6 RVG). Ggf. ist die Wiederaufnahme der Ratenzahlungen anzuordnen (§ 50 Abs. 1 S. 1 RVG, § 120 Abs. 3 ZPO).

Ausgangsfall 1

Prämissen: **Beispiel 8**

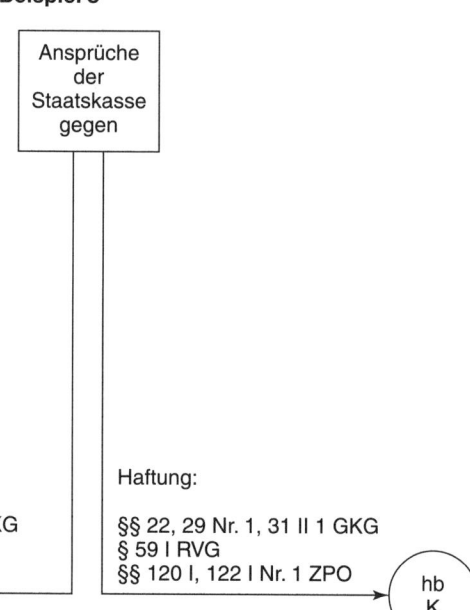

Haftung:

§§ 17, 18, 31 II 1 GKG
aber:
§ 31 III 1 GKG
Ø EUR

Gegner B

Haftung:

§§ 22, 29 Nr. 1, 31 II 1 GKG
§ 59 I RVG
§§ 120 I, 122 I Nr. 1 ZPO

hb K

a) abstrakte Zahlungspflicht des **K**
   48 x 60 EUR = 2.880,00 EUR
b) konkrete Zahlungspflicht

– Gerichtskosten	901,00 EUR
– PKH-Anwaltsvergütung X (Erstvergütung)	1.059,70 EUR
– weitere Vergütung RA X	841,92 EUR
Summe	2.802,62 EUR
./. Raten des K	600,00 EUR
Restschuld	2.202,62 EUR

Lösung:

a) Die Staatskasse kann gegen K die gesamten Gerichtskosten (901,00 EUR) und die PKH-Anwaltsvergütung (1.059,70 EUR) geltend machen. Darüber hinaus besteht für K solange eine (Raten-)Zahlungsverpflichtung bis auch die weitere Vergütung des beigeordneten Rechtsanwalts X mit 841,92 EUR gedeckt ist (vgl. § 50 Abs. 1 1 RVG: „... bis zur Höhe der Regelvergütung einzuziehen ...“). Insgesamt sind von K 2.802,62 EUR zu zahlen. Da noch eine Restschuld besteht, ist ggf. die Wiederaufnahme der Ratenzahlungen anzuordnen (§ 120 Abs. 3 ZPO).

b) B kann die Staatskasse nicht beanspruchen: So weit B nach §§ 17, 18 Satz 2, 31 Abs. 2 1 GKG als Antragsteller für die Zeugenentschädigung (100,00 EUR) als Zweitschuldner haftet, sperrt **§ 31 Abs. 3 1 GKG** den Anspruch im Hinblick auf §§ 91, 123 ZPO.

116

c) Kostenerstattung:

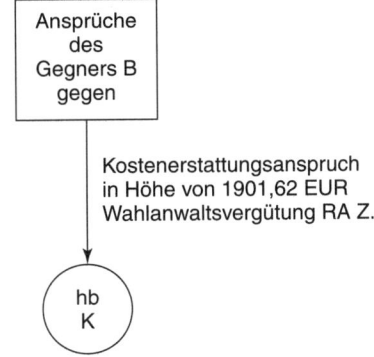

Ansprüche
des
Gegners B
gegen

Kostenerstattungsanspruch
in Höhe von 1901,62 EUR
Wahlanwaltsvergütung RA Z.

hb
K

Die bewilligte PKH schützt K nicht vor Kostenerstattungsansprüchen des (ob-siegenden) Gegners B §§ 91, 123 ZPO.

Teil G. Übungsfälle

Ausgangsfall 1

Prämissen:
– Kläger K:

– Beklagter B:
– Kostenentscheidung:

Beispiel 9
*PKH mit Zahlungsbestimmungen;
Monatsrate 60,00 EUR; nach Abschluss des
Rechtsstreits sind 600,00 EUR gezahlt;
RA X wurde beigeordnet
keine PKH
B trägt alle Kosten*

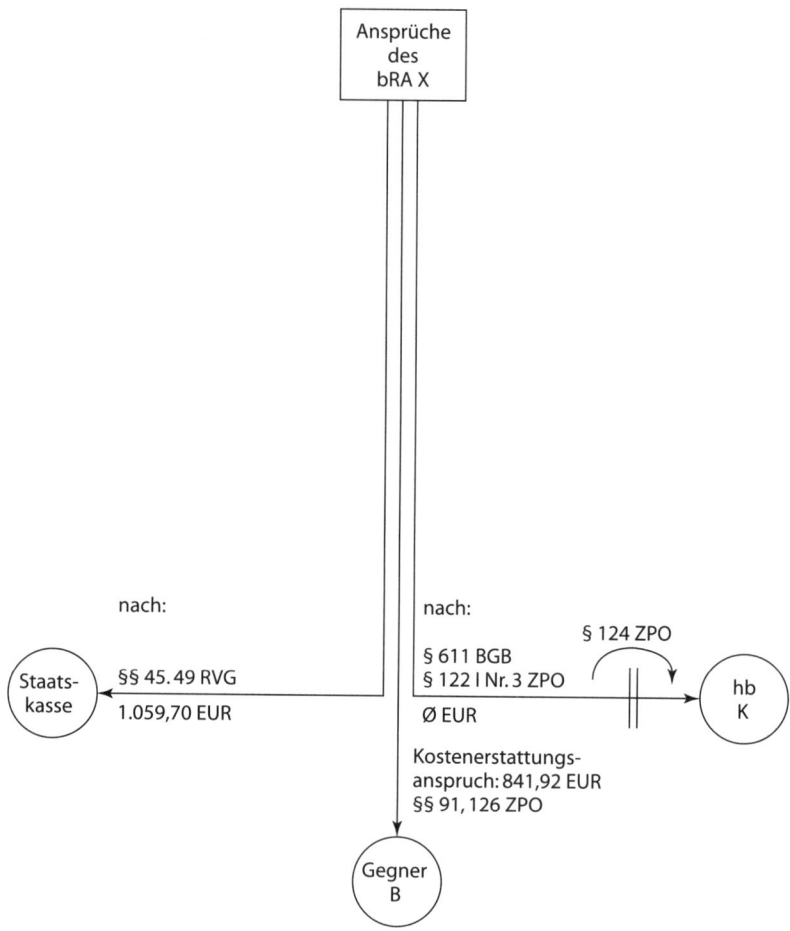

Ansprüche
des
bRA X

nach:

Staats-
kasse

§§ 45.49 RVG

1.059,70 EUR

nach:

§ 611 BGB
§ 122 I Nr. 3 ZPO

Ø EUR

§ 124 ZPO

hb
K

Kostenerstattungs-
anspruch: 841,92 EUR
§§ 91, 126 ZPO

Gegner
B

Lösung:
Aus der Staatskasse erhält der beigeordnete Rechtsanwalt 1.059,70 EUR. Zusätzlich kann er – an erster Rangstelle – den übergegangenen Kostenerstattungsanspruch gegen den unterlegenen B in Höhe von 841,92 EUR geltend machen (§§ 91, 126 ZPO, § 59 Abs. 1 S. 1 RVG). Dadurch erreicht er die Regelvergütung (§ 13 RVG).

118

Ausgangsfall 1

Prämissen: **Beispiel 9**

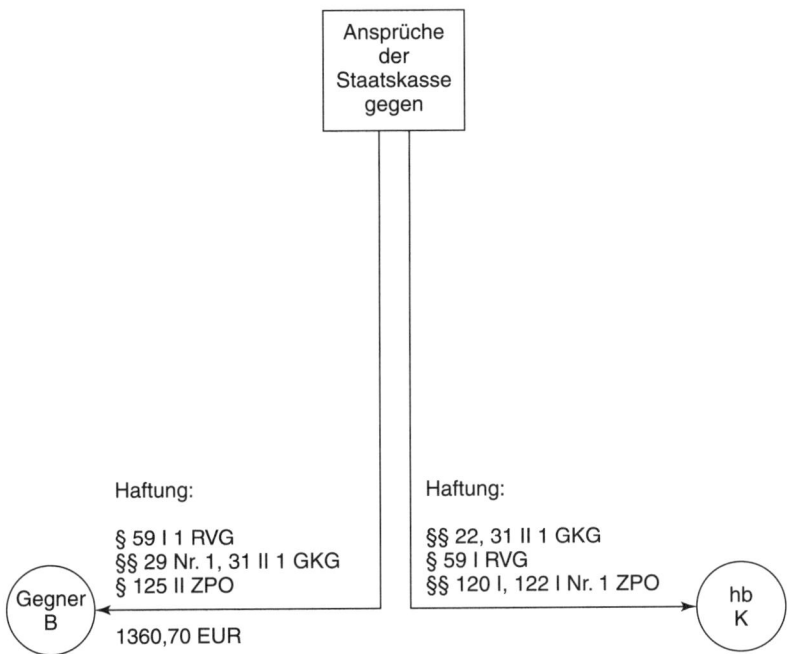

Ansprüche
der
Staatskasse
gegen

Haftung: Haftung:

§ 59 I 1 RVG   §§ 22, 31 II 1 GKG
§§ 29 Nr. 1, 31 II 1 GKG   § 59 I RVG
§ 125 II ZPO   §§ 120 I, 122 I Nr. 1 ZPO

Gegner
B   1360,70 EUR   hb
                                                                                    K

B haftet für: K haftet für:
a) – Gerichtskosten   901,00 EUR   a) abstrakte Zahlungspflicht des K
   – Übergangsanspruch   (§ 115 Abs. 2 S. 4 ZPO):
     (§ 59 Abs. 1 S. 1 RVG)   48 x 60 EUR = 2.880,00 EUR
                         1.059,70 EUR   b) konkrete Zahlungspflicht des K:
   Summe   1.960,70 EUR   1.360,70 EUR
b) . /. Zahlung des K   600,00 EUR   Aber: K haftet nach § 31 Abs. 2 S. 1
c) Restschuld   1.360,70 EUR   GKG, nur subsidiär als Zweitschuld-
   (Sollstellung)   ner, so dass die Ratenzahlungen
                                                    vorläufig einzustellen sind (§ 120
                                                    Abs. 3 Nr. 2 ZPO).

Lösung:
a) Die Staatskasse kann gegen B nach Rechtskraft die gesamten Gerichtskosten
   sowie den auf sie übergegangenen Erstattungsanspruch (§§ 91 Abs. 1, 126
   Abs. 1 ZPO) des K gegen B, insgesamt 1.960,70 EUR, geltend machen (§ 125
   Abs. 1 ZPO). Es ergibt sich eine Restschuld in Höhe von 1.360,70 EUR gegen B.
   Die Zahlungen des K konnten verrechnet werden, da er nach §§ 22, 31 Abs. 2 S. 1
   GKG, § 59 Abs. 1, Abs. 2 RVG für sämtliche Kosten als Zweitschuldner haftet.

b) Kostenerstattung:

```
┌──────────────┐
│  Ansprüche   │
│     der      │
│  Beteiligten │
│    gegen     │
└──────────────┘
```

aa) Zahlungspflicht des B insgesamt:
  – Gerichtskosten   901,00 EUR
  – Regelvergütung
     des RA X   1901,62 EUR
                       2802,62 EUR

bb) Verteilung:
  es entfallen davon auf:
  – die Gerichtskasse 1360,70 EUR
     (§ 54 Nr I GKG, § 59 I RVG)
  – den PKH-Amwalt X
     (§ 126 ZPO)   841,92 EUR
  – K persönlich   600,00 EUR
     (§ 91 ZPO)
  Summe: 2802,62 EUR

```
        ╭─────────╮
        │ Gegner  │
        │    B    │
        ╰─────────╯
```

Ausgangsfall 1

Prämissen:

– Kläger K:

– Beklagter B:
– Kostenentscheidung:

Beispiel 10

*PKH mit Zahlungsbestimmungen;
Monatsrate 60,00 EUR; nach Abschluss des
Rechtsstreits sind 600,00 EUR gezahlt;
RA X wurde beigeordnet*
keine PKH
K trägt 1/10
B trägt 9/10

```
                    ┌──────────┐
                    │ Ansprüche│
                    │   des    │
                    │  bRA X   │
                    └──────────┘


     nach:                    nach:
                                                   § 124 ZPO
                              § 611 BGB
 ╱Staats-╲  §§ 45, 49 RVG     § 122 I Nr. 3 ZPO        ╱ hb ╲
 ╲kasse  ╱  1059,70 EUR       Ø EUR                    ╲ K  ╱


                              Kostenerstattungsanspruch:
                              841,92 EUR
                              (berechnet im Wege des
                              Ausgleichs nach § 106 ZPO)


                              ╱Gegner╲
                              ╲  B   ╱
```

Lösung:

a) Der beigeordnete Rechtsanwalt erhält aus der Staatskasse zunächst 1.059,70 EUR. Zusätzlich kann er – an erster Rangstelle (§ 59 Abs. 1 S. 2 RVG) – den übergegangenen Kostenerstattungsanspruch gegen B in Höhe von 841,92 EUR beanspruchen und erreicht dadurch die Regelvergütung eines Wahlanwalts in Höhe von 1.901,62 EUR (§§ 91, 126 ZPO, § 13 RVG).

b) Berechnet wird der Kostenerstattungsanspruch im Wege des Kostenausgleichs nach § 106 Abs. 1 ZPO **(vgl. Beispiel 3).**

Teil G. Übungsfälle

Ausgangsfall 1

Prämissen: **Beispiel 10**

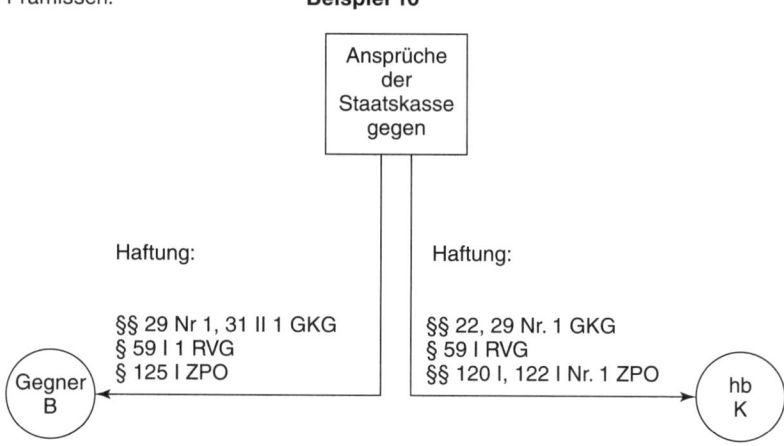

a) Kostenschuld des B:		a) abstrakte Zahlungspflicht des K:

a) Kostenschuld des B:
– Gerichtskosten (9/10) 810,90 EUR
– Übergangsanspruch
(§ 91 ZPO, § 59
Abs. 1 S. 1 Fall 2
RVG)   679,38 EUR
                      1.490,28 EUR
b) ./. Überschuss K   129,58 EUR
c) Restschuld des B   1.360,70 EUR
(Sollstellung)

a) abstrakte Zahlungspflicht des K:
48 x 60 EUR = 2.880 EUR
b) konkrete Zahlungspflicht des K:
– Gerichtskosten (1/10) 90,10 EUR
– restl. PKH-Anwalts-
vergütung (§ 59
Abs. 1 Fall 1 RVG)   380,32 EUR
– insgesamt: 470,42 EUR
– ./. Raten des K   600,00 EUR
– Überschuss   129,58 EUR

Die Ratenzahlungen des K sind vorläufig einzustellen (§ 120 Abs. 3 Nr. 2 ZPO).

Lösung:
a) Die Staatskasse kann von K insgesamt 470,42 EUR als **Erst**schuldner verlangen (§§ 29 Nr. 1, 31 Abs. 2 S. 1 GKG, § 59 Abs. 1 S. 1 RVG). Der nach Abzug der
Ratenzahlungen verbleibende Überschuss darf auf die Kostenschuld des B verrechnet werden, da K für sämtliche Kosten als Zweitschuldner haftet (§§ 22, 31
Abs. 2 S. 1 GKG, § 59 Abs. 1, Abs. 2 RVG). K kann sich den verrechneten Betrag
festsetzen lassen, da im Verhältnis zwischen den Parteien B erstattungspflichtig
ist (§ 91 ZPO).
*(Hinweis: Ist B zahlungsunfähig, sind die vorläufig eingestellten Ratenzahlun-
gen wieder aufzunehmen, da in diesem Falle die Zweitschuldnerhaftung des K
geltend gemacht werden muss.)*
b) B muss im Ergebnis wie folgt zahlen: An
– RA X (§§ 91, 126 ZPO)   841,92 EUR
– die Staatskasse   1.360,70 EUR
– K persönlich   129,58 EUR
Summe   2.332,20 EUR

(Daneben schuldet er natürlich seinem Rechtsanwalt Z dessen Regelvergütung in
Höhe von 1.901,62 EUR).

Ausgangsfall 1

Prämissen: **Beispiel 11**
– Kläger K: *keine PKH*
– Beklagter B: *PKH mit Zahlungsbestimmungen;*
                               Monatsrate 60,00 EUR; nach Abschluss des
                               Rechtsstreits sind 600,00 EUR gezahlt;
                               RA Z war beigeordnet
– Kostenentscheidung: *K trägt alle Kosten*

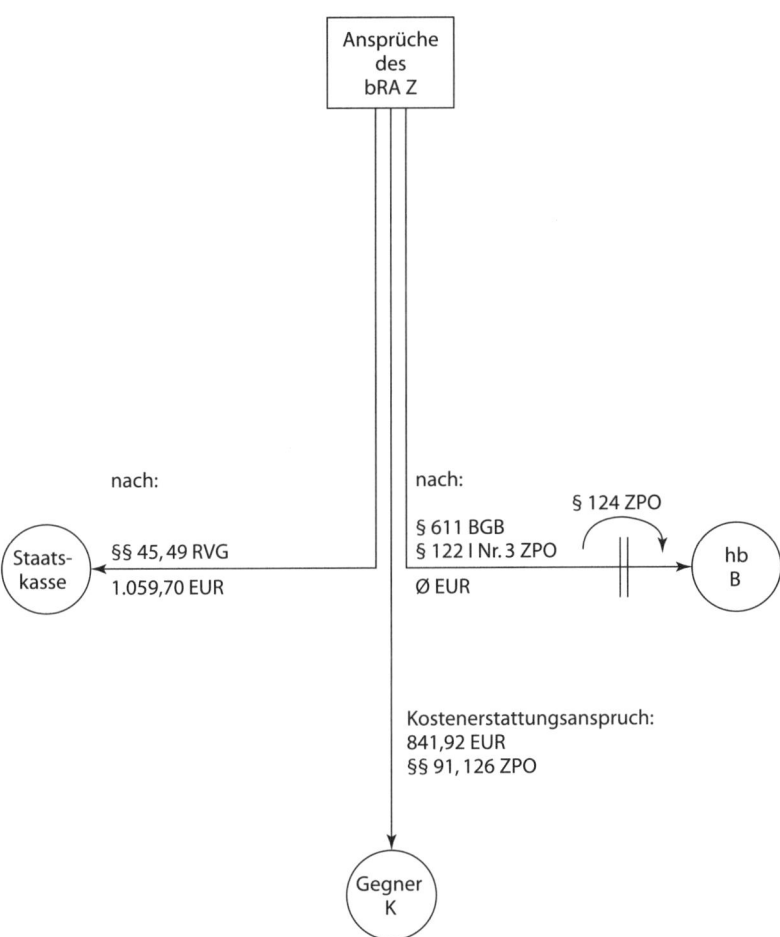

Lösung:
Der beigeordnete Rechtsanwalt Z erhält aus der Staatskasse 1.059,70 EUR. Zusätzlich kann er – an erster Rangstelle – bis zur Höhe der Regelvergütung (§ 13 RVG) den übergegangenen Erstattungsanspruch gegen K beanspruchen und erhält dadurch insgesamt 1.901,62 EUR.

Teil G. Übungsfälle

Ausgangsfall 1

Prämissen: **Beispiel 11**

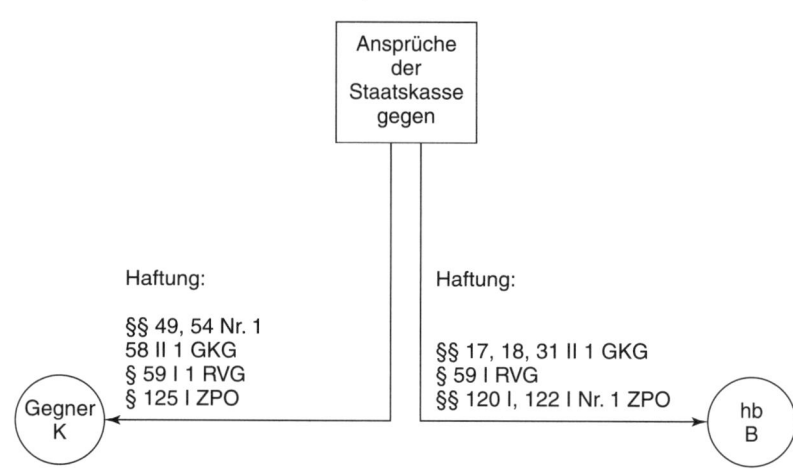

Ansprüche
der
Staatskasse
gegen

Haftung:

§§ 49, 54 Nr. 1
58 II 1 GKG
§ 59 I 1 RVG
§ 125 I ZPO

Gegner K

Haftung:

§§ 17, 18, 31 II 1 GKG
§ 59 I RVG
§§ 120 I, 122 I Nr. 1 ZPO

hb B

a) Erstschuldnerhaftung des K:
   - Gerichtskosten   901,00 EUR
   - Übergangsanspruch
   (§ 91 ZPO, § 59 Abs. 1
   S. 1 Fall 2 RVG)   1.059,70 EUR
   - insgesamt   1.960,70 EUR
b) ./. Raten des B   600,00 EUR
c) Restschuld   1.360,70 EUR
   (Sollstellung)

a) abstrakte Zahlungspflicht des B:
   48 x 60 EUR = 2.880,00 EUR
b) Haftung des B als **Zweitschuldner:**
   (§§ 17, 18 GKG; §§ 59
   Abs. 1, Abs. 2 RVG)
   - Zeugenentschä-
   digung   100,00 EUR
   - PKH-Anwaltsver-
   gütung   1.059,70 EUR
   - insgesamt: 1.159,70 EUR

Als Zweitschuldner haftet B nur subsidiär. Die Staatskasse darf ihn nur dann beanspruchen, wenn der Erstschuldner K zahlungsunfähig ist (§ 31 Abs. 2 1 GKG). Die Ratenzahlungen sind vorläufig einzustellen (§ 120 Abs. 3 Nr. 2 ZPO).

Lösung:
a) Da B als Zweitschuldner in Höhe von 1.159,70 EUR mithaftet, sind seine Ratenzahlungen zunächst auf die Kostenschuld des Erstschuldners K zu verrechnen.
b) B hat aber in dieser Höhe (600,00 EUR) einen Erstattungsanspruch gegen K, denn im Innenverhältnis der Parteien trifft K die Kostentragungspflicht (§ 91 ZPO).
   K muss demnach wie folgt zahlen: An
   - RA Z   841,92 EUR
   - die Staatskasse   1.360,70, EUR
   - B persönlich   600,00 EUR
   insgesamt: 2.802,62 EUR

(Daneben schuldet K seinem Rechtsanwalt X die Wahlanwaltsvergütung in Höhe von 1.901,62 EUR).

Ausgangsfall 1

Prämissen:	**Beispiel 12**
– Kläger K:	*keine PKH*
– Beklagter B:	*PKH mit Zahlungsbestimmungen;*
	Monatsrate 60,00 EUR; nach Abschluss des
	Rechtsstreits sind 600,00 EUR gezahlt;
	RA Z wurde beigeordnet
– Kostenentscheidung:	*B trägt alle Kosten*

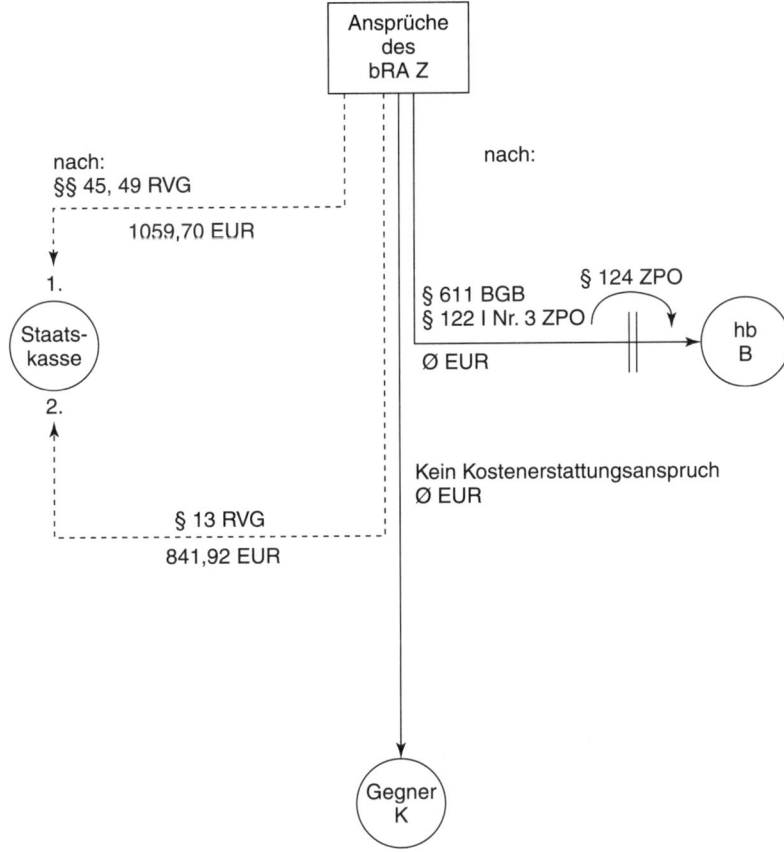

Lösung:

a) Der beigeordnete Rechtsanwalt Z erhält als **Erst**vergütung aus der Staatskasse 1.059,70 EUR. Gegen den obsiegenden Prozessgegner K besteht kein Erstattungsanspruch.

b) Die Lücke zur Regelvergütung kann mit der **weiteren** Vergütung nach § 50 RVG geschlossen werden. B trifft nämlich eine (abstrakte) Zahlungspflicht in Höhe von 2.880,00 EUR (§ 115 Abs. 2 S. 4 ZPO) und die vorrangigen Ansprüche der Staatskasse in Höhe von 1.960,70 EUR sind gedeckt (§ 50 Abs. 1 S. 1 RVG).

Ausgangsfall 1

Prämissen: **Beispiel 12**

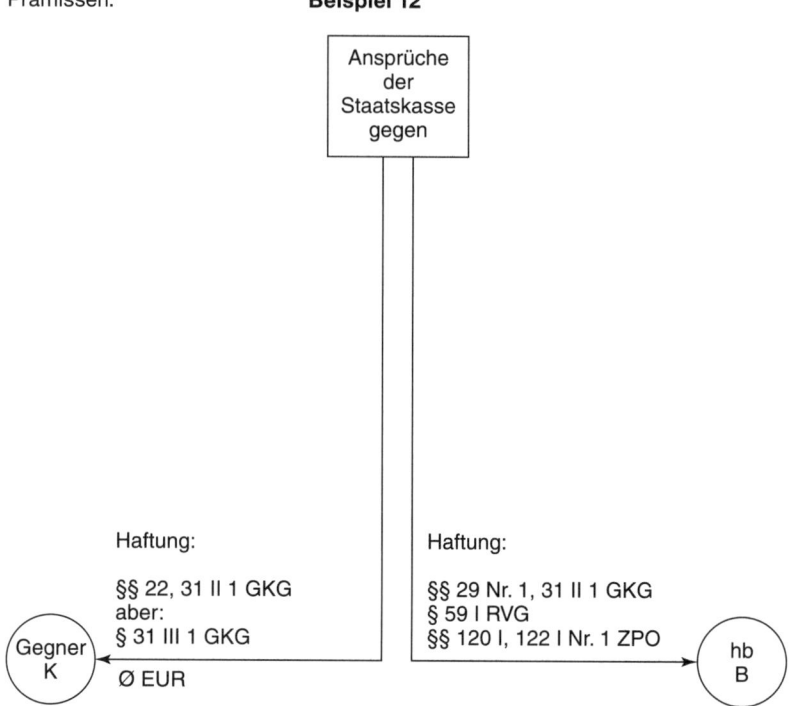

Ansprüche
der
Staatskasse
gegen

Haftung:

§§ 22, 31 II 1 GKG
aber:
§ 31 III 1 GKG

Gegner K

Ø EUR

Haftung:

§§ 29 Nr. 1, 31 II 1 GKG
§ 59 I RVG
§§ 120 I, 122 I Nr. 1 ZPO

hb B

a) Zahlungspflicht des B abstrakt:
   48 x 60 EUR = 2.880,00 EUR
b) Zahlungspflicht des B konkret:
   – Gerichtskosten   901,00 EUR
   – PKH-Anwaltsvergütung
   – (§ 59 Abs. 1 S. 1 Fall 1 RVG)   1.059,70 EUR
   – weitere Vergütung
   – (§ 50 Abs. 1 RVG)   841,92 EUR
   – insgesamt: 2.802,62 EUR
   – ./. Raten des B   600,00 EUR
   – Restschuld   2.202,62 EUR

(Bestimmung des Endzeitpunkts der laufenden Ratenzahlungen oder Wiederaufnahme der eingestellten Zahlungen ist erforderlich.)

Lösung:
a) K haftet zwar als Antragsteller nach § 22 Abs. 1 S. 1 GKG für die Gerichtskosten als Zweitschuldner, § 31 Abs. 3 S. 1 GKG sperrt jedoch den Anspruch der Staatskasse.
b) B hat an K 1.901,62 EUR (Vergütung RA X) zu erstatten (§§ 91, 123 ZPO).

Ausgangsfall 1

Prämissen:	**Beispiel 13**
– Kläger K:	*keine PKH*
– Beklagter B:	*PKH mit Zahlungsbestimmungen;*
	Monatsrate 60,00 EUR; nach Abschluss des
	Rechtsstreits sind 600,00 EUR gezahlt;
	RA Z wurde beigeordnet
– Kostenentscheidung:	K trägt 9/10
	B trägt 1/10

Ansprüche
des
bRA Z

nach:

nach:

§ 124 ZPO

Staats-
kasse

§§ 45, 49 RVG
1.059,70 EUR

§ 611 BGB
§ 122 I Nr. 3 ZPO
Ø EUR

hb
B

Kostenerstattungsanspruch:
841,92 EUR
§§ 91, 126 ZPO

Gegner
K

Lösung:
Der beigeordnete Rechtsanwalt erhält aus der Staatskasse 1.059,70 EUR. Zusätzlich kann er – an erster Rangstelle – den übergegangenen Erstattungsanspruch des B gegen K in Höhe von 841,92 EUR beanspruchen (§§ 91, 126 Abs. 1 ZPO). Insgesamt erhält er mit 1.901,62 EUR die Regelvergütung eines Wahlanwalts (§ 13 RVG). Berechnet wird der Kostenerstattungsanspruch im Wege des Kostenausgleichs nach § 106 Abs. 1 ZPO **(vgl. dazu Beispiel 3)**.

Ausgangsfall 1

Prämissen: **Beispiel 13**

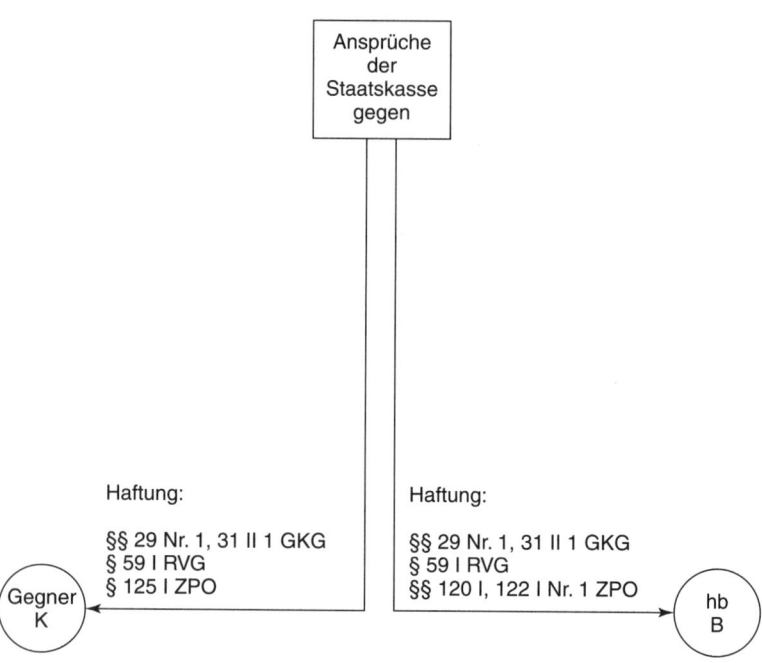

Ansprüche
der
Staatskasse
gegen

Haftung:

§§ 29 Nr. 1, 31 II 1 GKG
§ 59 I RVG
§ 125 I ZPO

Gegner K

Haftung:

§§ 29 Nr. 1, 31 II 1 GKG
§ 59 I RVG
§§ 120 I, 122 I Nr. 1 ZPO

hb B

Erstschuldnerhaftung des K (§ 29 Nr. 1 GKG):
a) Gerichtskosten (9/10)   810,90 EUR
b) Übergangsanspruch
   (§ 91 ZPO, § 59 Abs. 1
   S. 1 Fall 2 RVG)   679,38 EUR

insgesamt   1.490,28 EUR
c) Überschuss bei B   129,57 EUR
d) Restschuld
   (Sollstellung)   1.360,71 EUR

a) abstrakte Zahlungspflicht des B:
   48 x 60 EUR = 2.880,00 EUR
b) konkrete Zahlungspflicht des B (§ 29 Nr. 1 GKG):
   – Gerichtskosten (1/10)   90,10 EUR
   – restl. PKH-Anwalts-
   vergütung (§ 59
   Abs. 1 RVG)   380,33 EUR
   – insgesamt: 470,43 EUR
   – ./. Raten des B   600,00 EUR
c) Überschuss   129,57 EUR

Hinweis: Der Überschuss kann auf die Kostenschuld des K verrechnet werden, da B für folgende Kosten als Zweitschuldner haftet:

– 1.059,70 EUR (PKH-Anwaltsvergütung; § 59 Abs. 1 S. 1
   RVG)

– 100,00 EUR (Zeugenentschädigung;
   §§ 17, 18 GKG)

1.007,98 EUR

Die Ratenzahlungen sind vorläufig einzustellen (§ 120 Abs. 3 Nr. 2 ZPO)

4. Varianten

Ausgangsfall 2

Prämissen: **Beispiel 1** 230
– Kläger K: *PKH ohne Zahlungsbestimmungen*
 RA X war beigeordnet
– Beklagter B: *keine PKH*
– Kostenregelung: *B übernimmt die Kosten*

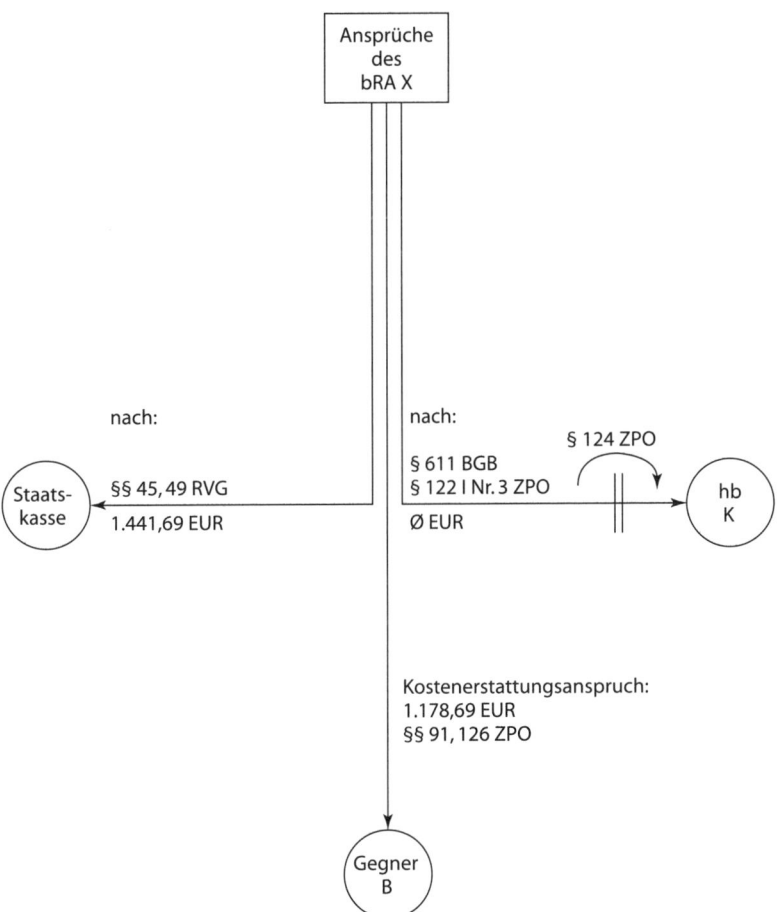

Lösung:
Der beigeordnete Rechtsanwalt erhält aus der Staatskasse 1.441,69 EUR erstattet. Zusätzlich kann er bis zur Regelvergütung – an 1. Rangstelle – den übergegangenen Kostenerstattungsanspruch gegen B in Höhe von 1.178,69 EUR geltend machen (§§ 91, 126 Abs. 1 ZPO, § 59 Abs. 1 RVG). Insgesamt erhält er 2.620,38 EUR und damit die Wahlanwaltsvergütung (§ 13 RVG).

Ausgangsfall 2

Prämissen: **Beispiel 1**

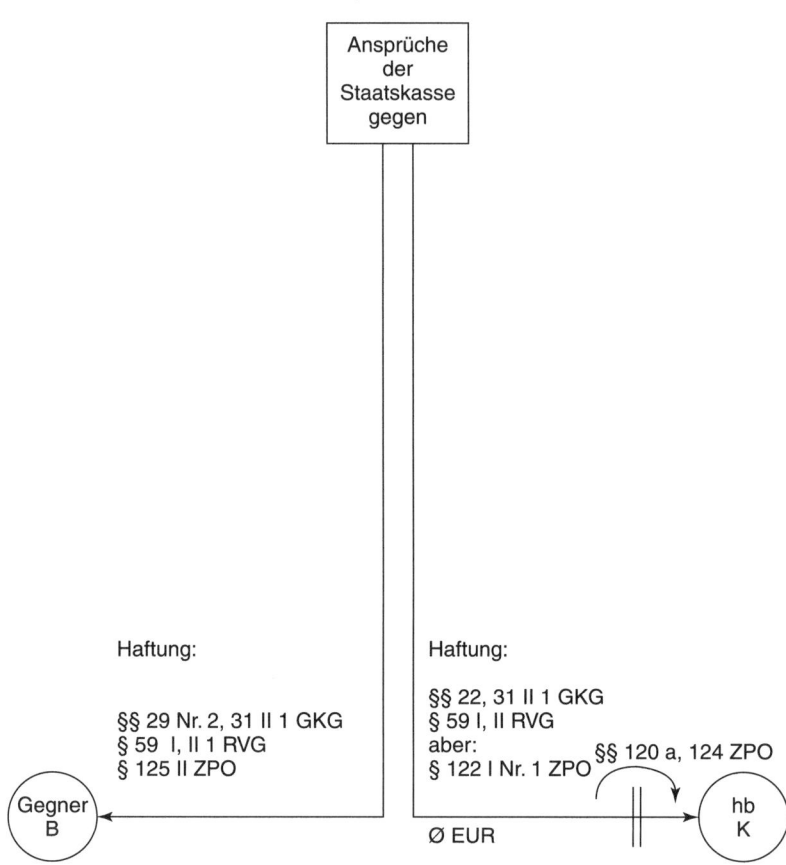

Ansprüche
der
Staatskasse
gegen

Haftung:

§§ 29 Nr. 2, 31 II 1 GKG
§ 59 I, II 1 RVG
§ 125 II ZPO

Haftung:

§§ 22, 31 II 1 GKG
§ 59 I, II RVG
aber:
§ 122 I Nr. 1 ZPO   §§ 120 a, 124 ZPO

Gegner
B

Ø EUR

hb
K

Erstschuldnerhaftung des B (§ 29 Nr. 2 GKG):
a) Gerichtskosten   367,00 EUR
b) Übergangsanspruch (§ 59 Abs. 1 Fall 2 RVG)   1.441,69 EUR
 Insgesamt (Sollstellung):   1.808,69 EUR

Lösung:
a) Als Übernahmeschuldner (§ 29 Nr. 2 GKG) haftet B primär für sämtliche Gerichts-
 kosten (§ 31 Abs. 2 S. 1 GKG). Außerdem ist der Kostenerstattungsanspruch des
 K gegen B kraft Gesetzes auf die Staatskasse übergegangen (§ 91 ZPO, § 59
 Abs. 1, Abs. 2 RVG).
b) K, der als Antragsteller für sämtliche Kosten mithaftet (§§ 22 Abs. 1 S. 1, 31
 Abs. 1 GKG, § 59 Abs. 1 Fall 1, Abs. 2 RVG)), kann von der Staatskasse nur im
 Fall der Zahlungsunfähigkeit des B (§ 31 Abs. 2 S. 1 GKG) und, wenn die PKH-
 Bewilligung aufgehoben oder geändert wird (§§ 120 a, 124 ZPO), in Anspruch
 genommen werden.

Ausgangsfall 2

Prämissen:
– Kläger K:
– Beklagter B:
– Kostenregelung:

Beispiel 2
PKH ohne Zahlungsbestimmungen
RA X war beigeordnet
keine PKH
K übernimmt alle Kosten

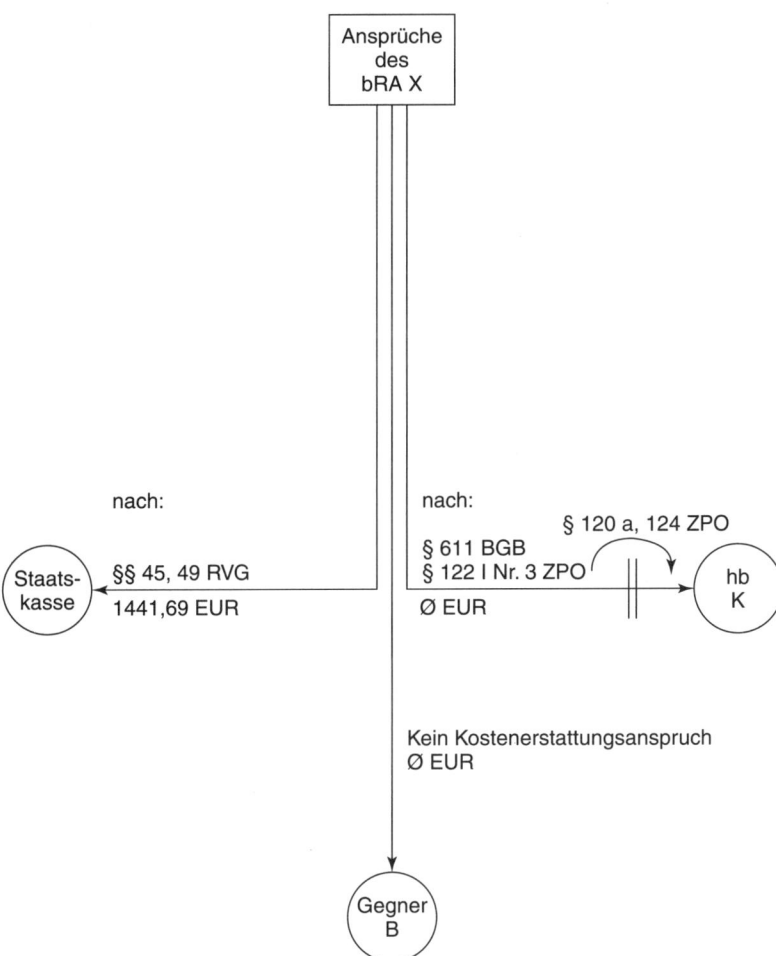

Lösung:
Der beigeordnete Rechtsanwalt erhält aus der Staatskasse 1.441,69 EUR. Mangels Erstattungsanspruch gegen den Prozessgegner B fällt er mit restlichen 1.178,69 EUR aus. Nur wenn die PKH-Bewilligung aufgehoben oder geändert wird, kann K beansprucht werden (§§ 120 a, 124 ZPO).

Teil G. Übungsfälle

Ausgangsfall 2

Prämissen: **Beispiel 2**

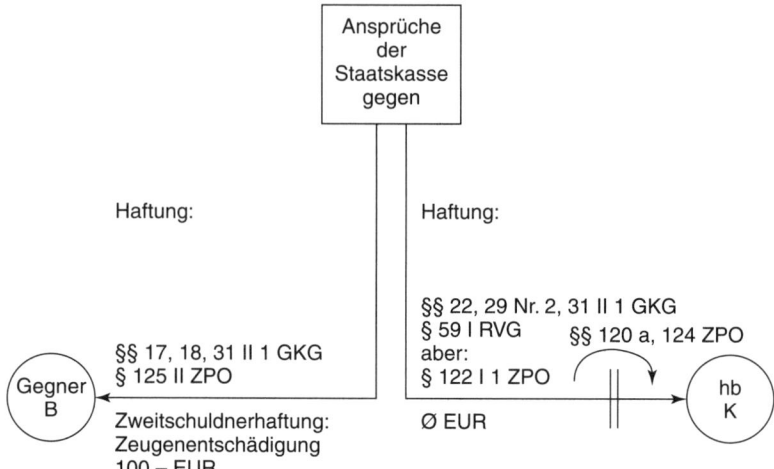

Ansprüche
der
Staatskasse
gegen

Haftung: Haftung:

Gegner B

§§ 17, 18, 31 II 1 GKG
§ 125 II ZPO

Zweitschuldnerhaftung:
Zeugenentschädigung
100,– EUR

§§ 22, 29 Nr. 2, 31 II 1 GKG
§ 59 I RVG   §§ 120 a, 124 ZPO
aber:
§ 122 I 1 ZPO

Ø EUR

hb K

Lösung:
a) K haftet auf Grund der Kostenübernahme im gerichtlichen Vergleich als Erstschuldner für sämtliche Kosten (§§ 29 Nr. 2, 31 Abs. 2 S. 1 GKG, § 59 Abs. 1,
Abs. 2 RVG). § 122 Abs. 1 Nr. 1 ZPO sperrt jedoch seine Inanspruchnahme durch
die Staatskasse.
b) B haftet für die Zeugenentschädigung in Höhe von 100,00 EUR als Zweitschuldner (= Auslagenschuldner; §§ 17, 18 S. 2, 31 Abs. 2 S. 1 GKG). Insoweit kann ihn
die Staatskasse auch in Anspruch nehmen. Nur dann, wenn der Vergleich von
dem Gericht vorgeschlagen worden ist und das Gericht in seinem Vergleichsvorschlag ausdrücklich festgestellt hat, dass die Kostenregelung der sonst zu
erwartenden Kostenentscheidung entspricht, sperrt § 31 **Abs. 4** i.V. Abs. 3 GKG
seine Inanspruchnahme durch die Staatskasse.
c) Kostenerstattung:

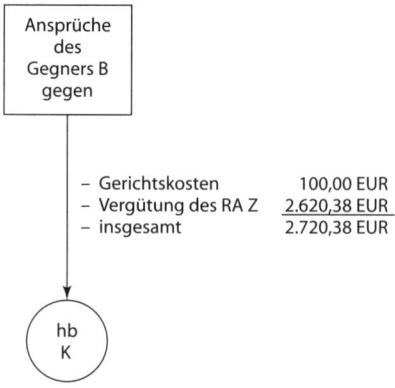

Ansprüche
des
Gegners B
gegen

– Gerichtskosten   100,00 EUR
– Vergütung des RA Z   2.620,38 EUR
– insgesamt   2.720,38 EUR

hb K

Die PKH-Bewilligung schützt K nicht vor der Kostenerstattung (§ 123 ZPO)!

132

Ausgangsfall 2

Prämissen: **Beispiel 3**
– Kläger K: PKH ohne Zahlungsbestimmungen,
                RA X wurde beigeordnet
– Beklagter B: *keine PKH*
– Kostenregelung: *die Kosten werden gegeneinander aufgehoben*

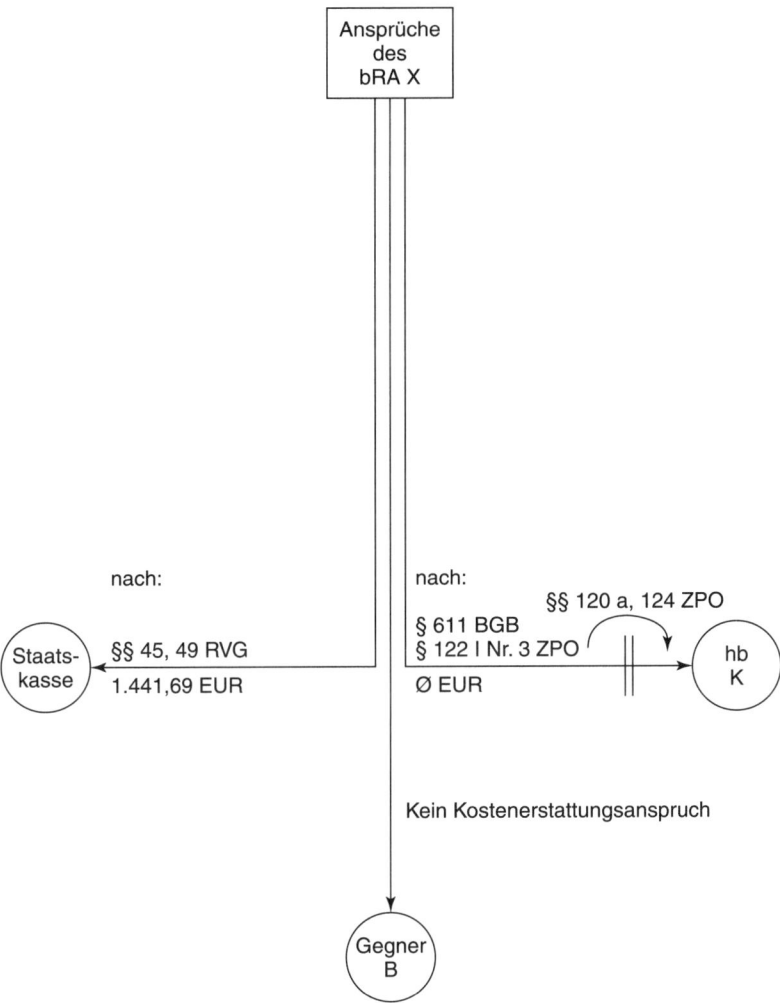

Lösung:
Der beigeordnete Rechtsanwalt erhält aus der Staatskasse 1.441,69 EUR. Mangels Erstattungspflicht des B (§§ 91, 92 ZPO), fällt er mit restlichen 1.178,69 EUR aus.

Ausgangsfall 2

Prämissen: **Beispiel 3**

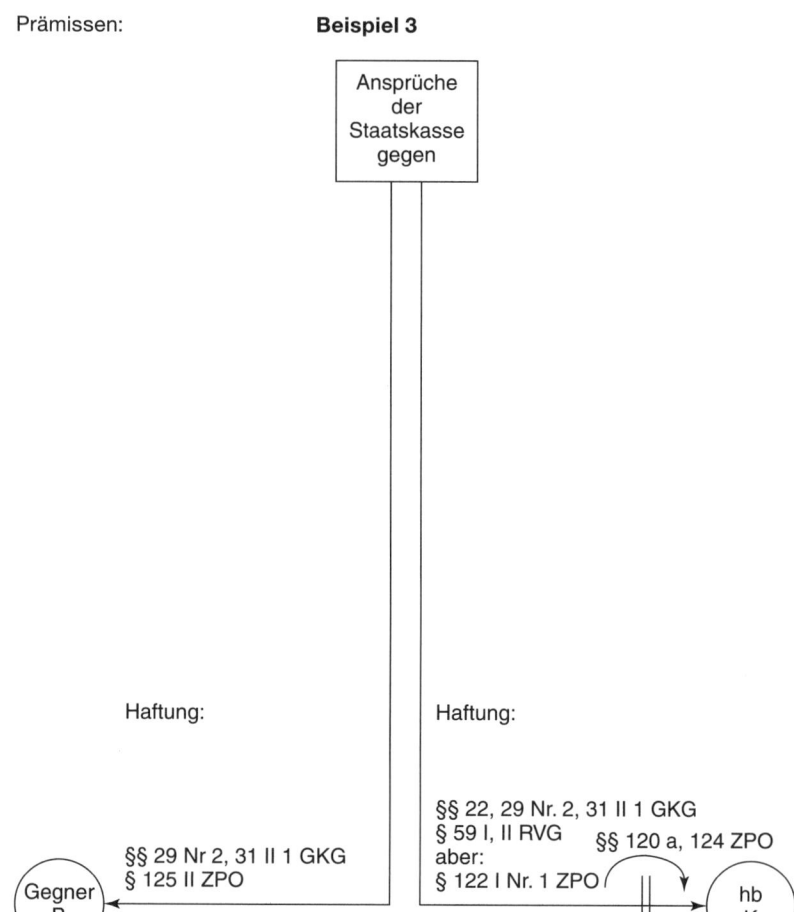

Erstschuldnerhaftung des B (§§ 29 Nr. 2, 31 Abs. 2 S. 1 GKG) :
Gerichtskosten (1/2)   183,50 EUR
(Sollstellung)

Hinweis: Es besteht kein Übergangsanspruch, da die Wirkungen des § 92 ZPO eingetreten sind.

Lösung:
a) B kann von der Staatskasse wegen der Gerichtskosten im Umfang seiner Übernahmehaftung nach § 29 Nr. 2 GKG beansprucht werden. §§ 122 Abs. 2, 125 Abs. 2 ZPO stehen dem nicht entgegen.
b) Gegen K kann die Staatskasse nur im Fall der Aufhebung der PKH-Bewilligung oder einer für K nachteiligen Änderung der Bewilligung Ansprüche erheben.

Ausgangsfall 2

Prämissen: **Beispiel 4**
– Kläger K: PKH ohne Zahlungsbestimmungen;
                 RA X wurde beigeordnet
– Beklagter B: *keine PKH*
– Kostenregelung: K übernimmt 1/10
                 B übernimmt 9/10

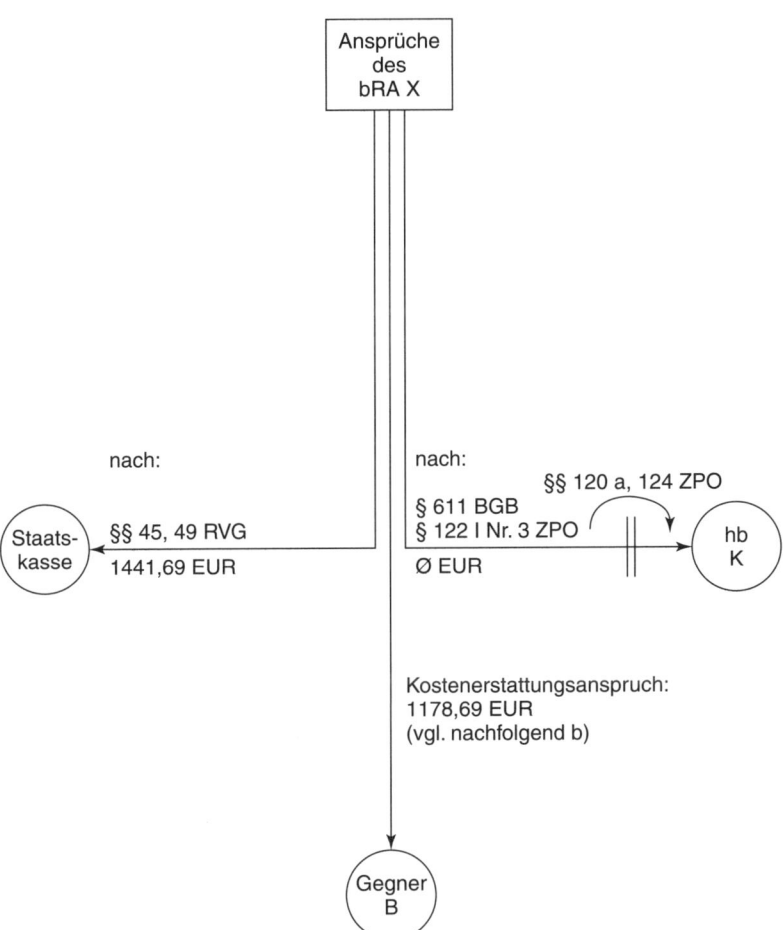

Lösung:
a) Der beigeordnete Rechtsanwalt erhält aus der Staatskasse 1.441,69 EUR. Zusätzlich kann er – an 1. Rangstelle – bis zu der Regelvergütung (§ 13 RVG) – in Höhe von 1.178,69 EUR den Kostenerstattungsanspruch des K gegen den Prozessgegner B geltend machen (§§ 91, 126 Abs. 1 ZPO). Insgesamt erhält er 2.620,38 EUR. Der Erstattungsbetrag wird im Wege des Kostenausgleichs nach § 106 Abs. 1 ZPO ermittelt.
b) Der gerichtliche **Kostenfestsetzungsbeschluss** könnte wie folgt lauten:

Landgericht München I

München ...
Prielmayerstraße 7

Geschäftsnummer:
(Bitte stets angeben!)

I. **Kostenfestsetzungsbeschluss**
in der Sache

K

Klagepartei

Prozessbevollmächtigter: Rechtsanwalt

X

gegen

B

beklagte Partei

Prozessbevollmächtigter: Rechtsanwalt

Z

Die von
der beklagten Partei

an
Rechtsanwalt X gem. § 126 Abs. 1 ZPO

nach dem
rechtswirksamen Vergleich des Landgerichts München I vom ...

zu erstattenden Kosten werden

auf 1.178,69 EUR
(mit Worten: eintausendeinhundertachtundsiebzig 69/100 EUR)
festgesetzt.

Die festgesetzten Kosten sind mit ...... ab ...... zu verzinsen.

Gründe

1. Zum Kostenausgleich (§ 106 Abs. 1 ZPO) geben die Parteien folgende außergerichtliche Kosten bekannt:

a) Klagepartei	2.620,38 EUR
b) beklagte Partei	2.620,38 EUR
– insgesamt:	5.240,76 EUR
d) davon übernimmt die Klagepartei 1/10	524,08 EUR
e) ./. eigene Kosten der Klagepartei	2.620,38 EUR
von der beklagten Partei zu erstatten:	2.096,30 EUR

2. Gesetzlicher Forderungsübergang auf die Staatskasse (§ 59 Abs. 1 S. 1 Fall 2 RVG):

a) Dem Anwalt der Klagepartei RA X wurden aus der Staatskasse erstattet (§§ 45, 49, 55 RVG):	1.441,69 EUR
– seine Regelvergütung (§ 13 RVG) beträgt	2.620,38 EUR
– Differenz (1. Rangstelle, § 59 Abs. 1 2 RVG)	1.178,69 EUR
b) Vom Erstattungsanspruch in Höhe von	2.096,30 EUR
gehen auf die Staatskasse (2. Rangstelle) über	917,61 EUR

Dieser Betrag wird mit Kostenrechnung geltend gemacht (§ 59 Abs. 2 RVG).

N.N.

Rechtspfleger(in)

Ausgangsfall 2

Prämissen: **Beispiel 4**

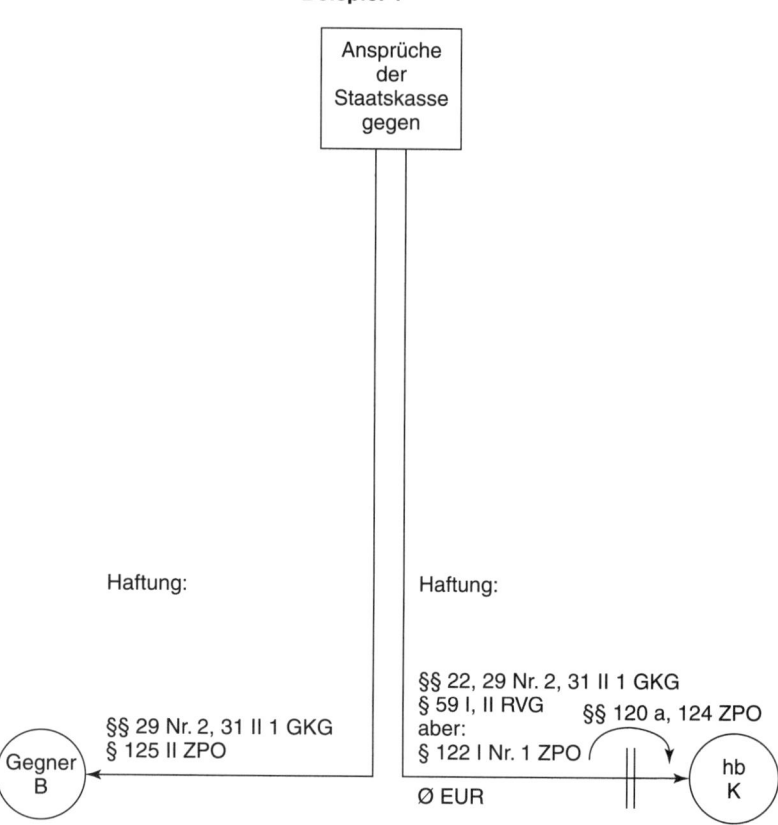

Haftung: Haftung:

§§ 22, 29 Nr. 2, 31 II 1 GKG
§ 59 I, II RVG   §§ 120 a, 124 ZPO
aber:
§ 122 I Nr. 1 ZPO
Ø EUR

§§ 29 Nr. 2, 31 II 1 GKG
§ 125 II ZPO

Gegner B   hb K

Erstschuldnerhaftung des B (§§ 29 Nr. 2, 31 Abs. 2 S. 1 GKG):
a) Gerichtskosten (9/10)   330,30 EUR
b) Übergangsanspruch
   (§ 91 ZPO, § 59 Abs. 1 RVG)   <u>917,61 EUR</u>
   Sollstellung   <u>1.247,91 EUR</u>

Lösung:
K kann die Staatskasse als Zweitschuldner nur im Fall der Aufhebung der PKH oder
einer dem K nachteiligen Änderung der Bewilligung in Anspruch nehmen.

II. PKH-Klausurfälle

Fall 1

Amsel, vertreten durch RA Vogel, beantragt beim Landgericht Mün- **231**
chen I die Bewilligung der Prozesskostenhilfe zur Durchführung einer Zahlungsklage gegen Bär wegen einer Forderung in Höhe von
12.000,00 EUR. Nach Bewilligung der Prozesskostenhilfe – Zahlungen
bzw. Ratenzahlungen wurden im Bewilligungsbeschluss nicht festgesetzt
– unter Beiordnung des RA Vogel erhebt dieser Klage für Amsel.

Im ersten Termin ergeht auf Antrag des RA Vogel gegen den nicht **232**
erschienenen und nicht vertretenen Bär ein Versäumnisurteil. Ordnungs-
gemäßer Einspruch des Bär, vertreten durch RA Tiermann. Es wird
schriftsätzlich Klageabweisung beantragt. Nach streitiger Verhandlung
durch die Rechtsanwälte im zweiten Termin werden zwei von Amsel und
drei von Bär benannte Zeugen vernommen.

Die Zeugen des Amsel erhalten insgesamt 50,00 EUR, die des Bär **233**
insgesamt 60,00 EUR als Entschädigung ausgezahlt. Es ergeht folgendes
Endurteil:

1. Alternative:

Der Beklagte wird verurteilt, an den Kläger 12.000,00 EUR zu zahlen
und die Kosten des Rechtsstreits zu tragen.

2. Alternative:

Der Kläger wird mit seiner Klage abgewiesen. Der Kläger hat die
Kosten des Rechtsstreits zu tragen. Die durch die Säumnis verursachten
Kosten hat der Beklagte alleine zu tragen.

3. Alternative:

Der Beklagte wird verurteilt, an den Kläger 10.800,00 EUR zu zahlen, im Übrigen wird die Klage abgewiesen. Von den Kosten des Rechts-
streites trägt der Kläger 1/10 und der Beklagte 9/10. Die durch die
Säumnis verursachten Kosten trägt alleine der Beklagte.

Aufgabenstellung

1. Die Gerichtskosten samt Forderungsübergang nach § 59 Abs. 1 RVG, **234**
   die gesetzlichen Vergütungen beider Rechtsanwälte einschließlich

der Vergütung des im Wege der Prozesskostenhilfe beigeordneten Rechtsanwalts sind darzustellen.

2. Die Kostenerstattungsansprüche sind zu berechnen; es ist davon auszugehen, dass der beigeordnete Rechtsanwalt seine Vergütung (§ 55 RVG) aus der Staatskasse bereits erhalten hat.
3. Bei der 3. Alternative ist ein Kostenfestsetzungsbeschluss zu fertigen.
4. Welcher Betrag wäre bei Alternative 2 dem PKH-Anwalt aus der Staatskasse (§ 55 RVG) zu erstatten, wenn er im Festsetzungsantrag angibt, dass er bereits 450,00 EUR als Vorschuss von seinem Mandanten erhalten hat?

Lösungshinweise:

1. Gesetzliche Vergütungen der Rechtsanwälte:

Lfd. Nr.	Vorschriften VVRVG Nr.	Wert	Wahl-Anwalt		PKH-Anwalt Tabelle § 49 RA Vogel	Differenz zur Regelvergütung RA Vogel
			Tabelle § 13 RA Vogel	Tabelle § 13 RA Tierm.		
		EUR	EUR	EUR	EUR	EUR
1	1,3 Verfahrensgebühr 3100	12.000,00	785,20	785,20	417,30	
2	1,2 Terminsgebühr 3104	12.000,00	724,80	724,80	385,20	
3	Auslagenpauschale 7002		20,00	20,00	20,00	
4	19 % Umsatzsteuer 7008		290,70	290,70	156,28	
	Summe:		1.820,70	1.820,70	978,78	841,92

Säumniskosten (§ 344 ZPO): keine.

2. Gerichtskosten:

Lfd. Nr.	Vorschriften KVGKG Nr. ...	Wert	Tabelle § 34 GKG	Antragshaftung	
				Kläger § 22 GKG	Beklagter §§ 17, 18 GKG
		EUR	EUR	EUR	EUR
1	3,0 Verfahrensgebühr 1210	12.000,00	801,00	801,00	
2	Zeugenentschädigung 9005		110,00	110,00	60,00
	Summe:		911,00	911,00	60,00

II. PKH-Klausurfälle

3. Lösung zu Alternative 1 (= Der Beklagte hat die Kosten des Rechtsstreits zu tragen):

a) *Regelvergütung (§ 13 RVG):* – RA Vogel   1.820,70 EUR
   – RA Tiermann   1.820,70 EUR
b) *PKH-Anwaltsvergütung (§ 49 RVG):* – RA Vogel   978,78 EUR
c) *Gerichtskosten:*
   – Erstschuldner gem. §§ 29 Nr. 1, 31 Abs. 2 S. 1 GKG ist der Beklagte Bär. Die Gerichtskosten sind von ihm nach Rechtskraft des Urteils einzuziehen (§§ 122 Abs. 2, 125 Abs. 1, Abs. 2 ZPO).
   – Zweitschuldner gem. §§ 22, 17, 18, 31 Abs. 2 S. 1 GKG ist der Kläger Amsel; aber: § 122 Abs. 1 Nr. 1 a ZPO sperrt den Anspruch der Staatskasse, da keine Zahlungen angeordnet wurden.
d) *Kostenerstattung:*
   Der Beklagte Bär hat an den Kläger Amsel (§ 91 Abs. 1 ZPO) oder an den RA Vogel (§§ 91 Abs. 1, 126 Abs. 1 ZPO) zu erstatten: 841,92 EUR (= 1.820,70 EUR ./. 978,78 EUR); festzusetzen im Verfahren nach §§ 103 ff. ZPO.
e) *Gesetzlicher Forderungsübergang auf die Staatskasse:*
   Auf die Staatskasse gehen an 2. Rangstelle über *(§ 59 Abs. 1 S. 1 Fall 2 RVG):* 978,78 EUR (= 1.820,70 EUR ./. 841,92 EUR). Der Betrag wird von B mit Kostenrechnung eingefordert (§ 59 Abs. 2 RVG).

4. Lösung zu Alternative 2 (= Der Kläger Amsel hat die Kosten des Rechtsstreits zu tragen; die Säumniskosten trägt der Beklagte):

a) *Regelvergütung (§ 13 RVG):* – RA Vogel   1.820,70 EUR
   – RA Tiermann   1.820,70 EUR
b) *PKH-Anwaltsvergütung (§ 49 RVG):* – RA Vogel   978,78 EUR
c) *Gerichtskosten:*
   – Erstschuldner gem. §§ 29 Nr. 1, 31 Abs. 2 S. 1 GKG: Kläger Amsel; den Anspruch der Staatskasse sperrt jedoch § 122 Abs. 1 Nr. 1a ZPO, da keine Zahlungen angeordnet wurden.
   – Zweitschuldner i.H. von 60,00 EUR (Zeugenentschädigung) gem. §§ 17, 18 S. 2, 31 Abs. 2 S. 1 GKG: Beklagter Bär; den Anspruch der Staatskasse sperren sowohl § 31 Abs. 3 S. 1 GKG, als auch §§ 122 Abs. 2, 125 Abs. 2 ZPO.
d) *Kostenerstattung:*
   Der Kläger Amsel hat an den Beklagten Bär außergerichtliche Kosten in Höhe von 1.820,70 EUR (§§ 91 Abs. 1, Abs. 2 S. 1, 103 ff., 123 ZPO) zu erstatten
e) *Gesetzlicher Forderungsübergang auf die Staatskasse:*
   – Da B nicht erstattungspflichtig ist und Säumniskosten des Klägers nicht angefallen sind, findet kein Übergang nach § 59 Abs. 1 S. 1 Fall 2 RVG statt.
   – Der Anspruch des RA Vogel gegen seinen Mandanten Amsel auf Zahlung der ges. Vergütung (§ 611 BGB) geht zwar auf die Staatskasse über (§ 59 Abs. 1 S. 1 Fall 1 RVG), er unterliegt allerdings der Sperre des § 122 Abs. 1 Nr. 1 b ZPO.

5. Lösung zu Alternative 3 (= Quotenteilung):

a) *Regelvergütung (§ 13 RVG):*   – RA Vogel   1.820,70 EUR
                                      – RA Tiermann   1.820,70 EUR
b) *PKH-Anwaltsvergütung (§ 49 RVG):*   – RA Vogel   978,78 EUR
c) *Gerichtskosten:*   911,00 EUR
    Erstschuldner:
    – Kläger Amsel (1/10)   91,10 EUR
      aber: nicht einziehbar (§ 122 Abs. 1 Nr. 1 a ZPO)
    – Beklagter Bär (9/10)   819,90 EUR
    einziehbar: keine Sperre nach §§ 122 Abs. 2, 125 Abs. 1, Abs. 2 ZPO
d) *Erstattungsanspruch und gesetzlichen Forderungsübergang auf die Staatskasse vgl. Kostenfestsetzungsbeschluss zu 6.*

6. Lösung zu Aufgabenstellung Ziff. 3 (= Kostenfestsetzungsbeschluss):

Landgericht München I

                        München …
                        Prielmayerstraße 7

Geschäftsnummer:
(Bitte stets angeben!)

I. Kostenfestsetzungsbeschluss
    in der Sache

Amsel	
	Klagepartei
Prozessbevollmächtigter: Rechtsanwalt	
Vogel	
gegen	
Bär	
	beklagte Partei
Prozessbevollmächtigter: Rechtsanwalt	
Tiermann	
Die von der beklagten Partei	
an Rechtsanwalt X gem. § 126 Abs. 1 ZPO	
nach dem rechtswirksamen Vergleich des Landgerichts München I vom …	
zu erstattenden Kosten werden	
auf 841,92 EUR (mit Worten: achthundertdreiunddreißig EUR) nebst Zinsen … festgesetzt.	

Gründe
Kostenausgleich (§ 106 Abs. 1 ZPO):

1. Die Gerichtskosten wurden bereits beim Kostenansatz ausgeglichen und bleiben hier unberücksichtigt.

2. Außergerichtliche Kosten des
   - Klägers Amsel   1.820,70 EUR
   - Beklagten B   1.820,70 EUR
   insgesamt: 3.641,40 EUR
   ./. nicht ausgleichsfähige Kosten des Säumnis   0,00 EUR
   - ausgleichsfähig   3.641,40 EUR
   - davon trägt der Kläger 1/10   364,14 EUR
   ./. eigene Kosten des Klägers   1.820,70 EUR
   - vom Beklagten zu erstatten   1.456,56 EUR

3. Gesetzlicher Forderungsübergang (§ 59 Abs. 1 Fall 2 RVG):
   a) RA Vogel hat aus der Staatskasse erhalten (§ 55 RVG)   978,78 EUR
      - seine Regelvergütung beträgt   1.820,70 EUR
   b) Erstattungsanspruch des RA Vogel
      (§ 59 Abs. 1 S. 1 2 RVG, §§ 91, 126 Abs. 1 ZPO)   841,92 EUR
   c) vom Erstattungsanspruch   1.456,56 EUR
      - verbleiben für RA Vogel an 1. Rangstelle   841,92 EUR
      - gehen auf die Staatskasse an 2. Rangstelle über
      (§ 59 Abs. 1 1 Fall 2 RVG)   614,64 EUR

Dieser Betrag wird von der Gerichtskasse mit Kostenrechnung eingezogen (§ 59 Abs. 2 RVG).

N.N.
Rechtspfleger(in)

7. Lösung zu Aufgabenstellung Ziff. 4 (= Vorschussverrechnung):

   - Anspruch des PKH-Anwalts Vogel gegen die Staatskasse
     (§§ 45, 49, 55 RVG)   978,78 EUR
   - Regelvergütung   1.820,70 EUR
   Differenz: 841,92 EUR
   - Auf diese Differenz ist zunächst der Vorschuss zu verrechnen
     § 58 Abs. 2 RVG)   450,00 EUR
   - es verbleiben bis zur Regelvergütung noch   391,92 EUR

Ergebnis: An den beigeordneten RA Vogel sind, trotz Vorschusszahlung, 978,78 EUR aus der Staatskasse zu zahlen, da die Regelgebühren noch nicht gedeckt sind.

Fall 2 = Verfahrenskostenhilfe in Familiensachen (Verbundverfahren)

235 Aktenauszug, Familiengericht, AG München, 83 F 230/..., Erika Schwarz gegen Franz Schwarz

1. *Wertfestsetzung: (§ 55 FamGKG)*

a) Scheidungssache (§ 43 FamGKG)	15.500,00 EUR
b) Folgesachen:	
– Versorgungsausgleich (§ 50 Abs. 1 S. 2 FamGKG)	1.000,00 EUR
– elterliche Sorge (2 Kinder): 20 % von 15.500,00 EUR höchstens 3.000,00 EUR (§ 44 Abs. 2 FamGKG)	3.000,00 EUR
c) Scheidungsvereinbarung über nicht anhängige Gegenstände:	
– Unterhaltsverzicht	3.200,00 EUR
– Güterrechtssache (Zugewinnausgleich; § 35 FamGKG)	29.200,00 EUR

2. *Verfahrensverlauf:*

Die Parteien beantragten einverständlich die Scheidung. Die Folgesachen elterliche Sorge für die gemeinsamen minderjährigen Kinder Horst und Sabine, die Versorgungsausgleichssache und die Gegenstände der Scheidungsvereinbarung wurden im Termin erörtert. Die Parteien sind nach § 128 FamFG angehört worden. Der Antragstellerin hat das Familiengericht Verfahrenskostenhilfe mit Zahlungsbestimmungen (Monatsrate 80,00 EUR) bewilligt und RA X beigeordnet. Auf die Scheidungsvereinbarung wurde die VKH – mangels Antragstellung – nicht erstreckt.

3. *Kostenentscheidung:*

Die Verfahrenskosten werden gegeneinander aufgehoben.

a) **Aufgabe:**

In welcher Höhe und gegen wen kann RA X Vergütungsansprüche erheben?

b) **Hinweis:**

Die Hälfte der Gerichtskosten ist mit 450,00 EUR anzunehmen.

Lösung:

	Tabelle § 13 RVG	Tabelle § 49 RVG
I. Gesetzliche Vergütung RA X:		
1. 1,3 Verfahrensgebühr		
Nr. 3100 – Wert 19.500,00 EUR	964,60 EUR	471,90 EUR
2. 1,2 Terminsgebühr		
VV Nr. 3104 – Wert 51.900,00 EUR	1.497,60 EUR	536,40 EUR
3. 1,5 Einigungsgebühr, VV Nr. 1000,		
§ 48 Abs. 3 S. 1 Nr. 1 u. 6 RVG –		
Wert 32.400,00 EUR	1.407,00 EUR	670,50 EUR
4. 0,8 (Differenz-)Verfahrensgebühr		
VV Nr. 3101 Nr. 2, **§ 48 Abs. 3 S. 1 RVG**	(750,40 EUR)	(357,60 EUR)
Wert 32.400,00 EUR	657,80 EUR	109,20 EUR
(Obergrenze zu 1 + 4 nach § 15 Abs. 3 RVG:		
1,3 aus 51.900 = 1.622,40 bzw. 581,10 EUR)		
5. Auslagenpauschale Nr. 7002	20,00 EUR	20,00 EUR
6. 19 % Umsatzsteuer VV Nr. 7008	863,93 EUR	343,52 EUR
Summe:	5.410,93 EUR	2.151,52 EUR

II. Ansprüche des beigeordneten Rechtsanwalts:
1. Der Vergrütungsanspruch gegen die Antragstellerin ist nach § 122 Abs. 1 Nr. 3 ZPO gesperrt.
2. Da die Kosten gegeneinander aufgehoben wurden, ist der Antragsgegner nicht erstattungspflichtig (§ 150 Abs. 1 FamFG).
3. Die Staatskasse gewährt auf Antrag (§§ 45, 55 RVG):
   a) 2.151,52 EUR als Erstvergütung. (§§ 48 Abs. 3, 49 RVG);
   b) 2.259,41 EUR als weitere Vergütung (§ 50 RVG) nach Deckung der Gerichtskosten (450,00 EUR) sowie der PKH-Anwaltsvergütung in Höhe von 2.151,52 EUR durch Ratenleistungen der PKH-Partei. (Die Antragstellerin trifft eine abstrakte Zahlungspflicht in Höhe von 48 x 80,00 EUR = 3.840,00 EUR: §§ 76, 113 Abs. 1 S. 1 FamFG, § 115 Abs. 2 S. 4 ZPO)

III. Teilweise PKH-Bewilligung

1. Gerichtskosten

Wird die Prozesskostenhilfe nur für einen Teil des Streitgegenstandes 236 bewilligt oder wird sie nicht auf eine spätere Klageerweiterung oder eine Widerklage erstreckt, ist streitig, wie sich die Haftung der PKH-Partei für die Gerichtskosten darstellt.

a) Gebühren

Wegen der Gebühren kann nach h.M.[233] die PKH-Partei nur wegen 237 des Differenzbetrages zwischen den Gebühren aus dem Gesamtstreit-

---

[233] Vgl. BGHZ 1913, 373, NJW 1954, 1406 = Rpfleger 59, 3; München MDR 1997, 298 m.w.N.; *Zöller/Geimer*, ZPO § 121 Rn. 45.

wert und den Gebühren aus dem PKH-Streitwert in Anspruch genommen werden. Die Degression der Gebührentabelle kommt nach dieser Meinung allein der PKH-Partei zugute.

b) Auslagen

238   Bei der Auslagenerhebung ist zu differenzieren: Lassen sie sich alleine einem der Wertteile zuweisen, werden die auf den PKH-Streitwert entfallenden Auslagen nur nach Maßgabe des § 122 Abs. 1 Nr. 1 a ZPO erhoben. Ist eine solche Differenzierung nicht möglich, werden alle Auslagen der Prozesskostenhilfe zugeordnet.

2. Vergütung des beigeordneten Rechtsanwalts

239   Der beigeordnete Rechtsanwalt kann die Staatskasse im Umfang der (teilweisen) Beiordnung beanspruchen. Den Differenzbetrag zwischen den Regelvergütungen (§ 13 RVG) aus Gesamtstreitwert und PKH-Streitwert kann er von der Partei verlangen.[234]

3. Beispiel

240   Klage des K gegen B über 10.000,00 EUR und zwar wegen einer Kaufpreisforderung (Streitwert 6.000,00 EUR) und einer Darlehensforderung (Streitwert 4.000,00 EUR). PKH (ohne Zahlungsbestimmungen) wird nur wegen der Kaufpreisforderung bewilligt und insoweit Rechtsanwalt X beigeordnet. Im Termin wird streitig verhandelt und Beweis durch Vernehmung der Zeugen Y und Z erhoben. Dabei wird Y nur zur Darlehensforderung, Z hingegen wird zu beiden Forderungen vernommen. Y erhält 60,00 EUR und Z 50,00 EUR als Entschädigung. Es ergeht ein Endurteil: K trägt sämtliche Kosten.

1) *Folgende Gerichtskosten sind entstanden:*
   - 3,0 Verfahrensgebühr aus 10.000,00 EUR   723,00 EUR
     (KV 1210)
   - Zeugenentschädigung (KV 9005)   <u>110,00 EUR</u>
   - insgesamt   <u>833,00 EUR</u>

   Von K sind zu erheben:
   a) Gebühren:
       3,0 aus 10.000,00 EUR   723,00 EUR
       3,0 aus 6.000,00 EUR   <u>./. 495,00 EUR</u>
                                   <u>228,00 EUR</u>

   b) Auslagen:
       Zeugenentschädigung des Y   = <u>60,00 EUR</u>

   c) Insgesamt: <u>288,00 EUR</u>

---

[234] H. M.; München Büro 1995, 203; Zweibrücken Büro 1995, 424.

III. Teilweise PKH-Bewilligung

Die Entschädigung des Zeugen Z wird nicht erhoben, da sie nicht einem Wertteil alleine zugeordnet werden kann.

2) *Vergütung des RA X:*
   a) Dem beigeordneten Rechtsanwalt X sind aus der Staatskasse zu erstatten (§§ 45 ff. RVG):
   2,5 Gebühren (Streitwert: 6.000,00 EUR).= 667,50 EUR

   b) Seinen Auftraggeber K kann er wegen folgender **Differenz** beanspruchen:
   - 2,5 Regelgebühren aus dem Gesamtwert
     (= 10.000,00 EUR):   1.395,00 EUR
   - 2,5 Regelgebühren aus dem PKH-Streitwert
     (= 6.000,00 EUR):   885,00 EUR
   - Zahlungspflicht des K   510,00 EUR

Anhang
Gesetzestexte (Stand: 1.1.2014)

1. §§ 114–127 ZPO

§ 114 Voraussetzungen

(1) [1]Eine Partei, die nach ihren persönlichen und wirtschaftlichen Verhältnissen die Kosten der Prozessführung nicht, nur zum Teil oder nur in Raten aufbringen kann, erhält auf Antrag Prozesskostenhilfe, wenn die beabsichtigte Rechtsverfolgung oder Rechtsverteidigung hinreichende Aussicht auf Erfolg bietet und nicht mutwillig erscheint.[2]Für die grenzüberschreitende Prozesskostenhilfe innerhalb der Europäischen Union gelten ergänzend die §§ 1076 bis 1078.

(2) Mutwillig ist die Rechtsverfolgung oder Rechtsverteidigung, wenn eine Partei, die keine Prozesskostenhilfe beansprucht, bei verständiger Würdigung aller Umstände von der Rechtsverfolgung oder Rechtsverteidigung absehen würde, obwohl eine hinreichende Aussicht auf Erfolg besteht.

§ 115 Einsatz von Einkommen und Vermögen

(1) [1]Die Partei hat ihr Einkommen einzusetzen. [2]Zum Einkommen gehören alle Einkünfte in Geld oder Geldeswert. [3]Von ihm sind abzusetzen:

1. a) die in § 82 Abs. 2 des Zwölften Buches Sozialgesetzbuch bezeichneten Beträge;
   b) bei Parteien, die ein Einkommen aus Erwerbstätigkeit erzielen, ein Betrag in Höhe von 50 vom Hundert des höchsten Regelsatzes, der für den alleinstehenden oder alleinerziehenden Leistungsberechtigten gemäß der Regelbedarfsstufe 1 nach der Anlage zu § 28 des Zwölften Buches Sozialgesetzbuch festgesetzt oder fortgeschrieben worden ist;
2. a) für die Partei und ihren Ehegatten oder ihren Lebenspartner jeweils ein Betrag in Höhe des um 10 vom Hundert erhöhten höchsten Regelsatzes, der für den alleinstehenden oder alleinerziehenden Leistungsberechtigten gemäß der Regelbedarfsstufe 1 nach der Anlage zu § 28 des Zwölften Buches Sozialgesetzbuch festgesetzt oder fortgeschrieben worden ist;
   b) bei weiteren Unterhaltsleistungen auf Grund gesetzlicher Unterhaltspflicht für jede unterhaltsberechtigte Person jeweils ein Betrag in Höhe des um 10 vom Hundert erhöhten höchsten Regelsatzes,

der für eine Person ihres Alters gemäß den Regelbedarfsstufen 3 bis 6 nach der Anlage zu § 28 des Zwölften Buches Sozialgesetzbuch festgesetzt oder fortgeschrieben worden ist;

3. die Kosten der Unterkunft und Heizung, soweit sie nicht in einem auffälligen Missverhältnis zu den Lebensverhältnissen der Partei stehen;

4. Mehrbedarfe nach § 21 des Zweiten Buches Sozialgesetzbuch und nach § 30 des Zwölften Buches Sozialgesetzbuch;

5. weitere Beträge, soweit dies mit Rücksicht auf besondere Belastungen angemessen ist; § 1610 a des Bürgerlichen Gesetzbuchs gilt entsprechend.

[4]Maßgeblich sind die Beträge, die zum Zeitpunkt der Bewilligung der Prozesskostenhilfe gelten. [5]Das Bundesministerium der Justiz gibt bei jeder Neufestsetzung oder jeder Fortschreibung die maßgebenden Beträge nach Satz 3 Nummer 1 Buchstabe b und Nummer 2 im Bundesgesetzblatt bekannt. [6]Diese Beträge sind, soweit sie nicht volle Euro ergeben, bis zu 0,49 Euro abzurunden und von 0,50 Euro an aufzurunden. [7]Die Unterhaltsfreibeträge nach Satz 3 Nr. 2 vermindern sich um eigenes Einkommen der unterhaltsberechtigten Person. [8]Wird eine Geldrente gezahlt, so ist sie anstelle des Freibetrages abzusetzen, soweit dies angemessen ist.

(2) [1]Von dem nach den Abzügen verbleibenden Teil des monatlichen Einkommens (einzusetzendes Einkommen) sind Monatsraten in Höhe der Hälfte des einzusetzenden Einkommens festzusetzen; die Monatsraten sind auf volle Euro abzurunden. [2]Beträgt die Höhe einer Monatsrate weniger als 10 Euro, ist von der Festsetzung von Monatsraten abzusehen. [3]Bei einem einzusetzenden Einkommen von mehr als 600 Euro beträgt die Monatsrate 300 Euro zuzüglich des Teils des einzusetzenden Einkommens, der 600 Euro übersteigt. [4]Unabhängig von der Zahl der Rechtszüge sind höchstens 48 Monatsraten aufzubringen.

(3) [1]Die Partei hat ihr Vermögen einzusetzen, soweit dies zumutbar ist. [2]§ 90 des Zwölften Buches Sozialgesetzbuch gilt entsprechend.

(4) Prozesskostenhilfe wird nicht bewilligt, wenn die Kosten der Prozessführung der Partei vier Monatsraten und die aus dem Vermögen aufzubringenden Teilbeträge voraussichtlich nicht übersteigen.

§ 116 Partei kraft Amtes; juristische Person; parteifähige Vereinigung

[1]Prozesskostenhilfe erhalten auf Antrag

1. eine Partei kraft Amtes, wenn die Kosten aus der verwalteten Vermögensmasse nicht aufgebracht werden können und den am Gegenstand des Rechtsstreits wirtschaftlich Beteiligten nicht zuzumuten ist, die Kosten aufzubringen;

2. eine juristische Person oder parteifähige Vereinigung, die im Inland, in einem anderen Mitgliedstaat der Europäischen Union oder einem anderen Vertragsstaat des Abkommens über den Europäischen Wirtschaftsraum gegründet und dort ansässig ist, wenn die Kosten weder

von ihr noch von den am Gegenstand des Rechtsstreits wirtschaftlich Beteiligten aufgebracht werden können und wenn die Unterlassung der Rechtsverfolgung oder Rechtsverteidigung allgemeinen Interessen zuwiderlaufen würde. [2]§ 114 Absatz 1 Satz 1 letzter Halbsatz und Absatz 2 ist anzuwenden. [3]Können die Kosten nur zum Teil oder nur in Teilbeträgen aufgebracht werden, so sind die entsprechenden Beträge zu zahlen.

§ 117 Antrag

(1) [1]Der Antrag auf Bewilligung der Prozesskostenhilfe ist bei dem Prozessgericht zu stellen; er kann vor der Geschäftsstelle zu Protokoll erklärt werden. [2]In dem Antrag ist das Streitverhältnis unter Angabe der Beweismittel darzustellen. [3]Der Antrag auf Bewilligung von Prozesskostenhilfe für die Zwangsvollstreckung ist bei dem für die Zwangsvollstreckung zuständigen Gericht zu stellen.

(2) [1]Dem Antrag sind eine Erklärung der Partei über ihre persönlichen und wirtschaftlichen Verhältnisse (Familienverhältnisse, Beruf, Vermögen, Einkommen und Lasten) sowie entsprechende Belege beizufügen. [2]Die Erklärung und die Belege dürfen dem Gegner nur mit Zustimmung der Partei zugänglich gemacht werden; es sei denn, der Gegner hat gegen den Antragsteller nach den Vorschriften des bürgerlichen Rechts einen Anspruch auf Auskunft über Einkünfte und Vermögen des Antragstellers. [3]Dem Antragsteller ist vor der Übermittlung seiner Erklärung an den Gegner Gelegenheit zur Stellungnahme zu geben. [4]Er ist über die Übermittlung seiner Erklärung zu unterrichten.

(3) [1]Das Bundesministerium der Justiz wird ermächtigt, zur Vereinfachung und Vereinheitlichung des Verfahrens durch Rechtsverordnung mit Zustimmung des Bundesrates Formulare für die Erklärung einzuführen. [2]Die Formulare enthalten die nach § 120a Absatz 2 Satz 4 erforderliche Belehrung.

(4) Soweit Formulare für die Erklärung eingeführt sind, muss sich die Partei ihrer bedienen.

§ 118 Bewilligungsverfahren

(1) [1]Dem Gegner ist Gelegenheit zur Stellungnahme zu geben, ob er die Voraussetzungen für die Bewilligung von Prozesskostenhilfe für gegeben hält, soweit dies aus besonderen Gründen nicht unzweckmäßig erscheint. [2]Die Stellungnahme kann vor der Geschäftsstelle zu Protokoll erklärt werden. [3]Das Gericht kann die Parteien zur mündlichen Erörterung laden, wenn eine Einigung zu erwarten ist; ein Vergleich ist zu gerichtlichem Protokoll zu nehmen. [4]Dem Gegner entstandene Kosten werden nicht erstattet. [5]Die durch die Vernehmung von Zeugen und Sachverständigen nach Absatz 2 Satz 3 entstandenen Auslagen sind als Gerichtskosten von der Partei zu tragen, der die Kosten des Rechtsstreits auferlegt sind.

(2) ¹Das Gericht kann verlangen, dass der Antragsteller seine tatsächlichen Angaben glaubhaft macht, es kann insbesondere auch die Abgabe einer Versicherung an Eides statt fordern. ²Es kann Erhebungen anstellen, insbesondere die Vorlegung von Urkunden anordnen und Auskünfte einholen. ³Zeugen und Sachverständige werden nicht vernommen, es sei denn, dass auf andere Weise nicht geklärt werden kann, ob die Rechtsverfolgung oder Rechtsverteidigung hinreichende Aussicht auf Erfolg bietet und nicht mutwillig erscheint; eine Beeidigung findet nicht statt. ⁴Hat der Antragsteller innerhalb einer von dem Gericht gesetzten Frist Angaben über seine persönlichen und wirtschaftlichen Verhältnisse nicht glaubhaft gemacht oder bestimmte Fragen nicht oder ungenügend beantwortet, so lehnt das Gericht die Bewilligung von Prozesskostenhilfe insoweit ab.

(3) Die in Absatz 1, 2 bezeichneten Maßnahmen werden von dem Vorsitzenden oder einem von ihm beauftragten Mitglied des Gerichts durchgeführt.

§ 119 Bewilligung

(1) ¹Die Bewilligung der Prozesskostenhilfe erfolgt für jeden Rechtszug besonders. ²In einem höheren Rechtszug ist nicht zu prüfen, ob die Rechtsverfolgung oder Rechtsverteidigung hinreichende Aussicht auf Erfolg bietet oder mutwillig erscheint, wenn der Gegner das Rechtsmittel eingelegt hat.

(2) Die Bewilligung von Prozesskostenhilfe für die Zwangsvollstreckung in das bewegliche Vermögen umfasst alle Vollstreckungshandlungen im Bezirk des Vollstreckungsgerichts einschließlich des Verfahrens auf Abgabe der eidesstattlichen Versicherung.

§ 120 Festsetzung von Zahlungen

(1) ¹Mit der Bewilligung der Prozesskostenhilfe setzt das Gericht zu zahlende Monatsraten und aus dem Vermögen zu zahlende Beträge fest. ²Setzt das Gericht nach § 115 Absatz 1 Satz 3 Nummer 5 mit Rücksicht auf besondere Belastungen von dem Einkommen Beträge ab und ist anzunehmen, dass die Belastungen bis zum Ablauf von vier Jahren ganz oder teilweise entfallen werden, so setzt das Gericht zugleich diejenigen Zahlungen fest, die sich ergeben, wenn die Belastungen nicht oder nur in verringertem Umfang berücksichtigt werden, und bestimmt den Zeitpunkt, von dem an sie zu erbringen sind.

(2) Die Zahlungen sind an die Landeskasse zu leisten, im Verfahren vor dem Bundesgerichtshof an die Bundeskasse, wenn Prozesskostenhilfe in einem vorherigen Rechtszug nicht bewilligt worden ist.

(3) Das Gericht soll die vorläufige Einstellung der Zahlungen bestimmen,

1. wenn die Zahlungen der Partei die voraussichtlich entstehenden Kosten decken;

2. wenn die Partei, ein ihr beigeordneter Rechtsanwalt oder die Bundes- oder Landeskasse die Kosten gegen einen anderen am Verfahren Beteiligten geltend machen kann.

§ 120 a Änderung der Bewilligung

(1) [1]Das Gericht soll die Entscheidung über die zu leistenden Zahlungen ändern, wenn sich die für die Prozesskostenhilfe maßgebenden persönlichen oder wirtschaftlichen Verhältnisse wesentlich verändert haben. [2]Eine Änderung der nach § 115 Absatz 1 Satz 3 Nummer 1 Buchstabe b und Nummer 2 maßgebenden Beträge ist nur auf Antrag und nur dann zu berücksichtigen, wenn sie dazu führt, dass keine Monatsrate zu zahlen ist. [3]Auf Verlangen des Gerichts muss die Partei jederzeit erklären, ob eine Veränderung der Verhältnisse eingetreten ist. [4]Eine Änderung zum Nachteil der Partei ist ausgeschlossen, wenn seit der rechtskräftigen Entscheidung oder der sonstigen Beendigung des Verfahrens vier Jahre vergangen sind.

(2) [1]Verbessern sich vor dem in Absatz 1 Satz 4 genannten Zeitpunkt die wirtschaftlichen Verhältnisse der Partei wesentlich oder ändert sich ihre Anschrift, hat sie dies dem Gericht unverzüglich mitzuteilen. [2]Bezieht die Partei ein laufendes monatliches Einkommen, ist eine Einkommensverbesserung nur wesentlich, wenn die Differenz zu dem bisher zu Grunde gelegten Bruttoeinkommen nicht nur einmalig 100 Euro übersteigt. [3]Satz 2 gilt entsprechend, soweit abzugsfähige Belastungen entfallen. [4]Hierüber und über die Folgen eines Verstoßes ist die Partei bei der Antragstellung in dem gemäß § 117 Absatz 3 eingeführten Formular zu belehren.

(3) [1]Eine wesentliche Verbesserung der wirtschaftlichen Verhältnisse kann insbesondere dadurch eintreten, dass die Partei durch die Rechtsverfolgung oder Rechtsverteidigung etwas erlangt. [2]Das Gericht soll nach der rechtskräftigen Entscheidung oder der sonstigen Beendigung des Verfahrens prüfen, ob eine Änderung der Entscheidung über die zu leistenden Zahlungen mit Rücksicht auf das durch die Rechtsverfolgung oder Rechtsverteidigung Erlangte geboten ist. [3]Eine Änderung der Entscheidung ist ausgeschlossen, soweit die Partei bei rechtzeitiger Leistung des durch die Rechtsverfolgung oder Rechtsverteidigung Erlangten ratenfreie Prozesskostenhilfe erhalten hätte.

(4) [1]Für die Erklärung über die Änderung der persönlichen oder wirtschaftlichen Verhältnisse nach Absatz 1 Satz 3 muss die Partei das gemäß § 117 Absatz 3 eingeführte Formular benutzen. [2]Für die Überprüfung der persönlichen und wirtschaftlichen Verhältnisse gilt § 118 Absatz 2 entsprechend.

§ 121 Beiordnung eines Rechtsanwalts

(1) Ist eine Vertretung durch Anwälte vorgeschrieben, wird der Partei ein zur Vertretung bereiter Rechtsanwalt ihrer Wahl beigeordnet.

(2) Ist eine Vertretung durch Anwälte nicht vorgeschrieben, wird der Partei auf ihren Antrag ein zur Vertretung bereiter Rechtsanwalt ihrer Wahl beigeordnet, wenn die Vertretung durch einen Rechtsanwalt erforderlich erscheint oder der Gegner durch einen Rechtsanwalt vertreten ist.

(3) Ein nicht in dem Bezirk des Prozessgerichts niedergelassener Rechtsanwalt kann nur beigeordnet werden, wenn dadurch weitere Kosten nicht entstehen.

(4) Wenn besondere Umstände dies erfordern, kann der Partei auf ihren Antrag ein zur Vertretung bereiter Rechtsanwalt ihrer Wahl zur Wahrnehmung eines Termins zur Beweisaufnahme vor dem ersuchten Richter oder zur Vermittlung des Verkehrs mit dem Prozessbevollmächtigten beigeordnet werden.

(5) Findet die Partei keinen zur Vertretung bereiten Anwalt, ordnet der Vorsitzende ihr auf Antrag einen Rechtsanwalt bei.

§ 122 Wirkung der Prozesskostenhilfe

(1) Die Bewilligung der Prozesskostenhilfe bewirkt, dass
1. die Bundes- oder Landeskasse
   a) die rückständigen und die entstehenden Gerichtskosten und Gerichtsvollzieherkosten,
   b) die auf sie übergegangenen Ansprüche der beigeordneten Rechtsanwälte gegen die Partei
   nur nach den Bestimmungen, die das Gericht trifft, gegen die Partei geltend machen kann,
2. die Partei von der Verpflichtung zur Sicherheitsleistung für die Prozesskosten befreit ist,
3. die beigeordneten Rechtsanwälte Ansprüche auf Vergütung gegen die Partei nicht geltend machen können.

(2) Ist dem Kläger, dem Berufungskläger oder dem Revisionskläger Prozesskostenhilfe bewilligt und ist nicht bestimmt worden, dass Zahlungen an die Bundes- oder Landeskasse zu leisten sind, so hat dies für den Gegner die einstweilige Befreiung von den in Absatz 1 Nr. 1 Buchstabe a bezeichneten Kosten zur Folge.

§ 123 Kostenerstattung

Die Bewilligung der Prozesskostenhilfe hat auf die Verpflichtung, die dem Gegner entstandenen Kosten zu erstatten, keinen Einfluss.

§ 124 Aufhebung der Bewilligung

(1) Das Gericht soll die Bewilligung der Prozesskostenhilfe aufheben, wenn

1. die Partei durch unrichtige Darstellung des Streitverhältnisses die für die Bewilligung der Prozesskostenhilfe maßgebenden Voraussetzungen vorgetäuscht hat;
2. die Partei absichtlich oder aus grober Nachlässigkeit unrichtige Angaben über die persönlichen oder wirtschaftlichen Verhältnisse gemacht oder eine Erklärung nach § 120a Absatz 1 Satz 3 nicht oder ungenügend abgegeben hat;
3. die persönlichen oder wirtschaftlichen Voraussetzungen für die Prozesskostenhilfe nicht vorgelegen haben; in diesem Fall ist die Aufhebung ausgeschlossen, wenn seit der rechtskräftigen Entscheidung oder sonstigen Beendigung des Verfahrens vier Jahre vergangen sind;
4. die Partei entgegen § 120a Absatz 2 Satz 1 bis 3 dem Gericht wesentliche Verbesserungen ihrer Einkommens- und Vermögensverhältnisse oder Änderungen ihrer Anschrift absichtlich oder aus grober Nachlässigkeit unrichtig oder nicht unverzüglich mitgeteilt hat;
5. die Partei länger als drei Monate mit der Zahlung einer Monatsrate oder mit der Zahlung eines sonstigen Betrages im Rückstand ist.

(2) Das Gericht kann die Bewilligung der Prozesskostenhilfe aufheben, soweit die von der Partei beantragte Beweiserhebung auf Grund von Umständen, die im Zeitpunkt der Bewilligung der Prozesskostenhilfe noch nicht berücksichtigt werden konnten, keine hinreichende Aussicht auf Erfolg bietet oder der Beweisantritt mutwillig erscheint.

§ 125 Einziehung der Kosten

(1) Die Gerichtskosten und die Gerichtsvollzieherkosten können von dem Gegner erst eingezogen werden, wenn er rechtskräftig in die Prozesskosten verurteilt ist.

(2) Die Gerichtskosten, von deren Zahlung der Gegner einstweilen befreit ist, sind von ihm einzuziehen, soweit er rechtskräftig in die Prozesskosten verurteilt oder der Rechtsstreit ohne Urteil über die Kosten beendet ist.

§ 126 Beitreibung der Rechtsanwaltskosten

(1) Die für die Partei bestellten Rechtsanwälte sind berechtigt, ihre Gebühren und Auslagen von dem in die Prozesskosten verurteilten Gegner im eigenen Namen beizutreiben.

(2) ¹Eine Einrede aus der Person der Partei ist nicht zulässig. ²Der Gegner kann mit Kosten aufrechnen, die nach der in demselben Rechtsstreit über die Kosten erlassenen Entscheidung von der Partei zu erstatten sind.

§ 127 Entscheidungen

(1) ¹Entscheidungen im Verfahren über die Prozesskostenhilfe ergehen ohne mündliche Verhandlung. ²Zuständig ist das Gericht des ersten

Rechtszuges; ist das Verfahren in einem höheren Rechtszug anhängig, so ist das Gericht dieses Rechtszuges zuständig. [3]Soweit die Gründe der Entscheidung Angaben über die persönlichen und wirtschaftlichen Verhältnisse der Partei enthalten, dürfen sie dem Gegner nur mit Zustimmung der Partei zugänglich gemacht werden.

(2) [1]Die Bewilligung der Prozesskostenhilfe kann nur nach Maßgabe des Absatzes 3 angefochten werden. [2]Im Übrigen findet die sofortige Beschwerde statt; dies gilt nicht, wenn der Streitwert der Hauptsache den in § 511 genannten Betrag nicht übersteigt, es sei denn, das Gericht hat ausschließlich die persönlichen oder wirtschaftlichen Voraussetzungen für die Prozesskostenhilfe verneint. [3]Die Notfrist beträgt einen Monat.

(3) [1]Gegen die Bewilligung der Prozesskostenhilfe findet die sofortige Beschwerde der Staatskasse statt, wenn weder Monatsraten noch aus dem Vermögen zu zahlende Beträge festgesetzt worden sind. [2]Die Beschwerde kann nur darauf gestützt werden, dass die Partei nach ihren persönlichen und wirtschaftlichen Verhältnissen Zahlungen zu leisten hat. [3]Die Notfrist beträgt einen Monat und beginnt mit der Bekanntgabe des Beschlusses. [4]Nach Ablauf von drei Monaten seit der Verkündung der Entscheidung ist die Beschwerde unstatthaft. [5]Wird die Entscheidung nicht verkündet, so tritt an die Stelle der Verkündung der Zeitpunkt, in dem die unterschriebene Entscheidung der Geschäftsstelle übermittelt wird. [6]Die Entscheidung wird der Staatskasse nicht von Amts wegen mitgeteilt.

(4) Die Kosten des Beschwerdeverfahrens werden nicht erstattet.

2. § 91, §§ 103–107 ZPO

§ 91 Grundsatz und Umfang der Kostenpflicht

(1) [1]Die unterliegende Partei hat die Kosten des Rechtsstreits zu tragen, insbesondere die dem Gegner erwachsenen Kosten zu erstatten, soweit sie zur zweckentsprechenden Rechtsverfolgung oder Rechtsverteidigung notwendig waren. [2]Die Kostenerstattung umfasst auch die Entschädigung des Gegners für die durch notwendige Reisen oder durch die notwendige Wahrnehmung von Terminen entstandene Zeitversäumnis; die für die Entschädigung von Zeugen geltenden Vorschriften sind entsprechend anzuwenden.

(2) [1]Die gesetzlichen Gebühren und Auslagen des Rechtsanwalts[2] der obsiegenden Partei sind in allen Prozessen zu erstatten, Reisekosten eines Rechtsanwalts, der nicht in dem Bezirk des Prozessgerichts niedergelassen ist und am Ort des Prozessgerichts auch nicht wohnt, jedoch nur insoweit, als die Zuziehung zur zweckentsprechenden Rechtsverfolgung oder Rechtsverteidigung notwendig war. [2]Die Kosten mehrerer Rechtsanwälte sind nur insoweit zu erstatten, als sie die Kosten eines Rechtsanwalts nicht übersteigen oder als in der Person des Rechtsanwalts ein Wechsel eintreten musste. [3]In eigener Sache sind dem Rechtsanwalt die

Gebühren und Auslagen zu erstatten, die er als Gebühren und Auslagen eines bevollmächtigten Rechtsanwalts erstattet verlangen könnte.

(3) Zu den Kosten des Rechtsstreits im Sinne der Absätze 1, 2 gehören auch die Gebühren, die durch ein Güteverfahren vor einer durch die Landesjustizverwaltung eingerichteten oder anerkannten Gütestelle entstanden sind; dies gilt nicht, wenn zwischen der Beendigung des Güteverfahrens und der Klageerhebung mehr als ein Jahr verstrichen ist.

(4) Zu den Kosten des Rechtsstreits im Sinne von Absatz 1 gehören auch Kosten, die die obsiegende Partei der unterlegenen Partei im Verlaufe des Rechtsstreits gezahlt hat.

§ 103 Kostenfestsetzungsgrundlage; Kostenfestsetzungsantrag

(1) Der Anspruch auf Erstattung der Prozesskosten kann nur auf Grund eines zur Zwangsvollstreckung geeigneten Titels geltend gemacht werden.

(2) [1]Der Antrag auf Festsetzung des zu erstattenden Betrages ist bei dem Gericht des ersten Rechtszuges anzubringen. [2]Die Kostenberechnung, ihre zur Mitteilung an den Gegner bestimmte Abschrift und die zur Rechtfertigung der einzelnen Ansätze dienenden Belege sind beizufügen.

§ 104 Kostenfestsetzungsverfahren

(1) [1]Über den Festsetzungsantrag entscheidet das Gericht des ersten Rechtszuges. [2]Auf Antrag ist auszusprechen, dass die festgesetzten Kosten vom Eingang des Festsetzungsantrags, im Falle des § 105 Abs. 3 von der Verkündung des Urteils ab mit fünf Prozentpunkten über dem Basiszinssatz nach § 247 des Bürgerlichen Gesetzbuchs zu verzinsen sind. [3]Die Entscheidung ist, sofern dem Antrag ganz oder teilweise entsprochen wird, dem Gegner des Antragstellers unter Beifügung einer Abschrift der Kostenrechnung von Amts wegen zuzustellen. [4]Dem Antragsteller ist die Entscheidung nur dann von Amts wegen zuzustellen, wenn der Antrag ganz oder teilweise zurückgewiesen wird; im Übrigen ergeht die Mitteilung formlos.

(2) [1]Zur Berücksichtigung eines Ansatzes genügt, dass er glaubhaft gemacht ist. [2]Hinsichtlich der einem Rechtsanwalt erwachsenden Auslagen für Post- und Telekommunikationsdienstleistungen genügt die Versicherung des Rechtsanwalts, dass diese Auslagen entstanden sind. [3]Zur Berücksichtigung von Umsatzsteuerbeträgen genügt die Erklärung des Antragstellers, dass er die Beträge nicht als Vorsteuer abziehen kann.

(3) [1]Gegen die Entscheidung findet sofortige Beschwerde statt. [2]Das Beschwerdegericht kann das Verfahren aussetzen, bis die Entscheidung, auf die der Festsetzungsantrag gestützt wird, rechtskräftig ist.

§ 105 Vereinfachter Kostenfestsetzungsbeschluss

(1) [1]Der Festsetzungsbeschluss kann auf das Urteil und die Ausfertigungen gesetzt werden, sofern bei Eingang des Antrags eine Ausfertigung des Urteils noch nicht erteilt ist und eine Verzögerung der Ausfertigung nicht eintritt. [2]Erfolgt der Festsetzungsbeschluss in der Form des § 130b, ist er in einem gesonderten elektronischen Dokument festzuhalten. [3]Das Dokument ist mit dem Urteil untrennbar zu verbinden.

(2) [1]Eine besondere Ausfertigung und Zustellung des Festsetzungsbeschlusses findet in den Fällen des Absatzes 1 nicht statt. [2]Den Parteien ist der festgesetzte Betrag mitzuteilen, dem Gegner des Antragstellers unter Beifügung der Abschrift der Kostenberechnung. [3]Die Verbindung des Festsetzungsbeschlusses mit dem Urteil soll unterbleiben, sofern dem Festsetzungsantrag auch nur teilweise nicht entsprochen wird.

(3) Eines Festsetzungsantrags bedarf es nicht, wenn die Partei vor der Verkündung des Urteils die Berechnung ihrer Kosten eingereicht hat; in diesem Fall ist die dem Gegner mitzuteilende Abschrift der Kostenberechnung von Amts wegen anzufertigen.

§ 106 Verteilung nach Quoten

(1) [1]Sind die Prozesskosten ganz oder teilweise nach Quoten verteilt, so hat nach Eingang des Festsetzungsantrags das Gericht den Gegner aufzufordern, die Berechnung seiner Kosten binnen einer Woche bei Gericht einzureichen. [2]Die Vorschriften des § 105 sind nicht anzuwenden.

(2) [1]Nach fruchtlosem Ablauf der einwöchigen Frist ergeht die Entscheidung ohne Rücksicht auf die Kosten des Gegners, unbeschadet des Rechts des letzteren, den Anspruch auf Erstattung nachträglich geltend zu machen. [2]Der Gegner haftet für die Mehrkosten, die durch das nachträgliche Verfahren entstehen.

§ 107 Änderung nach Streitwertfestsetzung

(1) [1]Ergeht nach der Kostenfestsetzung eine Entscheidung, durch die der Wert des Streitgegenstandes festgesetzt wird, so ist, falls diese Entscheidung von der Wertberechnung abweicht, die der Kostenfestsetzung zugrunde liegt, auf Antrag die Kostenfestsetzung entsprechend abzuändern. [2]Über den Antrag entscheidet das Gericht des ersten Rechtszuges.

(2) [1]Der Antrag ist binnen der Frist von einem Monat bei der Geschäftsstelle anzubringen. [2]Die Frist beginnt mit der Zustellung und, wenn es einer solchen nicht bedarf, mit der Verkündung des den Wert des Streitgegenstandes festsetzenden Beschlusses.

(3) Die Vorschriften des § 104 Abs. 3 sind anzuwenden.

3. §§ 44–59 RVG

§ 44 Vergütungsanspruch bei Beratungshilfe

¹Für die Tätigkeit im Rahmen der Beratungshilfe erhält der Rechtsanwalt eine Vergütung nach diesem Gesetz aus der Landeskasse, soweit nicht für die Tätigkeit in Beratungsstellen nach § 3 Abs. 1 des Beratungshilfegesetzes besondere Vereinbarungen getroffen sind. ²Die Beratungshilfegebühr (Nummer 2500 des Vergütungsverzeichnisses) schuldet nur der Rechtsuchende.

§ 45 Vergütungsanspruch des beigeordneten oder bestellten Rechtsanwalts

(1) Der im Wege der Prozesskostenhilfe beigeordnete oder nach § 57 oder § 58 der Zivilprozessordnung zum Prozesspfleger bestellte Rechtsanwalt erhält, soweit in diesem Abschnitt nichts anderes bestimmt ist, die gesetzliche Vergütung in Verfahren vor Gerichten des Bundes aus der Bundeskasse, in Verfahren vor Gerichten eines Landes aus der Landeskasse.

(2) Der Rechtsanwalt, der nach § 138 des Gesetzes über das Verfahren in Familiensachen und in den Angelegenheiten der freiwilligen Gerichtsbarkeit, auch in Verbindung mit § 270 des Gesetzes über das Verfahren in Familiensachen und in den Angelegenheiten der freiwilligen Gerichtsbarkeit, nach § 109 Absatz 3 oder § 119a Absatz 6 des Strafvollzugsgesetzes beigeordnet oder nach § 67a Abs. 1 Satz 2 der Verwaltungsgerichtsordnung bestellt ist, kann eine Vergütung aus der Landeskasse verlangen, wenn der zur Zahlung Verpflichtete (§ 39 oder § 40) mit der Zahlung der Vergütung im Verzug ist.

(3) ¹Ist der Rechtsanwalt sonst gerichtlich bestellt oder beigeordnet worden, erhält er die Vergütung aus der Landeskasse, wenn ein Gericht des Landes den Rechtsanwalt bestellt oder beigeordnet hat, im Übrigen aus der Bundeskasse. ²Hat zuerst ein Gericht des Bundes und sodann ein Gericht des Landes den Rechtsanwalt bestellt oder beigeordnet, zahlt die Bundeskasse die Vergütung, die der Rechtsanwalt während der Dauer der Bestellung oder Beiordnung durch das Gericht des Bundes verdient hat, die Landeskasse die dem Rechtsanwalt darüber hinaus zustehende Vergütung. ³Dies gilt entsprechend, wenn zuerst ein Gericht des Landes und sodann ein Gericht des Bundes den Rechtsanwalt bestellt oder beigeordnet hat.

(4) ¹Wenn der Verteidiger von der Stellung eines Wiederaufnahmeantrags abrät, hat er einen Anspruch gegen die Staatskasse nur dann, wenn er nach § 364b Abs. 1 Satz 1 der Strafprozessordnung bestellt worden ist oder das Gericht die Feststellung nach § 364b Abs. 1 Satz 2 der Strafprozessordnung getroffen hat. ²Dies gilt auch im gerichtlichen Bußgeldverfahren (§ 85 Abs. 1 des Gesetzes über Ordnungswidrigkeiten).

(5) [1]Absatz 3 ist im Bußgeldverfahren vor der Verwaltungsbehörde entsprechend anzuwenden. [2]An die Stelle des Gerichts tritt die Verwaltungsbehörde.

§ 46 Auslagen und Aufwendungen

(1) Auslagen, insbesondere Reisekosten, werden nicht vergütet, wenn sie zur sachgemäßen Durchführung der Angelegenheit nicht erforderlich waren.

(2) [1]Wenn das Gericht des Rechtszugs auf Antrag des Rechtsanwalts vor Antritt der Reise feststellt, dass eine Reise erforderlich ist, ist diese Feststellung für das Festsetzungsverfahren (§ 55) bindend. [2]Im Bußgeldverfahren vor der Verwaltungsbehörde tritt an die Stelle des Gerichts die Verwaltungsbehörde. [3]Für Aufwendungen (§ 670 des Bürgerlichen Gesetzbuchs) gelten Absatz 1 und die Sätze 1 und 2 entsprechend; die Höhe zu ersetzender Kosten für die Zuziehung eines Dolmetschers oder Übersetzers ist auf die nach dem Justizvergütungs- und -entschädigungsgesetz zu zahlenden Beträge beschränkt.

(3) [1]Auslagen, die durch Nachforschungen zur Vorbereitung eines Wiederaufnahmeverfahrens entstehen, für das die Vorschriften der Strafprozessordnung gelten, werden nur vergütet, wenn der Rechtsanwalt nach § 364 b Abs. 1 Satz 1 der Strafprozessordnung bestellt worden ist oder wenn das Gericht die Feststellung nach § 364 b Abs. 1 Satz 2 der Strafprozessordnung getroffen hat. [2]Dies gilt auch im gerichtlichen Bußgeldverfahren (§ 85 Abs. 1 des Gesetzes über Ordnungswidrigkeiten).

§ 47 Vorschuss

(1) [1]Wenn dem Rechtsanwalt wegen seiner Vergütung ein Anspruch gegen die Staatskasse zusteht, kann er für die entstandenen Gebühren und die entstandenen und voraussichtlich entstehenden Auslagen aus der Staatskasse einen angemessenen Vorschuss fordern. [2]Der Rechtsanwalt, der nach § 138 des Gesetzes über das Verfahren in Familiensachen und in den Angelegenheiten der freiwilligen Gerichtsbarkeit, auch in Verbindung mit § 270 des Gesetzes über das Verfahren in Familiensachen und in den Angelegenheiten der freiwilligen Gerichtsbarkeit, nach § 109 Absatz 3 oder § 119 a Absatz 6 des Strafvollzugsgesetzes beigeordnet oder nach § 67 a Abs. 1 Satz 2 der Verwaltungsgerichtsordnung bestellt ist, kann einen Vorschuss nur verlangen, wenn der zur Zahlung Verpflichtete (§ 39 oder § 40) mit der Zahlung des Vorschusses im Verzug ist.

(2) Bei Beratungshilfe kann der Rechtsanwalt aus der Staatskasse keinen Vorschuss fordern.

§ 48 Umfang des Anspruchs und der Beiordnung

(1) Der Vergütungsanspruch bestimmt sich nach den Beschlüssen, durch die die Prozesskostenhilfe bewilligt und der Rechtsanwalt beigeordnet oder bestellt worden ist.

(2) ¹In Angelegenheiten, in denen sich die Gebühren nach Teil 3 des Vergütungsverzeichnisses bestimmen und die Beiordnung eine Berufung, eine Beschwerde wegen des Hauptgegenstands, eine Revision oder eine Rechtsbeschwerde wegen des Hauptgegenstands betrifft, wird eine Vergütung aus der Staatskasse auch für die Rechtsverteidigung gegen ein Anschlussrechtsmittel und, wenn der Rechtsanwalt für die Erwirkung eines Arrests, einer einstweiligen Verfügung oder einer einstweiligen Anordnung beigeordnet ist, auch für deren Vollziehung oder Vollstreckung gewährt. ²Dies gilt nicht, wenn der Beiordnungsbeschluss ausdrücklich etwas anderes bestimmt.

(3) ¹Die Beiordnung in einer Ehesache erstreckt sich im Fall des Abschlusses eines Vertrags im Sinne der Nummer 1000 des Vergütungsverzeichnisses auf alle mit der Herbeiführung der Einigung erforderlichen Tätigkeiten, soweit der Vertrag

1. den gegenseitigen Unterhalt der Ehegatten,
2. den Unterhalt gegenüber den Kindern im Verhältnis der Ehegatten zueinander,
3. die Sorge für die Person der gemeinschaftlichen minderjährigen Kinder,
4. die Regelung des Umgangs mit einem Kind,
5. die Rechtsverhältnisse an der Ehewohnung und den Haushaltsgegenständen oder
6. die Ansprüche aus dem ehelichen Güterrecht

betrifft. ²Satz 1 gilt im Fall der Beiordnung in Lebenspartnerschaftssachen nach § 269 Abs. 1 Nr. 1 und 2 des Gesetzes über das Verfahren in Familiensachen und in den Angelegenheiten der freiwilligen Gerichtsbarkeit entsprechend.

(4) ¹Die Beiordnung in Angelegenheiten, in denen nach § 3 Absatz 1 Betragsrahmengebühren entstehen, erstreckt sich auf Tätigkeiten ab dem Zeitpunkt der Beantragung der Prozesskostenhilfe, wenn vom Gericht nichts anderes bestimmt ist. ²Die Beiordnung erstreckt sich ferner auf die gesamte Tätigkeit im Verfahren über die Prozesskostenhilfe einschließlich der vorbereitenden Tätigkeit.

(5) ¹In anderen Angelegenheiten, die mit dem Hauptverfahren nur zusammenhängen, erhält der für das Hauptverfahren beigeordnete Rechtsanwalt eine Vergütung aus der Staatskasse nur dann, wenn er ausdrücklich auch hierfür beigeordnet ist. ²Dies gilt insbesondere für

1. die Zwangsvollstreckung, die Vollstreckung und den Verwaltungszwang;
2. das Verfahren über den Arrest, die einstweilige Verfügung und die einstweilige Anordnung;

3. das selbstständige Beweisverfahren;
4. das Verfahren über die Widerklage oder den Widerantrag, ausgenommen die Rechtsverteidigung gegen den Widerantrag in Ehesachen und in Lebenspartnerschaftssachen nach § 269 Abs. 1 Nr. 1 und 2 des Gesetzes über das Verfahren in Familiensachen und in den Angelegenheiten der freiwilligen Gerichtsbarkeit.

(6) ¹Wird der Rechtsanwalt in Angelegenheiten nach den Teilen 4 bis 6 des Vergütungsverzeichnisses im ersten Rechtszug bestellt oder beigeordnet, erhält er die Vergütung auch für seine Tätigkeit vor dem Zeitpunkt seiner Bestellung, in Strafsachen einschließlich seiner Tätigkeit vor Erhebung der öffentlichen Klage und in Bußgeldsachen einschließlich der Tätigkeit vor der Verwaltungsbehörde. ²Wird der Rechtsanwalt in einem späteren Rechtszug beigeordnet, erhält er seine Vergütung in diesem Rechtszug auch für seine Tätigkeit vor dem Zeitpunkt seiner Bestellung. ³Werden Verfahren verbunden, kann das Gericht die Wirkungen des Satzes 1 auch auf diejenigen Verfahren erstrecken, in denen vor der Verbindung keine Beiordnung oder Bestellung erfolgt war.

§ 49 Wertgebühren aus der Staatskasse

Bestimmen sich die Gebühren nach dem Gegenstandswert, werden bei einem Gegenstandswert von mehr als 4.000 Euro anstelle der Gebühr nach § 13 Absatz 1 folgende Gebühren vergütet:

Gegenstandswert bis ... Euro	Gebühr ... Euro	Gegenstandswert bis ... Euro	Gebühr ... Euro
5.000	257	16.000	335
6.000	267	19.000	349
7.000	277	22.000	363
8.000	287	25.000	377
9.000	297	30.000	412
10.000	307		
13.000	321	über 30.000	447

§ 50 Weitere Vergütung bei Prozesskostenhilfe

(1) ¹Nach Deckung der in § 122 Absatz 1 Nummer 1 der Zivilprozessordnung bezeichneten Kosten und Ansprüche hat die Staatskasse über die auf sie übergegangenen Ansprüche des Rechtsanwalts hinaus weitere Beträge bis zur Höhe der Regelvergütung einzuziehen, wenn dies nach den Vorschriften der Zivilprozessordnung und nach den Bestimmungen, die das Gericht getroffen hat, zulässig ist. ²Die weitere Vergütung ist festzusetzen, wenn das Verfahren durch rechtskräftige Entscheidung oder in sonstiger Weise beendet ist und die von der Partei zu zahlenden Beträge beglichen sind oder wegen dieser Beträge eine Zwangsvollstre-

ckung in das bewegliche Vermögen der Partei erfolglos geblieben ist oder aussichtslos erscheint.

(2) Der beigeordnete Rechtsanwalt soll eine Berechnung seiner Regelvergütung unverzüglich zu den Prozessakten mitteilen.

(3) Waren mehrere Rechtsanwälte beigeordnet, bemessen sich die auf die einzelnen Rechtsanwälte entfallenden Beträge nach dem Verhältnis der jeweiligen Unterschiedsbeträge zwischen den Gebühren nach § 49 und den Regelgebühren; dabei sind Zahlungen, die nach § 58 auf den Unterschiedsbetrag anzurechnen sind, von diesem abzuziehen.

§ 51 Festsetzung einer Pauschgebühr

(1) [1]In Straf- und Bußgeldsachen, Verfahren nach dem Gesetz über die internationale Rechtshilfe in Strafsachen, in Verfahren nach dem IStGH-Gesetz, in Freiheitsentziehungs- und Unterbringungssachen sowie bei Unterbringungsmaßnahmen nach § 151 Nummer 6 und 7 des Gesetzes über das Verfahren in Familiensachen und in den Angelegenheiten der freiwilligen Gerichtsbarkeit ist dem gerichtlich bestellten oder beigeordneten Rechtsanwalt für das ganze Verfahren oder für einzelne Verfahrensabschnitte auf Antrag eine Pauschgebühr zu bewilligen, die über die Gebühren nach dem Vergütungsverzeichnis hinausgeht, wenn die in den Teilen 4 bis 6 des Vergütungsverzeichnisses bestimmten Gebühren wegen des besonderen Umfangs oder der besonderen Schwierigkeit nicht zumutbar sind. [2]Dies gilt nicht, soweit Wertgebühren entstehen. [3]Beschränkt sich die Bewilligung auf einzelne Verfahrensabschnitte, sind die Gebühren nach dem Vergütungsverzeichnis, an deren Stelle die Pauschgebühr treten soll, zu bezeichnen. [4]Eine Pauschgebühr kann auch für solche Tätigkeiten gewährt werden, für die ein Anspruch nach § 48 Absatz 6 besteht. [5]Auf Antrag ist dem Rechtsanwalt ein angemessener Vorschuss zu bewilligen, wenn ihm insbesondere wegen der langen Dauer des Verfahrens und der Höhe der zu erwartenden Pauschgebühr nicht zugemutet werden kann, die Festsetzung der Pauschgebühr abzuwarten.

(2) [1]Über die Anträge entscheidet das Oberlandesgericht, zu dessen Bezirk das Gericht des ersten Rechtszugs gehört, und im Fall der Beiordnung einer Kontaktperson (§ 34a des Einführungsgesetzes zum Gerichtsverfassungsgesetz) das Oberlandesgericht, in dessen Bezirk die Justizvollzugsanstalt liegt, durch unanfechtbaren Beschluss. [2]Der Bundesgerichtshof ist für die Entscheidung zuständig, soweit er den Rechtsanwalt bestellt hat. [3]In dem Verfahren ist die Staatskasse zu hören. [4]§ 42 Abs. 3 ist entsprechend anzuwenden.

(3) [1]Absatz 1 gilt im Bußgeldverfahren vor der Verwaltungsbehörde entsprechend. [2]Über den Antrag nach Absatz 1 Satz 1 bis 3 entscheidet die Verwaltungsbehörde gleichzeitig mit der Festsetzung der Vergütung.

§ 52 Anspruch gegen den Beschuldigten oder den Betroffenen

(1) [1]Der gerichtlich bestellte Rechtsanwalt kann von dem Beschuldigten die Zahlung der Gebühren eines gewählten Verteidigers verlangen; er kann jedoch keinen Vorschuss fordern. [2]Der Anspruch gegen den Beschuldigten entfällt insoweit, als die Staatskasse Gebühren gezahlt hat.

(2) [1]Der Anspruch kann nur insoweit geltend gemacht werden, als dem Beschuldigten ein Erstattungsanspruch gegen die Staatskasse zusteht oder das Gericht des ersten Rechtszugs auf Antrag des Verteidigers feststellt, dass der Beschuldigte ohne Beeinträchtigung des für ihn und seine Familie notwendigen Unterhalts zur Zahlung oder zur Leistung von Raten in der Lage ist. [2]Ist das Verfahren nicht gerichtlich anhängig geworden, entscheidet das Gericht, das den Verteidiger bestellt hat.

(3) [1]Wird ein Antrag nach Absatz 2 Satz 1 gestellt, setzt das Gericht dem Beschuldigten eine Frist zur Darlegung seiner persönlichen und wirtschaftlichen Verhältnisse; § 117 Abs. 2 bis 4 der Zivilprozessordnung gilt entsprechend. [2]Gibt der Beschuldigte innerhalb der Frist keine Erklärung ab, wird vermutet, dass er leistungsfähig im Sinne des Absatzes 2 Satz 1 ist.

(4) [1]Gegen den Beschluss nach Absatz 2 ist die sofortige Beschwerde nach den Vorschriften der §§ 304 bis 311 a der Strafprozessordnung zulässig. [2]Dabei steht im Rahmen des § 44 Satz 2 der Strafprozessordnung die Rechtsbehelfsbelehrung des § 12 c der Belehrung nach § 35 a Satz 1 der Strafprozessordnung gleich.

(5) [1]Der für den Beginn der Verjährung maßgebende Zeitpunkt tritt mit der Rechtskraft der das Verfahren abschließenden gerichtlichen Entscheidung, in Ermangelung einer solchen mit der Beendigung des Verfahrens ein. [2]Ein Antrag des Verteidigers hemmt den Lauf der Verjährungsfrist. [3]Die Hemmung endet sechs Monate nach der Rechtskraft der Entscheidung des Gerichts über den Antrag.

(6) [1]Die Absätze 1 bis 3 und 5 gelten im Bußgeldverfahren entsprechend. [2]Im Bußgeldverfahren vor der Verwaltungsbehörde tritt an die Stelle des Gerichts die Verwaltungsbehörde.

§ 53 Anspruch gegen den Auftraggeber, Anspruch des zum Beistand bestellten Rechtsanwalts gegen den Verurteilten

(1) Für den Anspruch des dem Privatkläger, dem Nebenkläger, dem Antragsteller im Klageerzwingungsverfahren oder des sonst in Angelegenheiten, in denen sich die Gebühren nach Teil 4, 5 oder 6 des Vergütungsverzeichnisses bestimmen, beigeordneten Rechtsanwalts gegen seinen Auftraggeber gilt § 52 entsprechend.

(2) [1]Der dem Nebenkläger, dem nebenklageberechtigten Verletzten oder dem Zeugen als Beistand bestellte Rechtsanwalt kann die Gebühren eines gewählten Beistands nur von dem Verurteilten verlangen. [2]Der Anspruch entfällt insoweit, als die Staatskasse die Gebühren bezahlt hat.

(3) ¹Der in Absatz 2 Satz 1 genannte Rechtsanwalt kann einen Anspruch aus einer Vergütungsvereinbarung nur geltend machen, wenn das Gericht des ersten Rechtszugs auf seinen Antrag feststellt, dass der Nebenkläger, der nebenklageberechtigte Verletzte oder der Zeuge zum Zeitpunkt des Abschlusses der Vereinbarung allein auf Grund seiner persönlichen und wirtschaftlichen Verhältnisse die Voraussetzungen für die Bewilligung von Prozesskostenhilfe in bürgerlichen Rechtsstreitigkeiten nicht erfüllt hätte. ²Ist das Verfahren nicht gerichtlich anhängig geworden, entscheidet das Gericht, das den Rechtsanwalt als Beistand bestellt hat. ³§ 52 Absatz 3 bis 5 gilt entsprechend.

§ 54 Verschulden eines beigeordneten oder bestellten Rechtsanwalts

Hat der beigeordnete oder bestellte Rechtsanwalt durch schuldhaftes Verhalten die Beiordnung oder Bestellung eines anderen Rechtsanwalts veranlasst, kann er Gebühren, die auch für den anderen Rechtsanwalt entstehen, nicht fordern.

§ 55 Festsetzung der aus der Staatskasse zu zahlenden Vergütungen und Vorschüsse

(1) ¹Die aus der Staatskasse zu gewährende Vergütung und der Vorschuss hierauf werden auf Antrag des Rechtsanwalts von dem Urkundsbeamten der Geschäftsstelle des Gerichts des ersten Rechtszugs festgesetzt. ²Ist das Verfahren nicht gerichtlich anhängig geworden, erfolgt die Festsetzung durch den Urkundsbeamten der Geschäftsstelle des Gerichts, das den Verteidiger bestellt hat.

(2) In Angelegenheiten, in denen sich die Gebühren nach Teil 3 des Vergütungsverzeichnisses bestimmen, erfolgt die Festsetzung durch den Urkundsbeamten des Gerichts des Rechtszugs, solange das Verfahren nicht durch rechtskräftige Entscheidung oder in sonstiger Weise beendet ist.

(3) Im Fall der Beiordnung einer Kontaktperson (§ 34a des Einführungsgesetzes zum Gerichtsverfassungsgesetz) erfolgt die Festsetzung durch den Urkundsbeamten der Geschäftsstelle des Landgerichts, in dessen Bezirk die Justizvollzugsanstalt liegt.

(4) Im Fall der Beratungshilfe wird die Vergütung von dem Urkundsbeamten der Geschäftsstelle des in § 4 Abs. 1 des Beratungshilfegesetzes bestimmten Gerichts festgesetzt.

(5) ¹§ 104 Abs. 2 der Zivilprozessordnung gilt entsprechend. ²Der Antrag hat die Erklärung zu enthalten, ob und welche Zahlungen der Rechtsanwalt bis zum Tag der Antragstellung erhalten hat. ³Bei Zahlungen auf eine anzurechnende Gebühr sind diese Zahlungen, der Satz oder der Betrag der Gebühr und bei Wertgebühren auch der zugrunde gelegte Wert anzugeben. ⁴Zahlungen, die der Rechtsanwalt nach der Antragstellung erhalten hat, hat er unverzüglich anzuzeigen.

(6) [1]Der Urkundsbeamte kann vor einer Festsetzung der weiteren Vergütung (§ 50) den Rechtsanwalt auffordern, innerhalb einer Frist von einem Monat bei der Geschäftsstelle des Gerichts, dem der Urkundsbeamte angehört, Anträge auf Festsetzung der Vergütungen, für die ihm noch Ansprüche gegen die Staatskasse zustehen, einzureichen oder sich zu den empfangenen Zahlungen (Absatz 5 Satz 2) zu erklären. [2]Kommt der Rechtsanwalt der Aufforderung nicht nach, erlöschen seine Ansprüche gegen die Staatskasse.

(7) [1]Die Absätze 1 und 5 gelten im Bußgeldverfahren vor der Verwaltungsbehörde entsprechend. [2]An die Stelle des Urkundsbeamten der Geschäftsstelle tritt die Verwaltungsbehörde.

§ 56 Erinnerung und Beschwerde

(1) [1]Über Erinnerungen des Rechtsanwalts und der Staatskasse gegen die Festsetzung nach § 55 entscheidet das Gericht des Rechtszugs, bei dem die Festsetzung erfolgt ist, durch Beschluss. [2]Im Fall des § 55 Abs. 3 entscheidet die Strafkammer des Landgerichts. [3]Im Fall der Beratungshilfe entscheidet das nach § 4 Abs. 1 des Beratungshilfegesetzes zuständige Gericht.

(2) [1]Im Verfahren über die Erinnerung gilt § 33 Abs. 4 Satz 1, Abs. 7 und 8 und im Verfahren über die Beschwerde gegen die Entscheidung über die Erinnerung § 33 Abs. 3 bis 8 entsprechend. [2]Das Verfahren über die Erinnerung und über die Beschwerde ist gebührenfrei. [3]Kosten werden nicht erstattet.

§ 57 Rechtsbehelf in Bußgeldsachen vor der Verwaltungsbehörde

[1]Gegen Entscheidungen der Verwaltungsbehörde im Bußgeldverfahren nach den Vorschriften dieses Abschnitts kann gerichtliche Entscheidung beantragt werden. [2]Für das Verfahren gilt § 62 des Gesetzes über Ordnungswidrigkeiten.

§ 58 Anrechnung von Vorschüssen und Zahlungen

(1) Zahlungen, die der Rechtsanwalt nach § 9 des Beratungshilfegesetzes erhalten hat, werden auf die aus der Landeskasse zu zahlende Vergütung angerechnet.

(2) In Angelegenheiten, in denen sich die Gebühren nach Teil 3 des Vergütungsverzeichnisses bestimmen, sind Vorschüsse und Zahlungen, die der Rechtsanwalt vor oder nach der Beiordnung erhalten hat, zunächst auf die Vergütungen anzurechnen, für die ein Anspruch gegen die Staatskasse nicht oder nur unter den Voraussetzungen des § 50 besteht.

(3) [1]In Angelegenheiten, in denen sich die Gebühren nach den Teilen 4 bis 6 des Vergütungsverzeichnisses bestimmen, sind Vorschüsse und Zahlungen, die der Rechtsanwalt vor oder nach der gerichtlichen Bestellung oder Beiordnung für seine Tätigkeit in einer gebührenrecht-

lichen Angelegenheit erhalten hat, auf die von der Staatskasse für diese Angelegenheit zu zahlenden Gebühren anzurechnen. [2]Hat der Rechtsanwalt Zahlungen empfangen, nachdem er Gebühren aus der Staatskasse erhalten hat, ist er zur Rückzahlung an die Staatskasse verpflichtet. [3]Die Anrechnung oder Rückzahlung erfolgt nur, soweit der Rechtsanwalt durch die Zahlungen insgesamt mehr als den doppelten Betrag der ihm ohne Berücksichtigung des § 51 aus der Staatskasse zustehenden Gebühren erhalten würde. [4]Sind die dem Rechtsanwalt nach Satz 3 verbleibenden Gebühren höher als die Höchstgebühren eines Wahlanwalts, ist auch der die Höchstgebühren übersteigende Betrag anzurechnen oder zurückzuzahlen.

§ 59 Übergang von Ansprüchen auf die Staatskasse

(1) [1]Soweit dem im Wege der Prozesskostenhilfe oder nach § 138 des Gesetzes über das Verfahren in Familiensachen und in den Angelegenheiten der freiwilligen Gerichtsbarkeit, auch in Verbindung mit § 270 des Gesetzes über das Verfahren in Familiensachen und in den Angelegenheiten der freiwilligen Gerichtsbarkeit, beigeordneten oder nach § 67 a Abs. 1 Satz 2 der Verwaltungsgerichtsordnung bestellten Rechtsanwalt wegen seiner Vergütung ein Anspruch gegen die Partei oder einen ersatzpflichtigen Gegner zusteht, geht der Anspruch mit der Befriedigung des Rechtsanwalts durch die Staatskasse auf diese über. [2]Der Übergang kann nicht zum Nachteil des Rechtsanwalts geltend gemacht werden.

(2) [1]Für die Geltendmachung des Anspruchs sowie für die Erinnerung und die Beschwerde gelten die Vorschriften über die Kosten des gerichtlichen Verfahrens entsprechend. [2]Ansprüche der Staatskasse werden bei dem Gericht des ersten Rechtszugs angesetzt. [3]Ist das Gericht des ersten Rechtszugs ein Gericht des Landes und ist der Anspruch auf die Bundeskasse übergegangen, wird er insoweit bei dem jeweiligen obersten Gerichtshof des Bundes angesetzt.

(3) Absatz 1 gilt entsprechend bei Beratungshilfe.

4. §§ 17, 18, 22, 29, 31 GKG

§ 17 Auslagen

(1) [1]Wird die Vornahme einer Handlung, mit der Auslagen verbunden sind, beantragt, hat derjenige, der die Handlung beantragt hat, einen zur Deckung der Auslagen hinreichenden Vorschuss zu zahlen. [2]Das Gericht soll die Vornahme der Handlung von der vorherigen Zahlung abhängig machen.

(2) Die Herstellung und Überlassung von Dokumenten auf Antrag sowie die Versendung von Akten können von der vorherigen Zahlung eines die Auslagen deckenden Vorschusses abhängig gemacht werden.

(3) Bei Handlungen, die von Amts wegen vorgenommen werden, kann ein Vorschuss zur Deckung der Auslagen erhoben werden.

(4) ¹Absatz 1 gilt nicht in Musterverfahren nach dem Kapitalanleger-Musterverfahrensgesetz, für die Anordnung einer Haft und in Strafsachen nur für den Privatkläger, den Widerkläger sowie für den Nebenkläger, der Berufung oder Revision eingelegt hat. ²Absatz 2 gilt nicht in Strafsachen und in gerichtlichen Verfahren nach dem Gesetz über Ordnungswidrigkeiten, wenn der Beschuldigte oder sein Beistand Antragsteller ist. ³Absatz 3 gilt nicht in Strafsachen, in gerichtlichen Verfahren nach dem Gesetz über Ordnungswidrigkeiten sowie in Verfahren über einen Schuldenbereinigungsplan (§ 306 der Insolvenzordnung).

§ 18 Fortdauer der Vorschusspflicht

¹Die Verpflichtung zur Zahlung eines Vorschusses bleibt bestehen, auch wenn die Kosten des Verfahrens einem anderen auferlegt oder von einem anderen übernommen sind. ²§ 31 Abs. 2 gilt entsprechend.

§ 22 Streitverfahren, Bestätigungen und Bescheinigungen zu inländischen Titeln

(1) ¹In bürgerlichen Rechtsstreitigkeiten mit Ausnahme der Restitutionsklage nach § 580 Nummer 8 der Zivilprozessordnung sowie in Verfahren nach § 1 Absatz 1 Satz 1 Nummer 14, Abs. 2 Nr. 1 bis 3 sowie Abs. 4 schuldet die Kosten, wer das Verfahren des Rechtszugs beantragt hat. ²Im Verfahren, das gemäß § 700 Abs. 3 der Zivilprozessordnung dem Mahnverfahren folgt, schuldet die Kosten, wer den Vollstreckungsbescheid beantragt hat. ³Im Verfahren, das nach Einspruch dem Europäischen Mahnverfahren folgt, schuldet die Kosten, wer den Zahlungsbefehl beantragt hat. ⁴Die Gebühr für den Abschluss eines gerichtlichen Vergleichs schuldet jeder, der an dem Abschluss beteiligt ist.

(2) ¹In Verfahren vor den Gerichten für Arbeitssachen ist Absatz 1 nicht anzuwenden, soweit eine Kostenhaftung nach § 29 Nr. 1 oder 2 besteht. ²Absatz 1 ist ferner nicht anzuwenden, solange bei einer Zurückverweisung des Rechtsstreits an die Vorinstanz nicht feststeht, wer für die Kosten nach § 29 Nr. 1 oder 2 haftet, und der Rechtsstreit noch anhängig ist; er ist jedoch anzuwenden, wenn das Verfahren nach Zurückverweisung sechs Monate geruht hat oder sechs Monate von den Parteien nicht betrieben worden ist.

(3) In Verfahren über Anträge auf Ausstellung einer Bestätigung nach § 1079 der Zivilprozessordnung oder einer Bescheinigung nach § 56 des Anerkennungs- und Vollstreckungsausführungsgesetzes schuldet die Kosten der Antragsteller.

(4) ¹Im erstinstanzlichen Musterverfahren nach dem Kapitalanleger-Musterverfahrensgesetz ist Absatz 1 nicht anzuwenden. ²Die Kosten für die Anmeldung eines Anspruchs zum Musterverfahren schuldet der Anmelder. ³Im Verfahren über die Rechtsbeschwerde nach § 20 des Ka-

pitalanleger-Musterverfahrensgesetzes schuldet neben dem Rechtsbeschwerdeführer auch der Beteiligte, der dem Rechtsbeschwerdeverfahren auf Seiten des Rechtsbeschwerdeführers beigetreten ist, die Kosten.

§ 29 Weitere Fälle der Kostenhaftung

Die Kosten schuldet ferner,

1. wem durch gerichtliche oder staatsanwaltschaftliche Entscheidung die Kosten des Verfahrens auferlegt sind;
2. wer sie durch eine vor Gericht abgegebene oder dem Gericht mitgeteilte Erklärung oder in einem vor Gericht abgeschlossenen oder dem Gericht mitgeteilten Vergleich übernommen hat; dies gilt auch, wenn bei einem Vergleich ohne Bestimmung über die Kosten diese als von beiden Teilen je zur Hälfte übernommen anzusehen sind;
3. wer für die Kostenschuld eines anderen kraft Gesetzes haftet und
4. der Vollstreckungsschuldner für die notwendigen Kosten der Zwangsvollstreckung.

§ 31 Mehrere Kostenschuldner

(1) Mehrere Kostenschuldner haften als Gesamtschuldner.

(2) ¹Soweit ein Kostenschuldner aufgrund von § 29 Nr. 1 oder 2 (Erstschuldner) haftet, soll die Haftung eines anderen Kostenschuldners nur geltend gemacht werden, wenn eine Zwangsvollstreckung in das bewegliche Vermögen des ersteren erfolglos geblieben ist oder aussichtslos erscheint. ²Zahlungen des Erstschuldners mindern seine Haftung aufgrund anderer Vorschriften dieses Gesetzes auch dann in voller Höhe, wenn sich seine Haftung nur auf einen Teilbetrag bezieht.

(3) ¹Soweit einem Kostenschuldner, der aufgrund von § 29 Nr. 1 haftet (Entscheidungsschuldner), Prozesskostenhilfe bewilligt worden ist, darf die Haftung eines anderen Kostenschuldners nicht geltend gemacht werden; von diesem bereits erhobene Kosten sind zurückzuzahlen, soweit es sich nicht um eine Zahlung nach § 13 Abs. 1 und 3 des Justizvergütungs- und -entschädigungsgesetzes handelt und die Partei, der die Prozesskostenhilfe bewilligt worden ist, der besonderen Vergütung zugestimmt hat. ²Die Haftung eines anderen Kostenschuldners darf auch nicht geltend gemacht werden, soweit dem Entscheidungsschuldner ein Betrag für die Reise zum Ort einer Verhandlung, Vernehmung oder Untersuchung und für die Rückreise gewährt worden ist.

(4) Absatz 3 ist entsprechend anzuwenden, soweit der Kostenschuldner aufgrund des § 29 Nummer 2 haftet, wenn

1. der Kostenschuldner die Kosten in einem vor Gericht abgeschlossenen oder gegenüber dem Gericht angenommenen Vergleich übernommen hat,
2. der Vergleich einschließlich der Verteilung der Kosten von dem Gericht vorgeschlagen worden ist und

3. das Gericht in seinem Vergleichsvorschlag ausdrücklich festgestellt hat, dass die Kostenregelung der sonst zu erwartenden Kostenentscheidung entspricht.

5. §§ 16, 17, 21, 24, 26, 43, 44 FamGKG

§ 16 Auslagen

(1) ¹Wird die Vornahme einer Handlung, mit der Auslagen verbunden sind, beantragt, hat derjenige, der die Handlung beantragt hat, einen zur Deckung der Auslagen hinreichenden Vorschuss zu zahlen. ²Das Gericht soll die Vornahme einer Handlung, die nur auf Antrag vorzunehmen ist, von der vorherigen Zahlung abhängig machen.

(2) Die Herstellung und Überlassung von Dokumenten auf Antrag sowie die Versendung von Akten können von der vorherigen Zahlung eines die Auslagen deckenden Vorschusses abhangig gemacht werden.

(3) Bei Handlungen, die von Amts wegen vorgenommen werden, kann ein Vorschuss zur Deckung der Auslagen erhoben werden.

(4) Absatz 1 gilt nicht für die Anordnung einer Haft.

§ 17 Fortdauer der Vorschusspflicht

¹Die Verpflichtung zur Zahlung eines Vorschusses bleibt bestehen, auch wenn die Kosten des Verfahrens einem anderen auferlegt oder von einem anderen übernommen sind. ²§ 26 Abs. 2 gilt entsprechend.

§ 21 Kostenschuldner in Antragsverfahren, Vergleich

(1) ¹In Verfahren, die nur durch Antrag eingeleitet werden, schuldet die Kosten, wer das Verfahren des Rechtszugs beantragt hat. ²Dies gilt nicht

1. für den ersten Rechtszug in Gewaltschutzsachen,
2. im Verfahren auf Erlass einer gerichtlichen Anordnung auf Rückgabe des Kindes oder über das Recht zum persönlichen Umgang nach dem Internationalen Familienrechtsverfahrensgesetz,
3. für einen Minderjährigen in Verfahren, die seine Person betreffen, und
4. für einen Verfahrensbeistand.

³Im Verfahren, das gemäß § 700 Abs. 3 der Zivilprozessordnung dem Mahnverfahren folgt, schuldet die Kosten, wer den Vollstreckungsbescheid beantragt hat.

(2) Die Gebühr für den Abschluss eines gerichtlichen Vergleichs schuldet jeder, der an dem Abschluss beteiligt ist.

§ 24 Weitere Fälle der Kostenhaftung

Die Kosten schuldet ferner,

1. wem durch gerichtliche Entscheidung die Kosten des Verfahrens auferlegt sind;
2. wer sie durch eine vor Gericht abgegebene oder dem Gericht mitgeteilte Erklärung oder in einem vor Gericht abgeschlossenen oder dem Gericht mitgeteilten Vergleich übernommen hat; dies gilt auch, wenn bei einem Vergleich ohne Bestimmung über die Kosten diese als von beiden Teilen je zur Hälfte übernommen anzusehen sind;
3. wer für die Kostenschuld eines anderen kraft Gesetzes haftet und
4. der Verpflichtete für die Kosten der Vollstreckung; dies gilt nicht für einen Minderjährigen in Verfahren, die seine Person betreffen.

§ 26 Mehrere Kostenschuldner

(1) Mehrere Kostenschuldner haften als Gesamtschuldner.

(2) ¹Soweit ein Kostenschuldner aufgrund von § 24 Nr. 1 oder Nr. 2 (Erstschuldner) haftet, soll die Haftung eines anderen Kostenschuldners nur geltend gemacht werden, wenn eine Zwangsvollstreckung in das bewegliche Vermögen des ersteren erfolglos geblieben ist oder aussichtslos erscheint. ²Zahlungen des Erstschuldners mindern seine Haftung aufgrund anderer Vorschriften dieses Gesetzes auch dann in voller Höhe, wenn sich seine Haftung nur auf einen Teilbetrag bezieht.

(3) ¹Soweit einem Kostenschuldner, der aufgrund von § 24 Nr. 1 haftet (Entscheidungsschuldner), Verfahrenskostenhilfe bewilligt worden ist, darf die Haftung eines anderen Kostenschuldners nicht geltend gemacht werden; von diesem bereits erhobene Kosten sind zurückzuzahlen, soweit es sich nicht um eine Zahlung nach § 13 Abs. 1 und 3 des Justizvergütungs- und -entschädigungsgesetzes handelt und die Partei, der die Verfahrenskostenhilfe bewilligt worden ist, der besonderen Vergütung zugestimmt hat. ²Die Haftung eines anderen Kostenschuldners darf auch nicht geltend gemacht werden, soweit dem Entscheidungsschuldner ein Betrag für die Reise zum Ort einer Verhandlung, Anhörung oder Untersuchung und für die Rückreise gewährt worden ist.

(4) Absatz 3 ist entsprechend anzuwenden, soweit der Kostenschuldner aufgrund des § 24 Nummer 2 haftet, wenn

1. der Kostenschuldner die Kosten in einem vor Gericht abgeschlossenen, gegenüber dem Gericht angenommenen oder in einem gerichtlich gebilligten Vergleich übernommen hat,
2. der Vergleich einschließlich der Verteilung der Kosten, bei einem gerichtlich gebilligten Vergleich allein die Verteilung der Kosten, von dem Gericht vorgeschlagen worden ist und
3. das Gericht in seinem Vergleichsvorschlag ausdrücklich festgestellt hat, dass die Kostenregelung der sonst zu erwartenden Kostenentscheidung entspricht.

§43 Ehesachen

(1) [1]In Ehesachen ist der Verfahrenswert unter Berücksichtigung aller Umstände des Einzelfalls, insbesondere des Umfangs und der Bedeutung der Sache und der Vermögens- und Einkommensverhältnisse der Ehegatten, nach Ermessen zu bestimmen. [2]Der Wert darf nicht unter 3.000,00 Euro und nicht über 1 Million Euro angenommen werden.

(2) Für die Einkommensverhältnisse ist das in drei Monaten erzielte Nettoeinkommen der Ehegatten einzusetzen.

§44 Verbund

(1) Die Scheidungssache und die Folgesachen gelten als ein Verfahren.

(2) [1]Sind in §137 Abs. 3 des Gesetzes über das Verfahren in Familiensachen und in den Angelegenheiten der freiwilligen Gerichtsbarkeit genannte Kindschaftssachen Folgesachen, erhöht sich der Verfahrenswert nach §43 für jede Kindschaftssache um 20 Prozent, höchstens um jeweils 3.000,00 Euro; eine Kindschaftssache ist auch dann als ein Gegenstand zu bewerten, wenn sie mehrere Kinder betrifft. [2]Die Werte der übrigen Folgesachen werden hinzugerechnet. [3]§33 Abs. 1 Satz 2 ist nicht anzuwenden.

(3) Ist der Betrag, um den sich der Verfahrenswert der Ehesache erhöht (Absatz 2), nach den besonderen Umständen des Einzelfalls unbillig, kann das Gericht einen höheren oder einen niedrigeren Betrag berücksichtigen.

6. §§82, 90 SGB XII

§82 Begriff des Einkommens

(1) [1]Zum Einkommen gehören alle Einkünfte in Geld oder Geldeswert mit Ausnahme der Leistungen nach diesem Buch, der Grundrente nach dem Bundesversorgungsgesetz und nach den Gesetzen, die eine entsprechende Anwendung des Bundesversorgungsgesetzes vorsehen und der Renten oder Beihilfen nach dem Bundesentschädigungsgesetz für Schaden an Leben sowie an Körper oder Gesundheit, bis zur Höhe der vergleichbaren Grundrente nach dem Bundesversorgungsgesetz. [2]Einkünfte aus Rückerstattungen, die auf Vorauszahlungen beruhen, die Leistungsberechtigte aus dem Regelsatz erbracht haben, sind kein Einkommen. [3]Bei Minderjährigen ist das Kindergeld dem jeweiligen Kind als Einkommen zuzurechnen, soweit es bei diesem zur Deckung des notwendigen Lebensunterhaltes, mit Ausnahme der Bedarfe nach §34, benötigt wird.

(2) Von dem Einkommen sind abzusetzen

1. auf das Einkommen entrichtete Steuern,
2. Pflichtbeiträge zur Sozialversicherung einschließlich der Beiträge zur Arbeitsförderung,

3. Beiträge zu öffentlichen oder privaten Versicherungen oder ähnlichen Einrichtungen, soweit diese Beiträge gesetzlich vorgeschrieben oder nach Grund und Höhe angemessen sind, sowie geförderte Altersvorsorgebeiträge nach § 82 des Einkommensteuergesetzes, soweit sie den Mindesteigenbeitrag nach § 86 des Einkommensteuergesetzes nicht überschreiten,

4. die mit der Erzielung des Einkommens verbundenen notwendigen Ausgaben,

5. das Arbeitsförderungsgeld und Erhöhungsbeträge des Arbeitsentgelts im Sinne von § 43 Satz 4 des Neunten Buches.

(3) ¹Bei der Hilfe zum Lebensunterhalt und Grundsicherung im Alter und bei Erwerbsminderung ist ferner ein Betrag in Höhe von 30 vom Hundert des Einkommens aus selbständiger und nichtselbständiger Tätigkeit der Leistungsberechtigten abzusetzen, höchstens jedoch 50 vom Hundert der Regelbedarfsstufe 1 nach der Anlage zu § 28. ²Abweichend von Satz 1 ist bei einer Beschäftigung in einer Werkstatt für behinderte Menschen von dem Entgelt ein Achtel der Regelbedarfsstufe 1 nach der Anlage zu § 28 zuzüglich 25 vom Hundert des diesen Betrag übersteigenden Entgelts abzusetzen. ³Im Übrigen kann in begründeten Fällen ein anderer als in Satz 1 festgelegter Betrag vom Einkommen abgesetzt werden. ⁴Erhält eine leistungsberechtigte Person mindestens aus einer Tätigkeit Bezüge oder Einnahmen, die nach § 3 Nummer 12, 26, 26 a oder 26 b des Einkommensteuergesetzes steuerfrei sind, ist abweichend von den Sätzen 1 und 2 ein Betrag von bis zu 200 Euro monatlich nicht als Einkommen zu berücksichtigen.

§ 90 Einzusetzendes Vermögen

(1) Einzusetzen ist das gesamte verwertbare Vermögen.

(2) Die Sozialhilfe darf nicht abhängig gemacht werden vom Einsatz oder von der Verwertung

1. eines Vermögens, das aus öffentlichen Mitteln zum Aufbau oder zur Sicherung einer Lebensgrundlage oder zur Gründung eines Hausstandes erbracht wird,

2. eines Kapitals einschließlich seiner Erträge, das der zusätzlichen Altersvorsorge im Sinne des § 10 a oder des Abschnitts XI des Einkommensteuergesetzes dient und dessen Ansammlung staatlich gefördert wurde,

3. eines sonstigen Vermögens, solange es nachweislich zur baldigen Beschaffung oder Erhaltung eines Hausgrundstücks im Sinne der Nummer 8 bestimmt ist, soweit dieses Wohnzwecken behinderter (§ 53 Abs. 1 Satz 1 und § 72) oder pflegebedürftiger Menschen (§ 61) dient oder dienen soll und dieser Zweck durch den Einsatz oder die Verwertung des Vermögens gefährdet würde,

4. eines angemessenen Hausrats; dabei sind die bisherigen Lebensverhältnisse der nachfragenden Person zu berücksichtigen,

5. von Gegenständen, die zur Aufnahme oder Fortsetzung der Berufsausbildung oder der Erwerbstätigkeit unentbehrlich sind,
6. von Familien- und Erbstücken, deren Veräußerung für die nachfragende Person oder ihre Familie eine besondere Härte bedeuten würde,
7. von Gegenständen, die zur Befriedigung geistiger, insbesondere wissenschaftlicher oder künstlerischer Bedürfnisse dienen und deren Besitz nicht Luxus ist,
8. eines angemessenen Hausgrundstücks, das von der nachfragenden Person oder einer anderen in den § 19 Abs. 1 bis 3 genannten Person allein oder zusammen mit Angehörigen ganz oder teilweise bewohnt wird und nach ihrem Tod von ihren Angehörigen bewohnt werden soll. Die Angemessenheit bestimmt sich nach der Zahl der Bewohner, dem Wohnbedarf (zum Beispiel behinderter, blinder oder pflegebedürftiger Menschen), der Grundstücksgröße, der Hausgröße, dem Zuschnitt und der Ausstattung des Wohngebäudes sowie dem Wert des Grundstücks einschließlich des Wohngebäudes,
9. kleinerer Barbeträge oder sonstiger Geldwerte; dabei ist eine besondere Notlage der nachfragenden Person zu berücksichtigen.

(3) ¹Die Sozialhilfe darf ferner nicht vom Einsatz oder von der Verwertung eines Vermögens abhängig gemacht werden, soweit dies für den, der das Vermögen einzusetzen hat, und für seine unterhaltsberechtigten Angehörigen eine Härte bedeuten würde. ²Dies ist bei der Leistung nach dem Fünften bis Neunten Kapitel insbesondere der Fall, soweit eine angemessene Lebensführung oder die Aufrechterhaltung einer angemessenen Alterssicherung wesentlich erschwert würde.

Stichwortverzeichnis

Die Zahlen verweisen auf die Randnummern